(Quantum Claim)
국제건설계약 금전 클레임의 이론과 실무

- 영미법과 FIDIC 및 JCT 등 표준계약조건을 중심으로

김준범 · 윤덕근

박영사

서문

국제건설계약에서 흔히 quantum claim 혹은 monetary claim으로 지칭되는 금전 클레임은 계약조항에 근거한 추가공사비 청구 및 계약 위반에 따른 손해배상 청구 등 금전지급을 구하는 것을 내용으로 한다. 대규모 국제건설 프로젝트에서는 구체적인 프로젝트의 규모와 복잡성에 따라 작게는 수천만 달러에서 많게는 수억 달러 규모의 금전 클레임(quantum claim)이 발생한다.

세계에서 가장 큰 건설프로젝트 중 하나인 파나마 운하는 약 10년간의 건설프로젝트에서 총 수억 달러가 넘는 금전 클레임이 발생한 것으로 알려져 있다. 런던 크로스레일(Crossrail) 프로젝트에서는 수십억 파운드가 넘는 금전 클레임이 발생한 것으로 알려지고 있다. 한국 건설사도 프로젝트마다 수억에서 수조 원에 달하는 금전 클레임을 제기하고 있고 상당수는 중재나 소송으로 이어지기도 한다.

이러한 실정에도 불구하고 국제건설계약이나 클레임 전반을 다루는 서적은 나오고 있으나, 금전 클레임을 전문적으로 다루는 국문 서적은 아직 부족한 실정이다. 이에 본 저서에서는 국제건설계약 분쟁을 수행한 다년간의 경험을 바탕으로 금전 클레임을 상세히 정리하려고 하였다. 본서는 시공자가 많이 제기하는 주요 금전 클레임의 개념과 산정 방법, 산정 시 유의사항 등을 다루고 있으며, 이를 산정하고 평가하는 데 중요한 법적 잣대가 되는 손해배상에 관련된 법적 내용, 그리고 금전 클레임과 관련된 다양한 판례 등을 다루고 있다. 본서를 통해 국제건설계약 분쟁을 다루는 변호사나 건설사 직원 등의 실무가들의 금전 클레임에 대한 이해를 높이고 분쟁 상황에서 보다 효과적인 대응을 하는 데 도움이 되기를 바란다.

제1장에서는 국제건설계약에 따른 금전 클레임을 제기할 때 적용되는 손해배상의 일반적인 개념, 원칙 및 제한에 대해 소개하고자 한다. 손해배상의 원칙은 금전 클레임의 이론적 근거로서 법원이나 중재재판부가 금전 클레임을 평가하기 위한 중요한 잣대에 해당한다. 손해배상에 대한 법적 내용은 방대하고 난해할 뿐만 아니라 건설계약 외의 다양한 계약들도 대상으로 하기 때문에, 본 저서에서는 건설계약에서의 손해액 산정(quantum)에 실무적으로 참고할 수 있는 내용 위주로만 다루었다. 예컨대 손해는 적극적 손해와 소극적 손해로 분류될 수 있지만, 본서에서는 영국에서 가장 많이 활용되는 표준 계약인 Joint Contracts Tribunal(JCT) 표준계약조건 및 세계적으로 널리 활용되는 Fédération Internationale des Ingénieurs-Conseils(FIDIC) 표준계약조건을 포함한 국제건설계약 표준 계약이 채택하고 있는 통상손해와 특별손해의 분류 방식을 기준으로 손해액 산정을 검토한다.

구체적으로 제1장은 계약상 명기된 보상 청구권과 계약위반에 따른 손해배상 청구권의 차이를 설명하는 것으로 시작한다(1.Ⅱ.장). 손해배상책임의 요건에 관하여 영미법계는 무과실책임주의를 원칙으로 하는 반면 대륙법계는 과실책임주의를 채택하는 점(1.Ⅲ.장) 영미법계와 대륙법계에서 손해배상 산정 원칙과 산정 범위, 손해배상액의 산정에 있어서 판사나 중재재판부의 재량권의 여부 등을 다루며 (1.Ⅳ.장) 손해배상책임을 제한하는 여러 사유 등에 대해 살펴본다(1.Ⅴ.장). 계약 당사자는 계약 위반이 발생하기 전에 계약 위반이 발생할 경우를 대비하여 지불해야 할 손해배상액을 미리 정할 수 있는데 이와 관련된 쟁점도 다루고자 한다(1.Ⅵ.장)

제2장에서는 한국 시공자가 해외건설 프로젝트에서 빈번하게 제기하는 혹은 직면하게 되는 주요 금전 클레임의 산정방법 및 이에 대한 유의사항을 다룬다.

2.Ⅰ.장에서는 건설계약에서 금전적인 보상을 받을 수 있는 두 가지 경로인 시공자 클레임(Contractor's claim)과 공사변경(Variation)의 차이점에 대해 알아본다. 2.Ⅱ.장에서는 시공자 클레임(Contractor's claim)의 금액 산정 시 주로 기준이 되는 손실 및 지출(loss and expense)과 비용(Cost)에 대해 설명하고자 한다.

2.Ⅲ.장에서는 설계변경을 포함한 공사변경(Variation)에 대한 금액 산정방법 및 유의사항을 설명하고자 한다.[1] 공사변경(Variation)은 공사계약의 대상인 역무의

---

1) Kim J.B, 'Practical questions in valuing variations', International Construction Law Journal

제공과 관련하여 내용의 변경이 생기는 것을 말하는데, 공사변경(Variation)에 따른 추가공사비 금액 산정 시 자주 쟁점이 되는 7가지 사안에 대해, JCT 및 FIDIC 계약조건을 포함한 국제건설에서 일반적으로 사용되는 (i) 표준건설계약 및 (ii) 영국법적 관점에서 건설 프로젝트에서 발생하는 일반적인 지연 및 방해(delay and disruption) 문제에 대한 유용한 지침을 제공하는 Society of Construction Law Delay and Disruption Protocol 2017년 개정판("SCL 프로토콜") 그리고 (iii) 영국법에서 제시하는 규칙 혹은 지침을 설명하고자 한다.

2.IV.장에서는 건설관리 관련 미국 중심의 대표적인 협회인 Association for Advancement of Cost Engineering International("AACEI")의 Recommended Practice 및 미국법 그리고 SCL 프로토콜을 중심으로 방해(Disruption) 클레임을 다루고자 한다. 방해(Disruption) 클레임이란 시공자의 계획 대비 저하된 생산성에 따른 추가 비용을 발주자 측 사유와 연계하여 클레임하는 것을 의미한다.

2.V.장[2])에서는 현장간접비(On-Site Overhead) 클레임에 대해 다룬다. 현장간접비 클레임은 건설계약에서 prolongation claim으로 흔히 지칭되며, 계약에서 정해진 공사 완료 기간보다 더 많은 시간이 소요되어 공사가 연장되었을 때 발생하는 현장간접비의 지급을 청구하는 것을 의미한다. 즉, 현장간접비 클레임은 공사가 지연되어 추가로 발생하는 인건비, 임대료, 간접 비용 등의 손해에 대한 청구로 전개된다. 현장간접비 클레임과 관련하여 영국의 주요 판례인 *Costain v Haswell* 사건과 *Walter Lilly v Mackay* 사건을 중심으로 현장간접비 산정방법 및 이에 대한 유의사항을 설명하고자 한다.

2.VI.장에서는 본사 간접비(Off-site Overhead) 클레임, 이윤 클레임 및 일실손해 클레임을 다룬다. 본사 간접비 클레임은 본사 간접비가 발주자 측 사유로 인해 발생하는 경우 그 보상을 요구하는 클레임으로서 건설 현장에서 발생하는 간접 비용 중에서, 시공자 본사에서 발생하는 비용을 그 대상으로 한다. 예를 들어, 본사 건물 및 본사 직원을 운영하는 비용 및 본사에서 처리하는 각종 부대비용 등이

[Issue no.2, 2022]의 내용을 국문으로 번역 및 보완한 것이다.
2) Kim J.B & Han Mino, "Is It time for English law to consider disruption analysis for site-overhead claims? The Contrast of Costain v Haswell and Walter Lilly v Mackay", International Construction Law Journal, [2021] I.C.L.R. 446, October 2021의 내용을 국문으로 번역 및 보완한 것이다.

본사 간접비 클레임의 대상에 포함된다. 이윤은 공사마진의 개념으로서 계약적으로 비용과 더불어 이윤을 보상하는 경우의 클레임을 의미한다. 일실손해 또는 일실이익의 손실(loss of profit)은 발주자 측 사유로 인하여 시공자가 얻을 수 있었으나 얻지 못한 이득을 의미하며 이에 대한 클레임을 일실손해 클레임으로 부른다. 2.VI.장에서는 본사 간접비 클레임, 이윤 클레임 및 일실손해 클레임을 영국의 주요 판례인 *Walter Lilly v Mackay* 사건과 영국법을 중심으로 알아본다.

건설 프로젝트에서 하자(defect)가 없는 경우는 즉 "건설 프로젝트에서 하자가 없는 경우는 거의 없다고 해도 과언이 아니다." 거의 없다고 해도 과언이 아니다. 시공자가 아무런 하자도 발생시키지 않거나, 하도사나 공급 업체(vendor)와의 관계에서 아무런 문제없이 건설 공사를 완료시키는 경우는 극히 드물다. 하도사나 공급업체로 인해 하자 등의 문제가 발생할 경우, 공사의 적기완료를 위해 혹은 다른 여러 사유로 인해 시공자는 하도사 또는 공급업체 대신 문제를 해결하고, 그로 인해 발생하는 비용에 대해 하도사 또는 공급업체에 상환을 청구할 필요가 있을 수 있다. 이러한 메커니즘을 실무상 백차지(back charge)라고 부른다. 2.VII.장[3]에서는 백차지에 대한 일반적인 원칙과 건설하자에 있어서 백차지(back charge)에 대해 캐나다 판례와 영국법을 중심으로 설명하고자 한다.

건설 프로젝트에서는 계약 당사자 중 일방이 계약 조건을 위반하거나 계약서에 명시된 의무를 이행하지 않을 경우, 상대방이 계약을 해지하는 경우가 자주 발생한다. 2.VIII.장에서는 계약의 해지에 따라 발생하게 되는 클레임에 대해 FIDIC 계약조건을 중심으로 다루고자 한다. FIDIC 계약조건에서는 (i) 시공자 측 사유에 따른 계약 해지, (ii) 발주자의 임의해지(Termination for convenience), (iii) 발주자 측 사유에 따른 계약 해지를 규정하는바, 각각의 경우 어떠한 금액 항목들이 검토되어야 하는지 살펴보고자 한다.

필자들은 본 저서를 마무리하면서 여러 가지 한계를 실감하였다. 본서는 주로 국제건설계약의 준거법과 이론에 많은 영향을 미치고 있는 영미법, 특히 영국법을 중심으로 작성되었다. 실제 국제건설 관련 분쟁 및 중재에 있어 영국 법률가들

---

3) Kim JB & Yun D (2021) "Back charges in construction practice", Construction Law International, Vol 16 Issue 1, March 2021의 내용을 국문으로 번역 및 보완한 것이다.

이나 감정인들(quantum expert)이 준거법과 관계없이 주도하고 있는 것이 현실이며, 관련 논문이나 저서들도 주로 (대륙법과의 비교법적 연구 또한) 영미법 관점에서 작성된 것이 대부분이다. 아직 국내법을 포함한 대륙법의 입장에서의 연구가 많지 않은 상황에서, 나름대로 비교법적 논의를 하려고 하였으나 부족한 부분이 있을 수 밖에 없을 것이다.

다음으로, 영미법에서 사용되는 여러 용어를 한글로 번역하는 과정에서 번역이 자연스럽지 않거나 우리나라의 법률용어와 정확히 부합하지 않는 경우가 있을 수 있다. 영미계약법이 상사 실무에 미치는 영향을 감안하면 아직 영미계약법에 대한 연구가 여전히 부족하여 정확한 국문용어를 확인하기 어려운 경우가 많았으며, 실무에서 통상적으로 사용되는 국문 용어를 확인하기 어려운 경우도 많아 번역에 큰 어려움이 있었다. 이에 필자들은 오역에서 발생할 수 있는 오해를 최소화하기 위해 영문을 병기하고자 노력하였다.

필자들은 손해배상원칙의 관점에서 국제건설계약의 금전 클레임을 설명하고자 하였는데, 법학에서 방대하고도 복잡한 내용에 해당하는 손해배상원칙을 비법률가들도 이해할 수 있도록 요약하여 제시하다 보니, 필요한 법적 논의가 충분히 반영되지 않은 부분이 있을 수 있다. 국제건설실무를 최대한 알기 쉽게 정리하고자 한 본 저서의 목적을 고려해 글의 흐름을 깨지 않는 선에서 각주 등에 최대한 관련 논의를 언급하고자 하였으나, 한계를 부정하지 않을 수 없다. 마지막으로 계약상 명기된 보상 청구권과 계약위반에 따른 손해배상 청구권 등이 어떠한 경우에 발생하는지, 그리고 이러한 권리를 청구하는 절차에 대해서는 글의 흐름상 심도 있게 논의하지 못했다.

부족한 부분이 많지만 수억에서 수조 원에 달하는 금전 클레임과 씨름하며 고군분투하고 있는 여러 실무가들에게 본서가 조금이라도 도움이 되기를 희망한다.

2023년 8월
김준범 · 윤덕근

차례

제1장

금전 클레임(Quantum Claim)의 이론적 기초 - 손해배상 책임의 민사상 법리

제1장

금전 클레임(Quantum Claim)의 이론적 기초 - 손해배상책임의 민사상 법리

Ⅰ. 개관

국제건설계약에서 흔히 'quantum claim' 혹은 'monetary claim'으로 지칭되는 금전 클레임[1]은 계약조항에 근거한 추가공사비 청구 및 계약 위반에 따른 손해배상청구 등 금전지급을 구하는 것을 내용으로 하는데, 손해배상책임에 관한 민사상의 법리들은 법원이나 중재재판부가 금전 클레임을 심리함에 있어 중요한 잣대가 된다. 따라서 유형별 금전 클레임의 구체적 내용들에 앞서 손해배상책임의 일반적인 원칙들을 살펴보는 것은 금전 클레임의 이해에 굉장히 중요한 의미를 가진다.

---

[1] '클레임(claim)'이란 계약당사자 일방이 계약에 따라서 자기의 권리를 주장하여 합당한 보상을 찾는 행위를 말한다. '청구' 정도로 번역할 수도 있으나, 건설에서 클레임은 시공자의 발주자에 대한 공사대금 지급 청구, 금전적인 보상, 공기연장 청구 등 보다 구체적인 내용으로 이해되기에, 건설실무상 통용되는 '클레임'이라는 용어를 그대로 사용하기로 한다. 참고로 FIDIC 계약조건은 클레임을 다음과 같이 정의하고 있다.
"Claim" means a request or assertion by one Party to the other Party for an entitlement or relief under any Clause of these Conditions or otherwise in connection with, or arising out of, the Contract or the execution of the Works.
미국건축가협회의 표준계약서 (AIA Document A201) 4.3.1항은 클레임을 다음과 같이 정의하고 있다:
"A Claim is a demand or assertion by one of the parties seeking, as a matter of right, adjustment or interpretation of Contract terms, payment of money, extension of time or other relief with respect to the terms of the Contract." 비표준계약서(bespoke contract)에서는 클레임을 별도로 정의하는 경우도 흔히 있다. 한편 Quantum claim에 대한 상용화된 국문용어는 특별히 찾기 어렵다. 본서에서는 편의상 quantum claim 또는 monetary claim을 '금전 클레임'이라고 칭하고자 한다.

손해배상책임은 계약당사자 일방의 계약위반에 대한 상대방의 구제수단(remedy) 중 하나에 해당한다. 건설계약 체결 당시부터 계약 당사자가 계약상 합의를 어길 의사가 있는 경우는 거의 없을 것이다. 하지만 현실적으로 계약 체결 후 이행 과정 중 당사자가 계약으로 합의한 내용의 전부 또는 일부를 지키지 못하는 경우는 빈번하게 발생하며, 이러한 계약위반(breach of the contract)에 대한 계약 상대방의 구제수단(remedy)을 규율하기 위해 각 나라의 법은 민법 또는 계약법에 관련 내용들을 두고 있다.

국제건설계약에서 준거법 또는 계약조건으로 통용되는 영미법2)의 관점에서 계약위반에 대한 구제수단을 개관해 보면 아래 그림과 같다.

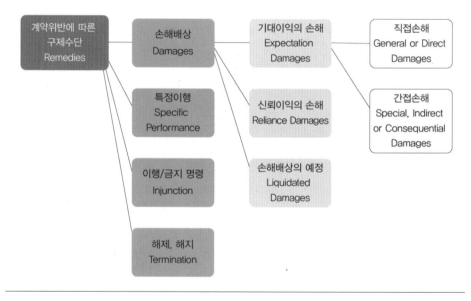

‖ 그림 1 ‖ 계약위반에 따른 구제수단3)

준거법을 불문하고 손해배상에 대한 법적 내용은 내용도 방대하고 난해하기 때문에, 본 저서에서는 제2장부터 다루게 될 건설계약의 금전 클레임을 이해하는 데 필요한 최소한의 내용들 위주로만 다루고자 한다.

---

2) 영미법계에서는 별도의 성문민법전이 없고, 주로 판례법을 기반으로 하여 계약에 관한 법리를 모아 계약법(contract law)이라고 한다.

3) 이는 국제건설계약에서의 이해를 돕기 위해 계약위반에 따른 구제수단을 도식화한 것에 불과하고, 견해에 따라서는 다른 분류 방식들도 있음을 유의하기 바란다.

II. 계약위반에 따른 손해배상청구와 계약상 추가공사비 청구의 관계 (Damages for breach of contract vs contractual compensation)

1. 계약위반에 따른 손해배상청구와 계약상 추가공사비청구의 개념과 상호관계

손해배상책임에 관한 본격적인 논의에 앞서 계약위반에 따른 손해배상청구와 계약상 추가공사비 청구의 차이점과 관계에 대해 짚고 넘어갈 필요가 있다. 한편 대부분의 건설계약은 발주자의 책임으로 인하여 특정한 사유가 발생하면 이에 대해 시공자가 금전적 보상을 청구할 수 있다는 규정을 두고 있는데,[4] 이처럼 계약 조항을 근거로 보상을 청구하는 것을 계약상 명시된 보상 청구(compensation under or in relation to a contract) 또는 추가공사비 클레임으로 부른다. 한편 발주자가 계약상 의무를 위반하면 계약상 특별한 규정이 없더라도 민법(civil code) 또는 계약법(contract law)에 근거하여 시공자는 이에 따른 손해배상을 청구할 수 있는데, 이는 계약위반에 따른 손해배상(damages for breach of a contract) 클레임에 해당한다.

이처럼 계약위반에 따른 손해배상청구권과 계약상 추가공사비 청구권은 개념상 구별된다.[5] 영국법에서도 계약서에서 명확한 문언으로 달리 규정하지 않는 이상, 계약상 명시된 보상 청구권(추가공사비 청구권)과 계약위반에 따른 손해배상 청구권은 병존한다는 것이 일반적인 견해로 보인다.[6] 이와 관련하여 영국 건설법 교

---

4) 예를 들어 FIDIC Red Book 2017년판 계약조건 2.1조에서 발주자의 부지 인도 지연에 대하여 시공자는 20.2조에서 규정한 절차에 따라 공기연장 청구권과 비용 및 이익에 대해 보상청구권을 갖는다.

5) Furst, S., Ramsey, Vivian, & Keating, Donald. (2020). Keating on construction contracts (11th ed). London: Sweet & Maxwell (이하 "Keating"), para. 9−001

6) 영국 계약법상 계약서에 명시가 없는 이상 원칙적으로 손해배상청구권은 제한되지 않는다. 이러한 원칙은 Stocznia 및 Gilbert-Ash 사건에서 확립되어 'Gilbert-Ash/Stocznia test'라고 일반적으로 지칭된다. Gilbert-Ash (Northern) Ltd v. Modern Engineering (Bristol) Ltd [1974] A.C. 689 사건에서 법원은 "어느 계약 당사자도 계약위반에 대한 법적 구제수단을 포기하지 않을 것으로 추정되며, 이러한 추정을 번복하기 위해서는 명확한 문구가 필요하다(one starts with the presumption that neither party intends to abandon any remedies for its breach arising by operation of law, and clear words must be used to rebut this presumption)"고 판시하였다. 또한 Stocznia Gdynia SA v. Gearbulk Holdings Ltd [2009] EWCA Civ 75, [2009] 1 Lloyd's Rep 461 사건에서 "법원은 계약의 조건이 그것이 의도되었다는 것을 충분히 명백하게 규정하지 않는 이상 계약 당사자가 귀중한 법적 권리를 포기한 것으로 볼 수는 없을 것이다(the court is unlikely to be satisfied that a party to a contract has abandoned valuable rights arising by operation of law unless the

과서 중 하나인 Keating on construction contracts (이하 "Keating")은 아래와 같이 기술하고 있다.[7]

> "계약위반에 따른 손해배상청구와 계약조건에 따른 청구 사이의 관계는 항상 분명하게 구분되어야 한다. 건설계약은 시공자에게 발주자의 계약 위반일 수도 있고 그렇지 않을 수도 있는 상황에서 추가 공사비 지급에 대한 계약상 권리를 부여하기도 한다. 이러한 권리는 일반적으로 계약위반에 따른 시공자의 손해배상청구권과는 구별되는 별개의 권리이며 법에서 인정되는 손해배상청구권을 대체하는 것이 아니다. 계약조건에 따른 청구권은 계약조건에 따라야 한다. 이러한 계약상의 청구권은 엔지니어의 확인서 (certificate)로 진행될 수 있는 장점이 있으나, 통지 의무(notice requirement)와 같은 선행조건(condition precedent)을 충족해야 한다."

또 다른 저명한 건설법 교과서의 저자인 Bailey도 계약상 명시된 추가공사비 청구권은 계약위반에 따른 손해배상청구권을 대체하는 것이 아니고, 양자는 별개의 권리라는 입장이다.[8]

그런데 이처럼 계약상 추가공사비 청구권과 계약위반에 따른 손해배상청구권이 개념상 구별된다고 하더라도, 손해배상의 일반원칙은 양자 모두에 적용될 수 있다고 보는 것이 일반적 견해로 보인다. 영국건설법의 바이블인 Hudson's building and engineering contracts(이하 "Hudson")도 Bailey와 같은 입장을 취하고 있다.[9]

---

terms of the contract make it sufficiently clear that it was intended)"라고 판시하였다. 그 밖에 Triple Point Technology Inc. v. PTT Public Co. Ltd [2021] UKSC 29, [2021] A.C. 1148, at [106]-[113]; Soteria Insurance Ltd (formerly CIS General Insurance Limited) v IBM United Kingdom Ltd [2022] EWCA Civ 440 at [34],[35] and [62]; Stephen, H., Bailey, J. (2015) Delay Damages and Site Conditions: Contrasts in US and English Law, SCL Paper 181 참조.

7) Keating para. 9-001: "This distinction should always be sharply observed between claims made for breach of a contract and claims made under or pursuant to the terms of the contract. Most sophisticated construction contract gives the contractor contractual rights to additional payment in circumstances some of which may also, or might otherwise, be breaches of contract by the employer. Such rights are usually additional too, and not in substitution for, the contractors are common law remedy of damages for breach of contract. A claim under the contract will depend on the relevant terms. It may have the advantage of the right to payment as the work proceeds under the architect's certificate but be subject to the fulfilment of certain conditions precedent, e.g. as to notices."

8) Bailey, J. (2016) Construction law (2nd ed.). London: Informa Law ("Bailey") para.11.132.

9) Stephen, H., Bailey, J. (2015) Delay Damages and Site Conditions: Contrasts in US and

계약상 명시된 추가공사비 청구권과 관련하여 법원과 중재판정부는 손해배상과 동일한 시각에서 이를 판단하는 경우가 많다.[10] 따라서, 실무적으로는 계약상 명시된 규정에 따라 추가공사비를 청구하는 경우에도, 계약위반에 따른 손해배상의 기본 원칙을 숙지하고 이해할 필요가 있다. 결국 이하에서 소개하는 손해배상의 원칙과 개념들은 계약상 추가공사비 청구의 경우에도 마찬가지로 적용될 수 있다.

2. 실무상 문제점

가. 실무상 계약상 명시된 추가공사비 청구권의 배상범위가 계약위반에 따른 손해배상 범위와 다르게 또는 보다 작게 규정되는 경우가 있다. 이러한 경우 피해 당사자는 계약상 명시된 추가공사비 청구권 대신 계약위반에 따른 손해배상으로 클레임이 가능할까? 예를 들어, 공기연장으로 인한 이익 획득 기회의 상실(lost opportunity to earn profit)[11]은 계약상 명시된 추가공사비 클레임 또는 계약위반에 따른 손해배상 클레임 중 어느 것으로 가능한지, 아니면 양자 모두를 활용할 수 있는지가 문제될 수 있다. 이와 관련하여 영국법의 관점에서 건설 프로젝트에서 발생하는 공기지연 및 방해(Delay and Disruption) 문제의 해결에 관하여 통용되는 Society of Construction Law Delay and Disruption Protocol 2017년 개정판(이하, "SCL 프로토콜")은 "이익 획득 기회의 상실은 표준계약서상 일반적으로 보상이 불가능한 경우가 많다. 대신, 시공자는 계약위반에 따른 손해배상 클레임으로서 이익 획득 기회의 상실에 대한 클레임을 제기한다."[12]라고 하고 있다.

앞서 본 바와 같이 계약상 명시된 추가공사비 청구권이 있더라도, 별도로 계약위반에 따른 손해배상청구권에 근거해 클레임을 제기하는 것이 가능하다고 보는 일반적인 견해에 따르면, 배상범위가 제한적인 계약상 추가공사비 청구 대신에

English Law, SCL Paper 181, Hudson, para. 6-068

10) Dennys, N., Clay, Robert, Hudson, Alfred A., & Atkin Chambers (2020) Hudson's building and engineering contracts (14th ed.) London (이하 "Hudson"), para. 6-067

11) 이에 대해서는 2.VI.에서 자세히 다루고자 한다.

12) SCL 프로토콜. 파트 C: 기타 재무적 클레임 항목에 대한 지침, para.2.4. 원문은 다음과 같다. "Regarding the lost opportunityto earn profit, this is generally not recoverable under the standard forms. Instead, Contractors typically frame their claim for the lost opportunity to earn profit as a claim for damages for breach of contract."

계약위반에 따른 손해배상 클레임을 제기함으로써 금액적으로 더 많은 보상을 도모할 수도 있다.[13]

나. 그러나 계약위반에 따른 손해배상청구권을 제한하는 내용의 계약당사자들의 합의가 있는 경우에는 계약위반에 따른 손해배상 클레임을 통한 권리구제가 제한될 수 있다.

예컨대 건설계약에서는 발주자에 의한 프로젝트 지연에 대한 시공자의 손해배상청구를 제한하기 위해 '지연손해 배상불가' 조항('no-damages-for-delay' clause)을 두는 경우가 있다.[14] 주로 계약상 규정된 발주자 측 사유에 대해 공기연장(Extension of Time, 이하 "EOT") 청구권이 시공자의 유일하고 배타적인 구제수단(sole and exclusive remedy)임을 규정하는 방식이 이에 해당한다.[15] 준거법에 따라서는 이러한 지연손해 배상불가 조항이 계약당사자 일방에게 지나치게 불합리한 조항으로 효력이 부정될 가능성도 배제할 수 없으나, 계약 자유의 원칙을 보다 존중하는 영국법 또는 미국법에서는 효력이 긍정될 가능성이 높다.[16] 즉, 지연손해 배상불가 조항이 있을 경우, 시공자는 발주자 측 사유로 인한 공기지연에 대해서는 계약상 명시된 추가공사비 청구권과 계약위반에 따른 손해배상 청구권 그 어느 것에 의해서도 구제를 받을 수 없을 것이다.

다. 실제 발주자가 입은 손해 금액이 '지체상금'[17]을 초과하는 경우 실제 손해 금액을 청구하는 것이 가능한지 여부도 문제된다. 이는 준거법에 따라 차이가 발생하는 쟁점에 해당한다.

---

13) 물론 금액적으로는 계약위반에 따른 손해배상청구가 유리하더라도, 청구권의 성립 여부 입증에 있어서는 계약상 추가공사비 청구가 더 수월할 수 있으므로, 양자 중 어느 클레임을 제기하는 것이 당사자에게 유리할지는 사안마다 달라질 것이다.

14) Stephen A Hess and Julian Bailey (2015) Delay Damages and Site Conditions: Contrasts in US and English Law, SCL Paper D181

15) ibid

16) ibid

17) 계약 당사자는 계약위반이 발생하기 전에 계약 위반이 발생할 경우를 대비하여 지불해야 할 손해배상액을 계약적으로 미리 결정할 수 있는데, 건설계약에서는 특히 시공자 측 사유로 인한 준공지연에 대한 손해배상액을 미리 결정하는 것을 '지체상금'이라고 부른다. 일반적으로 건설계약에서 지체상금은 계약상 준공일과 실제 준공일(일반적으로 준공필증에 명시된 준공일자) 사이의 준공일 지연일수에 약정된 일일 배상금액(지체상금율)을 곱하여 계산한다(FIDIC Red, Yellow and Silver Books (2nd edition 2017) clause 8.8; the NEC4 Engineering and Construction Contract (2017), Option X7; JCT Standard Building Contract (2016), 제2.3조).

지체상금과 관련하여 영국의 기존 판례는 "손실에 대한 진정한 예상액과 비교했을 때 과도하고(extravagant) 비양심적(unconscionable)이거나 계약위반 방지를 위해 의도된 경우"에는 지체상금 약정이 위약벌(penalty)에 해당하여 무효라는 입장이었다가,[18] 최근 *Cavendish v Makdessi* 사건에서 "주된 채무의 이행에 있어 채권자의 합법적 이익을 현저하게 초과하는 금액을 부과하는 것은 위약벌(penalty)에 해당하여 무효"라는 입장으로 변경하였다.[19] 이러한 최근 영국 대법원의 입장에 따르면 지체상금에 대한 계약당사자의 합의는 더욱 존중되고, 따라서 영국법상으로는 지체상금 약정이 있을 경우 계약위반에 따른 손해배상청구권에 의해 실제 발생한 손해를 별도로 청구하는 것이 받아들여지지 않을 가능성이 높다.

반면, 대륙법계에서는 상대적으로 실제 손해액이 입증될 경우 지체상금 약정에도 불구하고 계약위반에 따른 손해배상청구가 인용될 가능성이 있다. 즉 대륙법계에 속하는 우리나라 민법 제398조 제2항은 "손해배상액의 예정액이 부당히 과다한 경우에는 법원은 적당히 감액할 수 있다"고 규정하고 있으며, 중동의 민법들은 더 나아가 법원이 당사자의 신청에 따라 실손해를 기준으로 지체상금 약정을 변경할 수 있다는 내용을 규정하고 있는데, 이는 당사자들이 계약으로 달리 정할 수 없는 강행규정(mandatory provision)에 해당한다.[20]

라. 한편 지체상금과 관련하여 시공자와 발주자가 프로젝트 준공지연에 동시에 기여한 경우, 즉 '동시지연(concurrent delay)'이 있는 경우 발주자가 지체상금을 청구할 수 있는지도 문제된다.[21] 영국법상 동시지연의 경우 발주자는 지체상금을 부과할 계약적 권리를 상실하게 되지만, 영국 법원은 시공자의 계약위반에 대한 손해배상청구권은 여전히 발주자가 보유한다는 입장이다.[22]

---

18) *Dunlop Pneumatic Tyre Co Ltd v New Garage & Motor Co Ltd* [1914] UKHL

19) *Cavendish v Makdessi* [2015] UKSC 67

20) UAE 민법 제390조

　(1) The contracting parties may fix the amount of compensation in advance by making a provision therefor in the contract or in a subsequent agreement, subject to the provisions of the law.

　(2) The judge may, in all cases, upon the application of either of the parties, vary such agreement so as to make the compensation equal to the loss, and any agreement to the contrary shall be void.

　카타르 민법 제266조, 바레인 민법 제226조, 쿠웨이트 민법 제303조, 오만 민법 제267도 동일한 내용을 규정하고 있다.

21) 동시지연에 대해서는 본서 1.IV.과 2.V.에서 다시 살펴본다.

이상과 같이 준거법과 계약조건[23])에 따라 발주자 측 사유에 대해 계약상 명시된 추가공사비 청구권과 계약위반에 따른 손해배상 청구권간의 관계, 각각의 보상범위,[24]) 산정방법 및 절차상 차이점을 면밀히 검토한 후, 무엇을 권원(entitlement)으로 하여 클레임을 제기할지를 결정할 필요가 있다.

---

22) *Rapid Building v Ealing* Family Housing (1984) 29 BLR 5, 16 and 19.

23) 특히 검토해야 할 계약조건에는 면책조항(손해에 대한 배상을 배제하거나 제한하는 조항), 유일하고 배타적인 구제 조항(영문으로는 Sole and exclusive remedy clause로 표현되며 당사자가 특정 명시적 구제수단이 특정 사유에 대한 유일하고 배타적인 구제수단임을 명시하는 조항) 등이 있다.

24) FIDIC Red Book 2017년판 계약조건의 경우 특정 발주자 측 사유에 대해 비용 및 이익을 보상하기도 하고 비용만을 보상하기도 한다. 예를 들면, 발주자의 부지 인도 지연에 대하여 시공자는 20.2조 절차에 따라 공기연장 청구권과 비용 및 이익에 대해 보상청구권을 갖는다(2.1조). 또한 고고학 및 지질학적 발견(Archaeological and Geological Findings)에 대하여 시공자는 20.2조가 규정한 절차에 따라 공기연장 청구권과 비용에 대해 보상청구권을 가진다(4.23조). 따라서 계약조건 상으로도 발주자 측 사유에 따라 이윤에 대한 보상 유무가 달라진다.

Ⅲ. 계약위반에 따른 손해배상책임의 요건 - 영미법과 대륙법의 차이[25]

본격적으로 계약위반에 따른 손해배상책임에 대해 살펴본다. 원고로서 계약위반에 따른 손해배상청구를 인용받기 위해서는 손해배상책임의 성립 요건을 입증해야 한다. 영미법계와 대륙법계 모두 계약 위반 사실, 손실의 발생, 계약위반과 손실 사이의 인과관계 등을 손해배상책임의 요건으로 하는 것은 공통되나, 채무자(계약위반자)의 과실을 필요로 하는지에서 차이를 보인다.[26]

손해배상을 청구하려면 계약위반자의 과실이 필요한가? 아니면 계약위반자의 과실이 없더라도 계약위반 사실만으로도 손해배상을 청구할 수 있는가? 이에 대해 영미법계와 대륙법계는 근본적으로 다른 입장을 취하고 있다.

영미법상 계약위반자의 과실 유무는 손해배상 청구를 위한 요건이 아니다. 즉, 계약위반자의 과실(fault)이 없는 경우에도 계약 상대방은 원칙적으로 손해배상을 청구할 수 있다. 영미 계약법(contract law)은 엄격한 책임 법칙을 따르며, 수반되는 구제수단은 당사자의 과실(fault)과 무관하게 운영된다.[27] 또한 미국 Restatement (Second) of the Law of Contracts(이하, "제2차 계약법 재록")[28] 제260조 제2항은 "계약에 따른 의무의 이행이 요구되는 경우 모든 불이행은 계약위반"이라고 규정하고 있다. 영미법의 이러한 엄격 책임(strictliability) 주의는 채무이행이 원시적으로 불가능하거나(frustration 혹은 impossibility), 계약상대방이 채무이행을 사후적으로 방해(prevention)한 경우, 책임이 경감될 수 있다는 법리인 방해이론(prevention principle)[29]에 의해 완화되기도 한다.

이와 달리 대륙법계 국가에서는 채무자의 고의·과실(fault)이라는 주관적 요건

---

25) Pejovic, C.(2001). Civil Law and Common Law: Two Different Paths Leading to the Same Goal. Victoria University of Wellington Law Review, 32(3), pp. 817−842

26) Global Arbitration Review (2022) The Guide to Damages in International Arbitration (5th edition) (이하, "GAR, The Guide to Damages in International Arbitration"), pp. 13−15, p. 27. 그 밖에 영미법은 손해경감의무 위반시 손해액의 감액(deduction)도 요건에 포함시키기도 한다.

27) A Farnsworth Contracts (Boston-Toronto, 1982), 843

28) 그 자체가 성문법이라기보다는 미국에서 통용되는 계약법의 일반 원칙을 정리한 문서이다.

29) 방해이론(prevention principle)이란 계약당사자가 상대방의 의무 이행을 방해하였을 경우에 상대방에게 계약적 의무를 이행하도록 강제할 수 없다는 영국 계약법상의 원칙이다. 이 원칙은 과실책임주의 및 동시이행의 항변권이 인정되는 대륙법계에서는 불필요하나, 무과실책임주의를 따르고 있고 동시이행의 항변권을 인정하지 않는 영국법에서 계약상대방으로부터 방해(prevention)를 받은 계약당사자를 보호하기 위해 발달하였다.

을 손해배상청구권의 요건으로 추가적으로 요구하고 있다. 즉, 적어도 계약위반자의 부주의(negligence)로 인한 계약위반이 있을 때만 피해상대방이 손해배상을 청구할 수 있다. 독일 민법 제276조는 "채무자는 고의적인 행위와 과실에 대한 책임이 있다"고 규정하고 있으며, 제285조는 "계약 당사자의 책임이 없는 상황 때문에 이행이 이루어지지 않은 경우 이는 채무불이행 상태가 아니다."라고 규정하고 있다. 독일법과 유사하게 프랑스법은 과실에 근거한 계약상 책임의 개념(과실책임주의)을 민법 제1147조에서 규정하고 있다. 우리나라 민법 제390조도 "채무자가 채무의 내용에 좇은 이행을 하지 아니한 때에는 채권자는 손해배상을 청구할 수 있다. 그러나 채무자의 고의나 과실없이 이행할 수 없게 된 때에는 그러하지 아니하다."고 규정하여 과실책임주의를 취하고 있다. 다만 이러한 과실책임주의를 원칙으로 하는 대륙법계에서도 계약 당사자의 과실과 관계없이 엄격한 책임을 인정되는 무과실책임주의의 예외를 두기도 한다.[30]

결국 영미법은 무과실책임을 원칙으로 삼고 방해이론(prevention principle) 등의 예외를 두는 반면, 대륙법은 과실책임주의를 원칙으로 하면서 엄격책임(strict liability)을 예외적으로 인정한다는 점에서 대비된다.

영미법상 무과실책임 원칙과 대륙법계의 과실책임주의 원칙이 계약상 명시된 보상 청구권과 계약위반에 따른 손해배상 청구권에 어떠한 영향을 미치는 지도 중요한 고려사항이다. 건설계약과 관련 계약상 발주자에게 리스크가 배분된 사유, 즉 발주자가 공기연장 또는 추가공사비에 대한 계약상 책임을 지는 사유를 SCL 프로토콜에서는 발주자 측 사유 또는 발주자의 책임 있는 사유(Employer Risk Event, 이하 "발주자 측 사유")라 한다. 반대로 시공자에게 리스크가 배분된 사유 즉 시공자가 계약상 책임을 지는 사유를 시공자 측 사유 또는 시공자의 책임 있는 사유(Contractor Risk Event, 이하 "시공자 측 사유")라 한다. 영국에서 가장 일반적으로 사용되는 JCT(the UK Joint Contracts Tribunal, 이하 'JCT')의 표준계약서는 시공자의 금전적 보상 청구권을 보장하는 발주자 측 사유는 관련문제(Relevant Matters)로,[31] 시공자의 공기연장(EOT) 청구권을 보장하는 사유는 관련사유(Relevant Events)로 각각 규정한다.[32] NEC 계약은 발주자 측 사유 등으로 인해 시공자가 보상받을

---

30) 예컨대 우리나라 민법은 매매 등 유상계약에서 목적물에 원시적 하자가 있는 경우 채무자에게 담보책임을 인정하는데 이는 무과실책임에 해당한다.

31) JCT SBC/Q 2016년판 계약조건, 4.20−4.24조

32) JCT SBC/Q 2016년판 계약조건, 2.26−2.29조

수 있는 사유를 통틀어서 보상 사유(Compensation Events)라고 규정한다.

FIDIC 계약조건은 개별사안에 대해 금전적 보상 청구권과 공기연장(EOT) 청구권을 규정한다. 예를 들면 FIDIC 계약조건 Red Book 2017년판 계약조건 2.1조에서 "발주자는 계약서 별첨자료(Contract Data)에 기재된 기한(들) 내에 현장 모든 부분에 대한 접근권 및 점유권을 시공자에게 제공하여야 한다. 그러한 접근권과 점유권은 시공자에게 독점적이지 않을 수 있다. 만약 계약에 의거하여 발주자가 어떠한 기초, 구조물, 설비에 대한 점유 또는 접근수단을(시공자에게) 제공하여야 하는 경우라면, 발주자는 시방서에 언급된 방법으로 언급된 기한 내에 그러한 사항들을 제공하여야 한다. 그러나 발주자는 시공자로부터 이행보증서를 접수할 때까지 그러한 접근권 또는 점유권 제공을 유보할 수 있다. 발주자가 상기 기한 내에 접근권 및 점유권을 제공하지 못하여 만약 시공자에게 지연발생 및/또는 비용부담을 초래하는 경우라면, 시공자는 엔지니어에게 통지하여야 하며 20.2조항의 규정을 충족시킴을 전제로 공기연장 청구권과 비용 및 이윤에 대한 보상권리를 갖는다."라고 규정하고 있다. 따라서 시공자에게 현장 접근권 및 점유권(Right of Access to the Site)을 제공해야 하는 것은 발주자의 책임에 해당하며, 이와 관련한 이행보증서 제출은 시공자의 책임에 해당한다. 만약 발주자가 시공자에게 현장 접근권을 제공하지 못할 경우, 이는 계약위반에 해당하고 동시에 시공자는 FIDIC 계약조건 20.2조의 규정에 따라서 공기연장 청구권과 비용 및 이윤에 대해 보상청구권을 갖는다(2.1조).

이처럼 영미법계에서는 계약위반에 대해 추가로 고의·과실을 따지지 않기에 시공자는 발주자가 계약위반을 하였다는 사실만을 클레임시 입증하면 될 것이다. 이는 계약위반에 따른 손해배상청구권과 계약상 명시된 보상 청구권 모두에 적용될 것이다. 반면 대륙법계 국가에서는 채무자의 고의·과실(fault)이라는 주관적 요건을 손해배상청구권의 요건으로 추가적으로 요구하고 있다. 그러나 이러한 계약법의 일반원칙이 본 책의 제2장에서 본격적으로 다루게 될 건설계약의 금전 클레임에 실제 어떠한 영향을 미치는지는 미지수이다. 이론적으로는 대륙법계에서는 발주자가 FIDIC 계약조건상 현장접근권 및 점유권에 대한 의무를 이행하지 못했으나 발주자의 고의·과실(fault)이 없다면 시공자는 손해배상을 클레임할 수 없을 것이다. 그러나 대륙법계에서도 채무자의 계약 위반 또는 채무불이행이 있다면 고의 과실도 존재하는 것으로 추정되는 경우가 대부분이기 때문에, 실제 중재판정부나 법원에서 이러한 주장을 받아들이기는 쉽지 않다. 물론 불가항력 등 채무자의 책임 없는 사유로 계약위반 내지 채무불이행이 발생했다는 점을 채무자가 입증한다면 면책이 가능할 것이다. 한편 이러한 고의·과실(fault)의 요건이 계약상 명시된 보상청구권에도 요구되는지 문제될 수 있는데, 계약상 고의·과실(fault)의 요건이 필요하다고 규정되어 있지 않다면 요구되지 않는다고 보는 것이 타당해 보인다.

IV. 손해배상의 범위와 산정

1. 손해의 종류: 기대이익의 손해와 신뢰이익의 손해(Types of damages: expectation damages, reliance damages)

손해배상액 산정은 (1) 일반 손해배상청구를 하는 경우와 (2) 손해배상 예정의 합의가 있는 경우로 크게 구분할 수 있는데, 전자의 손해배상은 다시 기대이익(또는 이행이익)의 손해(expectation damages)와 신뢰이익의 손해(reliance damages)에 대한 배상으로 나누어 볼 수 있다.[33] 이하에서는 기대손해의 배상과 신뢰손해의 배상에 대해 살펴보고자 한다. 손해배상의 예정에 관한 쟁점은 1.VI.에서 별도로 검토한다.

가. 기대이익의 손해(Expectation interest, Expectation Damages)

우리나라 대법원은 준거법이 영국법[34]인 사건에서, 영국법상 계약위반으로 인한 손해배상은 계약이 정상적으로 이행되었더라면 당사자가 있어야 할 상태로 만들어 주는 계약당사자의 이행이익을 보호하는 것을 원칙으로 한다고 판시하였다(대법원 2016. 5. 27. 선고 2014다67614 판결). 대법원은 같은 사건에서 이는 계약이 이행되었더라면 채권자가 장래에 얻을 수 있었던 기대이익의 상실로 인한 손해의 배상 및 채무자의 계약위반 결과 채권자가 실제로 입게 된 현실적인 손해의 배상을 포함한다고 판시하였다. 이러한 원칙은 영미법계에서는 이행이익(performance interest)[35] 또는 기대이익(expectation interest)[36]에 대한 손해배상[37](compensation), 대륙법계에

---

33) 손해는 다양한 기준에 따라 분류할 수 있다. 손해가 발생한 법익에 따라 재산적 손해와 비재산적 손해, 계약이 유효함으로 인하여 생길 이익인 이행이익의 손해와 그 계약의 유효를 믿었음으로 인하여 받은 손해인 신뢰이익의 손해, 기존 이익의 멸실 또는 감소인 적극적 손해와 장래에 얻을 수 있었던 이익을 얻지 못한 손해인 소극적 손해, 침해된 법익 자체에 대한 손해인 직접적 손해와 법익 침해의 결과로 발생한 간접적 손해로 구분될 수 있다(주석 민법: 채권각칙 2권 (5판) 민법 제393조 해설 참조).

34) 엄밀히는 잉글랜드(England)와 웨일스(Wales)의 법인데, 본서에서는 편의상 특별한 설명이 없으면 영국법이라고 지칭하기로 한다.

35) 계약이 정상적으로 이행되었더라면 당사자가 있어야 할 상태로 만들어 주는 계약당사자의 이익을 말한다.

36) 계약위반이 없었다면 당사자가 있어야 할 상태로 만들어 주는 계약당사자의 이익을 말한다.

37) 영미법계에서 이행이익(performance interest)과 기대이익(expectation interest)은 혼용되어 사용되

서는 완전배상원칙(full compensation principle)[38]이라고 부르기도 한다.[39]

영국법상 계약위반으로 인한 손해배상청구시 손해액의 산정 원칙은 다음과 같이 영국 대법원 판례인 Ruxley Electronics and Construction Limited v Forsyth 사건에서 구체적으로 설시되어 있다:[40]

"영국법상의 출발점은 Robinson v Harman (1848) 1 Exch 850 at 855, [1843-60] All ER Rep 383 at 385이며, Parke B 판사는 아래와 같이 판시하였다.

Common law의 원칙은 계약 당사자가 계약 위반으로 인해 손해를 입는 경우, 금전으로 보상할 수 있는 손해와 관련하여 마치 계약이 이행되었을 상태로 만들어 주는 것이다.

이 원칙은 계약 위반의 모든 경우에 원고가 특정 이행(Specific Performance)에 상응하는 금전적 권리를 얻을 수 있다는 것을 의미하지는 않는다…[41]

기도 한다. 예컨대 Wöss and others (2014) Damages in International Arbitration under Complex Long-Term Contracts (1st edition) Oxford, OUP, para 4.07 "Therefore, even if English law uses the term performance interest (expectation interest) it means the protection provided is compensation for the loss and not performance of the contract. What is protected is the claimant's interest to recover its loss, but not to obtain what it was promised" Beutler, M. & Gentilcore, E. (2015) Model Jury Instructions: Construction Litigation, (Second ed.) Chicago. ABA, para.18.03 "Expectation damages are the damages necessary to place the plaintiff in the position it would have been if the defendant had performed the contract" Global Arbitration Review (2022). 반면 영미법(common law)상 기대이익의 손해(expectation damages)와 이행이익의 손해(performance damages)를 구분하는 견해도 있다. The Guide to Damages in International Arbitration (5th edition) p. 22: "…(E)xpectation damages, according to which damages are awarded on the basis of putting the claimant in the position it would have been in, but for the breach""The second is performance damages-namely, the cost of curing the defective performance."

38) 'compensation'은 직역하면 '보상'이 되나 우리나라 법제상 보상과 배상이 구별되고 '손해배상'이라는 용어가 통용됨을 고려하여 '배상'이라는 용어를 주로 사용하되, 문맥상 필요한 경우에 '보상'이라고 번역한다. 참고로 SCL 프로토콜, 부록 A: 용어 정의에서는 'compensation'을 수행된 작업 또는 소요된 시간에 대해서 [공사변경]평가, [계약상 규정된 보상 청구에 대한] 손실 및/또는 지출 [확정] 혹은 손해배상 메커니즘을 통해 금전을 지급하거나 금전 손해를 회복시키는 것이라고 정의하고 있다. 원문은 다음과 같다. "The recovery or payment of money for work done or time taken up whether by way of valuation, loss and/or expense or damages." 한편 완전배상원칙(full compensation principle)은 Investor-State Dispute Settlement (ISDS)클레임의 손실액 산정 원칙으로 흔히 통용되기도 한다.

39) Global Arbitration Review (2022) The Guide to Damages in International Arbitration (5th edition) pp. 7-8, 22-24.

40) [1995] 3 All ER 268, [1996] AC 344, [1995] CLC 905, [1995] UKHL 8, [1995] 3 WLR 118.

41) 이는 원칙적으로 특정이행을 인정하는 대륙법계의 태도와 구별된다. 즉 영미법에서는 계약위반으로 인한 구제수단은 금전 손해배상이 원칙이고, 특정이행(specific performance)은 형평법(Equity)

이를 위해서는 원고가 계약위반으로 인해 실제로 입은 손해를 확정(ascertain)[42]하는 것이 필요하다. 때때로 발생하는 것처럼 원고가 손해를 보지 않았다면, 그는 명목상의 손해(nominal damages)만 회복할 수 있다. 손해배상의 목적은 피고를 처벌하는 것이 아니라, 원고에게 보상(compensate)을 해 주는 것이다.”[43]

위 *Ruxley* 사건에서 영국 대법원은 손해배상의 가장 중요한 원칙은 계약위반으로 인해 일반적으로 발생하는 금전적 손해에 대한 보상이 이루어지는 것이라고 하였다.[44] 또한 저명한 국제중재의 손해배상에 관한 교과서의 저자인 Wöss는 손해배상과 관련된 원칙에 대해 “영국법에 따른 손해배상은 일부 예외를 제외하고는 피고가 계약을 이행했더라면 원고가 처했을 정확한 상황에 원고를 두는 것을 목표로 하지 않는다. 따라서 영국법에서 이행이익(performance interest)이라는 용어가 사용되는 경우에도 여기서의 구제수단은 피고의 계약이행이 아닌 원고가 입은 손해에 대한 배상의 측면에서 이해되어야 한다. 즉, 보호 대상은 손해를 회복하려는 원고의 이익이지 이는 약속된 사항을 얻을 수 있다는 것을 의미하지는 않는다.”고 설명하고 있다.[45]

상 예외적으로 인정된다(최봉경, “특정이행과 손해배상 – 비교법적 연구를 중심으로–, 저스티스 통권 제178호(2020. 6.) 55면 참조).

[42] 확정(Ascertain)의 의미와 영국에서 가장 많이 사용되는 JCT계약조건에서의 손실 및/또는 지출의 확정이 의미하는 바는 *Walter Lilly v Mackay* [2012] EWHC 1773 (TCC) at [468]를 참조하기 바란다.

[43] 원문은 다음과 같다: “The rule of the common law is that where a party sustains a loss by reason of a breach of contract, he is, so far as money can do it, to be placed in the same situation, with respect to damages, as if the contract had been performed. This does not mean that in every case of breach of contract the plaintiff can obtain the monetary equivalent of specific performance. It is first necessary to ascertain the loss the plaintiff has in fact suffered by reason of the breach. If he has suffered no loss, as sometimes happens, he can recover no more than nominal damages. For the object of damages is always to compensate the plaintiff, not to punish the defendant.”

[44] 영국 대법원은 *British Westinghouse Electric and Manufacturing Co Ltd v Underground Electric Railways Co of London Ltd* [1912] AC 673 at 689, [1911–13] All ER Rep 63 at [69]를 인용하며 다음과 같이 판시한 바 있다. “The first is that, as far as possible, he who has proved a breach of a bargain to supply what he contracted to get is to be placed, as far as money can do it, in as good a situation as if the contract had been performed. The fundamental basis is thus compensation for pecuniary loss naturally flowing from the breach ...”

[45] Wöss and others (2014) Damages in International Arbitration under Complex Long-Term Contracts (1st edition) Oxford, OUP(이하 “Wöss”), para. 4.07

이와 관련하여 미국법, 프랑스법, 독일법도 위 영국 판례와 유사한 입장을 취하고 있다.[46] 미국 법원은 계약위반자의 계약위반이 없었을 경우를 가정하여(but for the breach) 피해자가 누렸어야 할 경제적 지위에 피해자를 두는 것을 손해배상의 원칙으로 한다.[47] 나아가 손해배상을 위해 반드시 검토해야 될 질문은 "계약 위반이 없었다면 어떤 상황이었을까?(What would have happened in the absence of the breach?)"라고 한다.[48] 프랑스법은 원고의 손해에 따라 전액을 보상해야 한다는 완전배상원칙(full compensation principle)을 인정하고 있는데,[49] 이 역시 피해자를 계약위반이 없었을 상태로 가능한 범위에서 회복시키기 위해 금전적으로 보상하는 것을 내용으로 한다.[50] 마찬가지로 독일 민법 제249조부터 제255조까지의 손해배상 관련 규정들 역시 계약위반이 발생하지 않았다면 존재했을 상태로 원고를 돌려놓는 완전배상원칙을 기반으로 하고 있다.[51] 유엔통일매매법(The United Nations Convention on Contracts for the International Sale of Goods, 이하 "CISG") 제74조는 배상의 원칙과 관련하여 "계약당사자의 계약 위반으로 인한 손해는 계약위반의 결과로 다른 당사자가 입은 이익 손실을 포함하여 손실과 동일한 금액으로 구성된다."[52]라고 규정하고 있다.

요컨대 국제적으로 널리 인정되는 손해배상액의 산정원칙은, 계약위반 행위가 발생하지 않았더라면 피해 당사자가 처했을 상태로 회복시킬 수 있는 금액을 계약

---

46) Wöss,para. 2.03. 주석 민법은 영미법과 프랑스 민법이 제한 배상주의 원칙에 따라 배상할 손해의 범위를 비교적 좁게 인정하는 입법례라고 설명하여, 완전배상의 법칙에 따라 그 범위를 비교적 넓게 원칙적으로는 전 손해를 배상시키는 독일 민법의 입법례와 구분하고 있다. 다만 독일 민법의 경우 배상 범위에 관한 별도의 규정은 없으나, 법적 인과관계론 및 상당인과관계설이 주장되어 배상범위를 제한한 이후로 완전배상주의를 극복해 나가고 있는 점, 최근의 규범목적설에 의한 폭넓은 배상범위제한이 주장되고 있는 상황 등 학설·판례·관습을 종합하여 보면 독일의 손해배상법이 완전배상주의를 취하고 있다고 단정할 수 없다고 비판하는 견해가 있다(주석 민법: 채권각칙 2권 (5판) 제393조 해석, 830면 참조). 결국 국제적으로 통용되는 완전배상 원칙은 계약위반이 없었더라면 존재하였을 상태와 실제 상태와의 차이를 손해로 보지만, 준거법에 따른 손해배상요건과 제한에 따라 손해배상범위가 제한되는 경우도 넓은 의미에서 완전배상원칙을 따른다고 볼 수 있다. 이러한 맥락에서 완전배상(Full Compensation)은 Investor-state dispute settlement (ISDS) 클레임의 손실액 산정 원칙으로 흔히 통용되기도 한다.

47) Wöss para. 2.03

48) Wöss para. 5.69

49) Wöss, para. 2.03 (3)

50) Wöss, para. 2.03 (3)

51) Wöss, para. 2.03 (4)

52) 원문은 다음과 같다. "Damages for breach of contract by one party consist of a sum equal to the loss, including loss of profit, suffered by the other party as a consequence of the breach."

위반 당사자가 지불해야 하는 것을 말하며, 이는 '계약위반의 모든 결과를 제거하는 것'[53](to wipe out all the consequences of the breach)이라고 표현되기도 한다.[54]

이러한 관점에서 손해의 개념 또한 계약위반이 없었더라면 존재하였을 상태와 실제 상태와의 차이로 정의하는 것이 주류적인 견해로 보인다(이른바 차액설).[55] 따라서 일반적인 손해배상의 산정방법은 (i) 계약 위반이 없는 경우(혹은 계약이 정상적으로 수행되었을 경우)의 원고의 재정적 상태(이를 흔히 but-for position)와 (ii) 원고의 실제 재정적 상태(actual position)를 비교하여 그 차이를 계산하는 것이라고 할 수 있다.[56]

나. 신뢰이익의 손해(Reliance interest, Reliance Damages)

영국법상 계약이 이행되었더라면 피해 당사자가 얻을 수 있었던 장래의 기대이익이 상실되지 않았거나 그와 같은 기대이익에 대한 증명이 불가능한 경우, 피해 당사자가 계약을 준비·이행하면서 지출한 비용 혹은 계약위반자의 계약위반으로 '낭비된 비용(wasted expenditure)'에 대한 배상청구를 할 수 있다.[57] 이러한 손해는 신뢰손해(reliance damages)라고 지칭되며, 계약이 체결되지 않았더라면 원고가 있었을 상태를 가정하여(but for the contract) 원고가 '불필요하게 지출한 비용'을 배상하는 것을 내용으로 한다.[58]

미국의 제2차 계약법 재록에서는 기대이익 보상이 손해배상의 일반 원칙이고 신뢰이익에 대한 보상은 차선책(alternative)이라고 규정하고 있으며,[59] Wöss는 기

---

53) Factory at Chorzow (Germany v Poland), Merits, 1928 PCIJ (Ser.A) No.17 (13 September) at [125]: "wipe out all the consequences of the illegal act and re-establish the situation which would, in all probability, have existed if that act had not been committed."

54) Wöss, para. 2.01; Keating para. 9−002

55) 주석 민법: 채권각칙 2권 (5판) 제393조 해석, 835면

56) GAR The Guide to Damages in International Arbitration, pp. 23−24

57) 대법원 2016. 5. 27. 선고 2014다67614 판결

58) Wöss, para. 5.76 to 5.85

59) Second Restatement § 347 (Measure of Damages in General):
"Subject to the limitations stated in §§ 350−53, the injured party has a right to damages based on his expectation interest as measured by
(a) the loss in the value to him of the other party's performance caused by its failure or deficiency, plus
(b) any other loss, including incidental or consequential loss, caused by the breach, less
(c) any cost or other loss that he has avoided by not having to perform."

대이익의 손해와 신뢰이익의 손해를 다음과 같이 비교하고 있다.[60]

"신뢰이익의 손해(reliance damages)는 계약 체결로 인한 손실로, 계약이 있다고 신뢰함에 따라 낭비되는 비용이다. 신뢰이익의 손해와 기대이익의 손해(Expectation damages)는 상호 배타적이다. 이것은 근본적인 질문의 차이에서 기인한다. 신뢰이익의 손해에 대한 근본적인 질문은 계약을 체결하지 않은 경우(but for the contract) 피해자의 상태가 무엇인지를 묻는 반면, 기대이익의 손해는 계약위반이 없었다면(but for the breach) 피해자의 상태가 무엇이었을지를 묻는다."

또한 미국 변호사 협회(American Bar Association, 이하 "ABA")의 Model Jury Instructions[61]는 기대이익의 손해와 신뢰이익의 손해를 다음과 같이 비교한다.[62]

"신뢰이익의 손해(reliance damages)는 기대이익의 손해(expectation damages)와 동일할 수 있지만, 일반적으로 원고의 일실이익(lost profits)을 포함하지 않기 때문에[63] 금액적으로 적을 수 있다. 신뢰이익의 손해는 기대이익의 손해 중 실제로 지출된 비용부분(the cost of performance portion of expectation damages)에 해당한다고 볼 수 있다."

Second Restatement of Contracts §349 (Damages Based on Reliance Interest):
"As an alternative to the measure of damages stated in §347, the injured party has a right to damages based on his reliance interest, including expenditures made in preparation for performance or in performance, less any loss that the party in breach can prove with reasonable certainty the injured party would have suffered had the contract been performed."

60) Wöss, para. 5.76. 원문은 다음과 같다. "The reliance damages is the loss caused by entering into a contract, which was not performed due to its breach, in other words these are the so-called wasted expenses in reliance on the contract. Reliance interest and expectation interest are mutually exclusive. This derives from the underlying questions: under the reliance interest the question is what would be the position of the injured party if it had not entered into the contract; under the performance interest the question is what would be the position of injured party but for the breach."

61) Beutler, M. & Gentilcore, E. (2015) Model Jury Instructions: Construction Litigation, (Second ed.) Chicago. ABA (이하 "ABA Model Jury Instructions") 18.08

62) ABA Model Jury Instructions, section 18.05

63) 한편, 프랑스 민법상으로는 일실이익이 신뢰이익의 손해의 개념에 포함되어 차이가 있다[Global Arbitration Review (2022) The Guide to Damages in International Arbitration (5th edition) pp. 23, pp. 29].

한편 우리나라 민법 제535조 제1항은 목적이 불능한 계약을 체결할 때에 그 불능을 알았거나 알 수 있었을 자는 상대방이 그 계약의 유효를 믿었음으로 인하여 받은 손해를 배상하여야 한다고 하여 신뢰이익의 배상을 규정하고 있다(제535조 제1항 본문).[64]

다. 소결

영미법계와 대륙법계에서 손해배상 산정의 기본 원칙은 크게 다르지 않다고 판단된다.[65] 영미법계에서는 기대이익(expectation interest)에 대한 보상, 대륙법계에서는 완전배상원칙(the principle of full compensation)이라고 표현하고 있으나, 본질적으로 손해배상은 계약이 정상적으로 이행되었더라면, 즉 계약위반이 없었더라면 피해자에게 예상되는 재정적·금전적인 상태로 회복시키는 것을 원칙으로 삼는다는 점에서 두 법체계 모두 공통적이다.[66]

2. 손해배상 범위의 기준: 통상손해와 특별손해

기대이익의 손해(expectation damages)는 크게 (i) 통상손해라고 지칭되는 직접손해(direct damages)와 (ii) 특별손해(special damages)라고 지칭되는 간접손해 또는 결과적 손해(indirect or consequential damages[67])의 두 가지로 구분할 수 있다.[68] 직접손해는 계약위반에 따라 자연스럽게 발생하는 손해로서 통상적으로 발생하는 손해를 의미하지만, 특별손해는 특별한 사정으로 인해 발생하는 손해이다.[69] 영국법상 통상손해와 특별손해의 보상에 관한 구별 기준은 Hadley v Baxendale[70] 사건(이하 '*Hadley* 사건')에서 확립되었다. 동 판결은 미국법과 판례[71] 뿐만 아니라 우

---

64) 유효한 계약 체결을 믿고 지출한 비용(wasted expenditure)에 대한 신뢰이익 배상은 판례에 의하여 인정되고 있다(대법원 2022. 6. 11. 선고 2002다2539 판결 등).

65) Global Arbitration Review (2022) The Guide to Damages in International Arbitration (5th edition) (이하, "GAR, The Guide to Damages in International Arbitration") pp. 7−8, 22−24.

66) GAR, The Guide to Damages in International Arbitration, pp. 22−24.

67) 2 Entertain Video Ltd & Ors v Sony DADC Europe Ltd [2020] EWHC 972; 간접적 손해와 결과적 손해는 개념적으로 다르지 않다고 설명되었다.

68) GAR, The Guide to Damages in International Arbitration, pp. 22−23, 29.

69) GAR, The Guide to Damages in International Arbitration, pp. 22−23

70) *Hadley & Baxendale* (1854) 9 Ex Ch 341

리나라 민법(제393조[72]) 및 일본 민법(제416조)에도 상당한 영향을 미친 것으로 평가된다.[73]

Hadley 사건[74]에서 영국 법원은 계약위반으로 인해 인정되는 손해배상은 (i) 원고가 피고의 계약위반 자체로 인해 자연적으로 발생한다고 합리적으로 판단될 수 있는 손해와 (ii) 그 계약위반의 개연적인 결과로서 양당사자가 계약체결 시에 예견하고 있었다고 합리적으로 판단될 수 있는 손해 중 하나 또는 양자라고 판시하였다. 전자는 손해배상의 제1원칙(1st limb)으로서 통상손해에 해당한다. 통상손해인지 여부를 판단하는 기준은 합리적인 일반인(reasonable man)이 통상적으로 예견할 수 있는 손해인지 여부라는 점에서 객관적 기준(reasonable man test)에 해당한다. 즉, 합리적인 일반인의 관점에서 계약 체결 시 계약위반의 결과로 발생할 수 있다고 합리적으로 예견할 수 있었는지를 묻는 것이다. 반면 후자는 계약 체결 당시 계약당사자가 특별한 상황을 상대방에게 통보하여 계약위반 당사자가 계약위반으로 발생 할 것으로 예견할 수 있었던 손해로서, 일반적인 상황에서 발생하는 손해 외의 특별한 손해에 해당한다. 이는 손해배상의 제2원칙(2nd limb), 특별손해로 지칭된다. 특별손해는 통상손해와 달리 일반인이 아닌 계약 당사자가 계약 성립 당시 예견할 수 있는 손해여야 한다. 참고로 우리나라 대법원 판례는 특별손해를 청구하기 위한 예견가능성의 판단시점을 계약 성립시가 아니라 채무의 이행기 내지 계약위반시를 기준으로 판단해야 한다는 입장이다(대법원 1985. 9. 10. 선고 84다카1532 판결[75]). 이는 계약 체결 당시 계약 당사자 간 주관적 예견가능성이 문제되기 때문에 주관적 기준(Subjective test)으로 불리기도 한다. Hadley 사건에 따르면, 계약 체결 시 계약 당사자가 특별한 상황을 통지받지 않았고 달리 이를 예견할 수 없었다면, 이처럼 통상적으로는 발생하지 않았을, 그리고 예견도 할 수 없는 손해는 배상 청구가 불가능하다. 예견가능성에 대해서는 1.IV.3장의 법적 인

---

71) ABA Model Jury Instructions, chapter 18.08

72) 민법 제393조(손해배상의 범위) ① 채무불이행으로 인한 손해배상은 통상의 손해를 그 한도로 한다. ② 특별한 사정으로 인한 손해는 채무자가 그 사정을 알았거나 알 수 있었을 때에 한하여 배상의 책임이 있다.

73) 주석 민법: 채권각칙 2권 (5판) 제 393조 해석, 832면

74) Hadley & Baxendale (1854) 9 Ex Ch 341

75) "민법 제393조 제2항 소정의 특별사정으로 인한 손해배상에 있어서 채무자가 그 사정을 알았거나 알 수 있었는지의 여부를 가리는 시기는 계약체결당시가 아니라 채무의 이행기까지를 기준으로 판단하여야 한다."

과관계 부분에서 보다 자세히 기술하도록 한다.

구체적으로 건설계약에서 직접손해에는 유휴 노무비·장비비·자재비(idle labour and machinery and material), 노무비·장비비·자재비 물가 상승분(escalation), 계약상대방의 방해(disruption)로 인해 발생하는 비용,[76] 추가 현장간접비(additional site-overheads),[77] 추가 본사 간접비(additional home office overheads)[78] 및 부당한 계약 해지시 일실 이익 (lost profits)[79] 등이 포함될 수 있다. 반면 특별손해로는 위반된 계약과 연계된 타 계약 에서 기대되는 이익의 상실(lost profits on collateral business arrangements), 사업 평판 저 하에 따른 손해, 보험이나 보증에 대한 추가 보험료 납부액, 보험·보증 발부 능력상실 (loss of bonding capacity) 등이 있을 수 있다. 다만 직접손해인지 특별손해인지의 판단 은 계약의 내용과 사실관계에 따라 달라질 수 있으므로 위 예시는 일반적인 가이드라 인에 불과하다는 것을 유념해야 한다. 예컨대 건설계약에서 시공자의 프로젝트 지연에 대한 손해배상책임은 통상 계약금액의 10~20%로 미리 정하는 것이 일반적인데, 시공 자 측 사유로 공기가 지연되어 시공자가 위 금액 범위 내에서 발주자에게 손해배상책 임을 질 경우 이는 직접손해라고 평가될 가능성이 높지만, 위 금액을 초과하여 발주자 에게 지연 손해가 발생한 경우 이는 특별손해로 평가될 수 있다. 물론 이 또한 일도양 단으로 판단할 수는 없고 개별 사건마다 법적 평가를 새로이 해야 할 것이다.

한편, 건설계약에서는 간접손해에 대한 배상을 배제하거나 제한하는 조항(이하 '면책조항')을 두는 경우가 자주 있다. 예컨대 FIDIC Red Book 1999년판 계약조건 17.6조(책임 제한-Limitation of Liability)는 다음과 같이 규정하고 있다.[80]

---

76) 자세한 사항은 2.IV.을 참조하기 바란다.
77) 자세한 사항은 2.V.을 참조하기 바란다.
78) 자세한 사항은 2.VI.을 참조하기 바란다.
79) 자세한 사항은 2.VI.을 참조하기 바란다.
80) 원문은 다음과 같다. "Neither Party shall be liable to the other Party for loss of use of any Works, loss of profit, loss of any contract or for any indirect or consequential loss or damage which may be suffered by the other Party in connection with the Contract, other than under Sub-Clause 16.4 [Payment on Termination] and Sub-Clause 17.1 [Indemnities]."

"16.4항 [해지시 지급] 및 17.1항 [면책]에 의한 경우를 제외하고, 어느 당사자도 계약과 관련하여 타방당사자에게 발생할 수 있는, 공사를 사용하지 못함으로 인한 손실, 일실이익의 손실(lost profit), 계약의 상실 또는 모든 간접적 또는 결과적 손실이나 손해에 대하여 타방당사자에게 책임을 지지 않는다."

계약에서 일정한 유형의 통상손해를 제한하는 것도 가능하다. 예컨대 건설계약에서 '지연배상 불가' 조항('no-damages-for-delay' clause)을 두는 경우가 있는데, 이는 시공자가 발주자에 의한 프로젝트 지연에 대한 손해배상청구를 방지하기 위한 조항으로 미국 건설계약[81]에서 종종 등장한다.[82] 이에 따르면 발주자 측 사유에 대해 공기연장(EOT) 청구권이 유일하고 배타적인 구제수단(sole and exclusive remedy)임이 명시적으로 규정된다.[83] 이러한 면책조항(exclusion clause)이 준거법에 따라 효력이 어떻게 달라지는지 또한 중요한 계약의 해석 문제에 해당한다.[84]

3. 손해배상 범위의 입증

가. 사실적 인과관계(causation in fact)의 입증

계약위반과 손해 사이의 인과관계는 계약위반에 따른 손해배상책임의 요건에 해당하는바, 손해배상을 청구하는 피해당사자는 계약위반과 손해 사이의 사실적 인과관계를 입증하는 데 성공해야만 손해를 배상받을 수 있다. 즉, 피해당사자는 계약위반으로 인해 발생한 손해에 대해서만 배상을 받을 수 있는데[85] 계약 위반

---

81) 필자의 경험으로는 싱가포르 건설계약도 마찬가지다.

82) Stephen A Hess and Julian Bailey (2015) Delay Damages and Site Conditions: Contrasts in US and English Law, SCL Paper D181

83) 이러한 조항은 영문으로는 sole and exclusive remedy clause로 표현되며 당사자가 특정한 구제수단이 특정 사유에 대한 유일하고 배타적인 구제수단임을 명시하는 조항이다. 혹은 계약서에서 규정하는 구제책이 유일하고 배타적인 구제수단이라고 명시하기도 한다. 예시문은 다음과 같다. "…the liability of either party to the other arising out of or in connection with the Subcontract or the Subcontract Works, whether by reason of any breach of contract or of statutory duty or tortious or negligent act or omission shall be limited to the damages, remedies and reimbursements expressly provided in the Subcontract."

84) 참고로 면책조항에 대한 영국의 판례인 *Mott Macdonald Ltd v Trant Engineering Ltd* [2021] EWHC 754 (TCC) (30 March 2021) 및 *Soteria Insurance Ltd (formerly CIS General Insurance Limited) v IBM United Kingdom Ltd* [2022] EWCA Civ 440 사건에서 면책조항의 해석에 대해 자세히 설명하고 있다. 본 저서 1.II. 참조.

과 손해의 발생이 서로 상관관계가 있다는 것만으로는 충분하지 않고, 손해는 계약위반의 결과라는 사실적 인과관계를 입증해야만 한다.

여기서 사실적 인과관계를 구체적으로 어느 정도까지 입증해야 하는지, 그 입증의 기준이 문제된다. 영국법에서는 원고는 원인(계약위반)과 결과(손해) 사이에 인과관계가 있다는 것을 민사소송의 입증기준(the standard of proof)인 '개연성의 비교형량(balance of probabilities)' 기준에 따라 입증하여야 한다. 미국에서는 민사소송의 입증기준을 '우월한 증거에 의한 증명(preponderance of the evidence)'이라고 지칭한다. 일반적으로 영미 민사소송에서는 50% 이상의 개연성('more likely than not')으로 피고의 행위가 손해를 야기했다고 판단된다면, 원고는 인과관계 입증에 성공한 것으로 인정된다.[86] 이는 형사소송의 '합리적 의심이 없는 정도(beyond reasonable doubt)'의 입증기준보다 낮은 입증기준이라고 볼 수 있다.[87] 원고가 민사소송의 입증기준(50% 이상의 개연성)을 만족한 것으로 인정될 경우, 원고는 개연성의 정도와 무관하게 100%의 손해를 보상받을 수 있다, 이는 'All-or-nothing 원칙'으로서 영미법상 손해배상에 관한 중요한 개념에 해당한다.[88]

미국과 영국에서는 계약위반에 따른 사실적 인과관계를 입증하기 위해서는 일반적으로 'but for test'를 만족해야 한다.[89] 즉, 원고는 피고의 위반이 발생하지 않았다면(bur for the breach) 손해액이 발생하지 않았을 것(the claimant would have

---

85) 본 저서는 건설계약에 대한 논의이기에 JCT 계약에서 채택하는 손실(loss) 및/또는 지출(expense)에 대한 보상을 손해배상 산정의 기준으로 본다. 참고로 손해를 어떻게 정의해야 하는지는 난해한 문제이다. 손해의 개념에 대해서는 계약위반이 없었더라면 존재하였을 상태와 실제 상태와의 차이를 손해라고 보는 것이 주류 견해로 보인다. 이에 따르면 손해배상액은 실제 상태와 손해발생이 없었더라면 있었을 상태를 비교함으로써 산정된다. 이를 차액설이라고 한다.

86) Sweet, J. & Schneier, Marc M., (2004) Legal aspects of architecture, engineering, and the construction process (7th ed). Toronto, Ont.: Thomson 5.11.B; Kelleher, T. J. and Walters, G. (2009) Common sense Construction law (4th ed). New Jersey. John Wiley & Sons.; Hudson, 7–002; GAR, The Guide to Damages in International Arbitration, pp. 11–12.

87) GAR, The Guide to Damages in International Arbitration, p. 11.

88) Sweet, J. & Schneier, Marc M., (2004) Legal aspects of architecture, engineering, and the construction process (7th ed). Toronto, Ont.: Thomson 5.11.B; Kelleher, T. J. and Walters, G. (2009) Common sense Construction law (4th ed). New Jersey. John Wiley & Sons, 465페이지 Hudson, 7–002

89) Keating, 9–091; Kelleher, T. J. and Walters, G. (2009) Common sense Construction law (4th ed). New Jersey. John Wiley & Sons, p. 465 Hudson, 7–002; ABA Model Jury Instructions, chapter 18.08; *National Controls Corp v National Semiconductor Corp.*,833 F.2d 491(Ct. APP. 3d Cir. 1987)

not incurred the damages claimed)을 입증해야 한다.[90] 미국과 영국의 법원은 사실적 인과관계의 입증에 있어, 절대적인 확실성(absolute certainty)을 요구하지 않는 반면, 과도한 실용주의와 상식(common sense)에 근거한 접근방식에 대해서도 경계를 하고 있다.[91] 이러한 확실성의 정도를 합리적인 확실성(reasonable certainty)의 원칙이라고 표현하기도 한다.[92] 대륙법계에 해당하는 프랑스 법 또한, 단순히 계약위반에 따른 손해의 가능성을 보여주는 것만으로는 부족하며, 사실관계에 따라 손해가 계약위반의 결과임을 입증해야 한다는 입장을 취한다.[93] 다른 대륙법계 국가도 이와 유사한 것으로 판단된다.

미국과 영국에서는 계약위반에 따른 사실적 인과관계를 입증하기 위해서는 일반적으로 'but for test'를 만족해야 함에도 불구하고, 'but for test'만으로 인과관계를 입증하기에 부족한 경우도 적지 않다. 건설계약과 관련해서 가장 대표적인 경우로 시공자와 발주자가 프로젝트 준공지연에 동시에 기여한 경우를 말하는 '동시지연'을 들 수 있다. 동시지연의 경우 발주자의 지연이 없는 경우를 가정하더라도(bur for the employer's delay of the project), 시공자의 지연으로 인해 준공은 지연되었을 것이고 손해는 어쨌든 발생했을 것이기 때문이다(the claimant would have incurred the damages claimed). 따라서 동시지연의 경우 'but for test'를 그대로 적용하면 시공자 입장에서 발주자의 지연으로 발생한 손해를 구제받을 수 없어 부당하다. 이러한 부당함을 극복하기 위해, 영국에서는 동시지연에서의 공기연장 인정 여부에 관하여 'reverse but for test'를 적용하고 있다. 이는 발주자 측 지연사유가 없는 경우 대신 원고인 시공자 측 지연사유가 없는 경우를 가정하여 프로젝트의 완공이 어떻게 되었을지를 분석하는 방법이다.[94] 이에 따르면 원고인 시공자 측 지연사유가 없는 경우를 가정하더라도 발주자 측 사유로 공기가 지연이 되었을 것이라는 사실관계가 확립된다면 공기연장을 인정받게 된다(But for the Contractor's delay events, the same period of actual critical

---

90) Hudson, 7-002
91) Hudson, 7-002
92) *M & R Builders v. Michael* 138 A.2d 350 (Md. 1958)
93) GAR, The Guide to Damages in International Arbitration, pp. 21-22.
94) Moran, V, QC, (2014) Causation in Construction Law: The Demise of the "Dominant Cause" test?, SCL Paper 190. Kim JB, Is it time for English law to consider disruption analysis for site-overhead claims? The contrast of Costain v Haswell and Walter Lilly v Mackay International Construction Law Review [2021] I.C.L.R. 446 · Oct 21, 2021, pp.461-462.

delay attributable to the Employer would have occurred in the project).95) 유의해야 할 점은 영국법상 공기지연에 대해서는 'reverse but for test'를 적용하더라도 공기지연에 따른 시공자의 간접비 클레임96)에 대해서는 여전히 'but for test'가 적용된다는 것이다.97) 즉, 발생한 추가 간접비 전체가 아니라 발주자 측 사유로 인해 발생한 간접비만이 보상 대상으로 인정되는 것이다. 그러나 전체 간접비 중 발주자 측 사유로 인해 발생한 간접비와 시공자 측 사유로 인해 발생한 간접비를 구별하는 데는 기술적인 어려움이 있다. 이에 대한 자세한 논의는 2.V.에서 다룬다.

영미법과 대륙법 모두 사실적 인과관계가 성립되면 손해배상액의 산정에 있어서는 중재판정부나 법원 모두에게 재량을 부여하고 있다.98) 이와 관련하여 Bailey는99) 영국과 호주의 판례에 대해서 "원고의 손실이나 손해의 정도를 정확히 계산하기 어려운 경우, 법원은 추측이나 추측의 요소가 포함되어 있더라도(elements of speculation or guesswork) 적절한 손해 배상을 판단하기 위해 최선을 다한다."고 평가하였다.

이와 유사하게 영국 건설표준계약인 JCT 계약조건에서의 '손실 및 지출의 확정 (ascertainment of loss and expense)'의 의미에 대하여 Akenhead 판사는 *Walter Lilly v Mackay*100) 사건에서 다음과 같이 판시한 바 있다.

---

95) Moran, V, QC, (2014) Causation in Construction Law: The Demise of the "Dominant Cause" test?, SCL Paper 190. Kim JB, Is it time for English law to consider disruption analysis for site-overhead claims? The contrast of Costain v Haswell and Walter Lilly v Mackay International Construction Law Review [2021] I.C.L.R. 446 · Oct 21, 2021, pp.461−462.

96) 흔히Prolongation cost로 지칭되며, 공기연장에 의해 현장의 간접비용이 추가발생했음을 근거로 클레임 하는 것이다. 자세한 사항은 2.V.을 참조하기 바란다.

97) Moran, V, QC, (2014) Causation in Construction Law: The Demise of the "Dominant Cause" test?, SCL Paper 190. Kim JB, Is it time for English law to consider disruption analysis for site-overhead claims? The contrast of Costain v Haswell and Walter Lilly v Mackay International Construction Law Review [2021] I.C.L.R. 446 · Oct 21, 2021, pp.461−462.

98) GAR, The Guide to Damages in International Arbitration, pp. 21−22; Spang & Co. v US Steel Corp 519 Pa. 14 (1988) "[T]here should be no doubt that recovery will not be precluded simply because there is some uncertainty as to the precise amount of damages incurred. It is well established that mere uncertainty as to the amount of damages will not bar recovery where it is clear that damages were the certain result of the defendant's conduct... The basis for this rule is that the breaching party should not be allowed to shift the loss to the injured party when damages, even if uncertain in amount, were certainly the responsibility of the party in breach."; Chaplin v Hicks [1911] 2 K.B. 786, CAVaughan Williams LJ in the case held that where it is shown that some substantial loss has occurred, the fact that an assessment of the loss is difficult because of its nature is not a justification for refusing to award damages or awarding a nominal sum

99) Bailey, J. (2016) Construction law (2nd ed.). London: Informa Law, 13.100

"계약조건 26.1조는 발생했거나 발생하게 될 손실 및 지출 확정에 대해 설명한다. "확정"이라는 단어는 확실하게 또는 더 오래된 방식으로 확실하게 결정하거나 발견하는 것을 의미한다. 피고 대리 변호인은 Architect 또는 Quantity Surveyor가 방대한 양의 세부 정보와 증빙 문서가 제공되지 않는 한 손실 및 지출을 확정할 수 없다고 주장한다. 이 것은 시공자가 합리적 의심의 여지가 없이(beyond reasonable doubt) 자신의 주장을 입증하는 데 필요한 모든 생각할 수 있는 실질적 증거를 제시해야 한다고 말하는 것과 거의 비슷하다. 판단컨대, 현실 세계의 상사계약의 당사자들이 공감할 수 있는 합리적이고 상업적인 방식으로 단어를 해석하는 것이 필요하다. Architect 또는 Quantity Surveyor는 청구된 손실 및 지출의 전부 또는 일부가 발생할 가능성이 있거나 발생했다고 충분히 인정할 수 있는 정도에 이르러야 한다. 다만(손실 및 지출의 발생이) "확실"할 필요까지는 없다. 소송이나 중재에서 판사나 중재판정부가 계약조건 26.2조에 나열된 사유 중 하나 이상에 따른 결과로 개연성의 비교형량(balance of probabilities) 기준에 따라 시공자에게 손실이나 지출이 발생했을 것이라고 판단할 수 있으면 족하다. Architect 또는 Quantity Surveyor가 수행할 수 있는 작업 중 하나는 아직 발생하지 않았지만 단순히 "발생할 가능성이 있는" 손실과 지출을 인정하는 것이다. 미래를 예측할 수 있는 마법장치 없이 미래에 어떤 일이 일어날지 정확히 확신할 수 없지만 손실이나 지출이 아마도 발생할 수 있다는 점만 충족시키면 된다."[101]

---

100) [2012] EWHC 1773 (TCC) at 468

101) 원문은 다음과 같다. "Clause 26.1 talks of the exercise of ascertainment of loss and expense incurred or to be incurred. The word "ascertain" means to determine or discover definitely or, more archaically, with certainty. It is argued by DMW's Counsel that the Architect or the Quantity Surveyor can not ascertain unless a massive amount of detail and supporting documentation is provided. This is almost akin to saying that the Contractor must produce all conceivable material evidence such as is necessary to prove its claim beyond reasonable doubt. In my judgement, it is necessary to construe the words in a sensible and commercial way that would resonate with commercial parties in the real world. The Architect or the Quantity Surveyor must be put in the position in which they can be satisfied that all or some of the loss and expense claimed is likely to be or has been incurred. They do not have to be "certain". One has to bear in mind that the ultimate dispute resolution tribunal will decide any litigation or arbitration on a balance of probabilities and at that stage that tribunal will (only) have to be satisfied that the Contractor probably incurred loss or expense as a result of one or more of the events listed in Clause 26.2. Bearing in mind that one of the exercises which the Architect or Quantity Surveyor may do is allow loss and expense, which has not yet been incurred but which is merely "likely to be incurred"; in the absence of crystal ball gazing, they cannot be certain precisely what will happen in the future but they need only to be satisfied that the loss or expense will probably be incurred."

한편 대륙법계의 법원은 손해배상액의 산정과 관련하여 영미법계에 비해 보다 폭넓은 재량을 갖는 것으로 보인다.102) 예를 들어 프랑스 법원은 손해배상 계산 방법에 대해 재량권을 가지고 있는데,103) 종종 손해배상 금액 판단의 구체적인 근거를 제시하는 것을 생략한다. 프랑스 법원은 이처럼 폭넓은 재량권을 활용하여 과실 정도를 판단한다.

(a) 글로벌 클레임의 문제

시간적 또는 금전적 측면에서 클레임의 원인과 그 결과 사이의 사실적 인과관계가 완전히 설명되지 않은 클레임을 일반적으로 글로벌 클레임(global claim)이라고 부른다.104) 발주자는 흔히 클레임의 방어방법으로서 시공자가 발주자 측 사유와 시공자의 청구금액 사이의 사실적 인과관계를 입증하지 못하였으므로, 결과적으로 글로벌 클레임으로서 기각되어야 한다는 주장을 한다. 다시 말해, 금전 클레임에서 비용 발생의 원인이 발주자 측 사유, 시공자 측 사유 또는 기타의 사유 중 무엇인지 확인할 수 없고, 따라서 원고가 입증에 실패하였기 때문에 클레임 금액에 대한 보상 청구가 부당하다고 주장한다. 이러한 발주자의 주장은 수많은 공사변경 지시에 따른 클레임(2.III. 참고), 방해(disruption) 클레임(2.IV. 참고), 현장간접비 클

---

102) GAR, The Guide to Damages in International Arbitration, pp. 21−22.

103) GAR, The Guide to Damages in International Arbitration, pp. 21−22.

104) John Holland Construction & Engineering Pty Ltd v Kvaerner R J Brown Pty Ltd (1997) 82 BLR 81, 83, 89 and 91. "the causal connection between the matters complained of and their consequences, whether in terms of time or money, are not fully spelt out." SCL 프로토콜은 "글로벌 클레임은 시공자가 여러가지 발주자 측 사유에 대한 보상을 요구하지만, 개별적인 발주자 측 사유와 발생한 손실 사이의 직접적인 인과관계를 설명하지 못하는 클레임"이라고 정의한다 ("A global claim is one in which the Contractor seeks compensation for a group of Employer Risk Events but does not or cannot demonstrate a direct link between the loss incurred and the individual Employer Risk Events."). *Walter Lilly v Mackay* [2012] EWHC 1773 (TCC) 사건에서 Akenhead 판사는 다음과 같이 판시하였다[484]. "One needs to be careful in using the expressions "global" or "total" cost claims. These are not terms of art or statutorily defined terms. Some of the cases, such as Wharf, were concerned with linking actual delay and the alleged causes of delay. Simply because a contractor claims all the costs on a construction project which it has not yet been paid does not necessarily mean that the claim is a global or total cost claim, although it may be. What is commonly referred to as a global claim is a contractor's claim which identifies numerous potential or actual causes of delay and/or disruption, a total cost on the job, a net payment from the employer and a claim for the balance between costs and payment which is attributed without more and by inference to the causes of delay and disruption relied on."

레임(2.V. 참고) 및 하자보수와 관련된 클레임(2.VII. 참고) 등에서 주로 제기된다.

영국에서는 전통적으로는 글로벌 클레임의 경우, 사실적 인과관계의 입증 실패로 인해 클레임 전체가 부정되었으나(이는 분명히 발주자가 선호하는 입장일 것이다), 최근에는 글로벌 클레임에 대해 완화된 입장, 즉 글로벌 클레임이라는 사유로 클레임 전체를 기각할 수도 있지만 관련증거를 토대로 클레임 금액을 삭감하는 경우도 나타나고 있다.[105] 글로벌 클레임 관련 논쟁은 수십 년 동안 이어져 왔기 때문에 그 내용이 방대하여 본 책에서는 별도로 자세히 다루지는 않는다.[106] 그러나 영국 법원의 글로벌 클레임에 대한 최근의 완화된 입장에도 불구하고, 인과관계의 입증은 여전히 건설실무에서 중요한 부분을 차지한다. SCL 프로토콜 또한 글로벌 클레임에 대해 다음과 같은 견해를 밝히고 있다.

> 영국 법원이 글로벌 클레임에 대해 완화된 입장을 보이는 추세에도 불구하고, SCL 프로토콜은 시공자가 원인과 결과에 대하여 인과관계를 입증하지 않고 제출하는 글로벌 클레임을 권장하지 않는다.[107]
>
> 글로벌 클레임을 평가함에 있어서, 계약관리자, 재정인(adjudicator), 판사 또는 중재인은 클레임이 포괄적이라는 이유만으로 즉각 기각할 의무는 없다.[108]

---

105) Keating, 9−065−9−066; Hudson's, 6−078; SCL 프로토콜 핵심원칙17; *John Doyle Construction Ltd v Laing Management (Scotland) Ltd* (CSIH) [2004] BLR 295. *Walter Lilly v Mackay* [2012] EWHC 1773 (TCC)

106) 영국법상의 글로벌 클레임에 대한 50년 동안의 입장의 변화는 *Walter Lilly v Mackay* 사건에서 자세히 설명되어 있다(*Walter Lilly v Mackay* [2012] EWHC 1773 (TCC) at 474−484). Akenhead 판사는 글로벌 클레임과 관련하여 다음 판례들을 제시하고 있다. *Crosby v Portland UDC* (1967) 5 BLR 121, *London Borough of Merton v Stanley Hugh Leach* (1985) 32 BLR 68; *Wharf Properties Ltd v Eric Cumine Associates* (1991) 52 BLR 1; *John Holland Construction & Engineering Pty Ltd v Kvaerner RJ Brown Pty Ltd* (1996) 82 BLR 81; *Bernhard's Rugby Landscapes Ltd v Stockley Park Consortium Ltd* 82 BLR 39; *John Doyle Construction Limited v Laing Management (Scotland) Limited* [2004] ScotCS 141; *Petromec Inc v. Petroleo Brasilerio SA Petrobras* [2007] EWCA Civ 1371

107) SCL 프로토콜 핵심원칙 17. 원문은 다음과 같다. The not uncommon practice of contractors making composite or global claims without attempting to substantiate cause and effect is discouraged by the Protocol, despite an apparent trend for the courts to take a more lenient approach when considering global claims.

108) SCL 프로토콜 파트 B: 17.4. 원문은 다음과 같다. In assessing a claim advanced on a global basis, the CA, adjudicator, judge or arbitrator is not obliged to dismiss it out of hand simply because of its global nature.

인과관계의 입증 없이 클레임 대상 손실(global loss)의 상당 부분이 발주자의 책임 없는 사유(들)로 발생하였고 계약관리자, 재정인(adjudicator), 판사 또는 중재인이 보상을 받을 수 없는 금액이 어느 정도인지를 평가할 수 없을 경우, 시공자는 글로벌 클레임 전체가 기각될 수 있다는 점을 인지할 필요가 있다.[109]

추가비용이 복수의 사유에 의해 복합적으로 발생하는 것은 건설 프로젝트에서 흔한 일이며, 이러한 경우 시공자의 최종 실제 비용에서 예상 비용(주로 시공자의 입찰금액)을 차감하여 추가 지불에 대한 권리를 정량화하기도 한다. 이는 '총원가 클레임(Total Cost Claim)' 혹은 총원가 기준 방식(이하 '총원가 기준 방식')으로 지칭되곤 하며, 일반적으로 글로벌 클레임으로 받아들여 진다.[110] 이에 대해 미국법원은 다음의 요건이 충족될 경우 총원가 기준 방식을 허용한다.[111]

- 손해를 계산하는 다른 방법이 불가능하거나 비현실적일 것
- 실제 기록된 비용은 합리적일 것
- 시공자의 입찰 또는 견적 금액이 정확할 것
- 시공자의 과실로 인해 비용이 발생하지 않았을 것

국제중재에서 중재판정부가 손해배상액 산정에 불확실성이 존재한다는 사실만으로 손해배상 금액을 산정하지 않은 채 손해배상청구를 기각하는 경우는 매우 드물다. 중재판정부는 손해배상액 산정에 다소 불확실한 부분이 있더라도 손해배상청구권에 대한 공정한 평가와 금액 산정이 이루어지도록 그 근거를 찾기 위해 최대한 노력한다.[112]

그러나 금전 클레임에서 사실적 인과관계 입증의 중요성은 아무리 강조해도 지

---

109) SCL 프로토콜 파트 B: 17.5. 원문은 다음과 같다. The Contractor must be aware that there is a risk that a global claim will fail entirely if any material part of the global loss can be shown to have been caused by a factor or factors for which the Employer bears no responsibility and it is not possible for the CA, adjudicator, judge or arbitrator to assess the value of that non-recoverable portion on the available evidence.

110) Keating, para. 9－604

111) Kelleher, T. J. and Walters, G. (2009) Common sense Construction law (4th ed). New Jersey. John Wiley & Sons, p. 465

112) GAR, The Guide to Damages in International Arbitration, pp. 21－22.

나치지 않다. 실무상 클레임하는 금액 자체의 입증이 어려운 경우도 있으나, 인과관계의 입증의 실패로 인해 클레임의 전체 금액을 보상받지 못하거나 금액이 대폭 차감되는 경우도 적지 않기 때문이다. 결국 추가 비용이 발생한 이유가 무엇인지를 효과적으로 분석하고 입증자료를 통해 발주자나 중재판정부를 설득하는 것이 금전 클레임의 성공 여부를 판가름한다고 해도 과언이 아닐 것이다.

나. 법적 인과관계(causation in law)의 입증 – 예견가능성

원고가 사실적 인과관계를 입증하였다고 모든 손해가 보상되는 것은 아니며, 원고는 법적 인과관계를 추가로 입증해야 한다. 법적 인과관계는 앞서 설명한 *Hadley v Baxendale*[113) 사건에서 설시된 예견가능성의 법리를 내용으로 한다. 즉 통상손해의 경우 일반인이 계약체결 시 합리적으로 예견할 수 있어야 하고, 특별손해의 경우 계약체결 시 계약당사자가 특별한 사정에 대해 인지한 후 그러한 특별한 사정에 비추어 예견할 수 있어야 손해배상의 대상이 될 수 있다.

법적 인과관계 및 예견가능성에 대한 판례들을 살펴보자.

Victoria Laundry (Windsor) Ltd v Newman Industries Ltd[114) 사건에서, 원고 Victoria Laundry는 수익성이 일반적인 기준보다 높은 계약을 영국 행정관청인 Ministry of Supply와 체결할 예정이었고, 이에 대비하여 피고 Newman Industries에게 보일러를 주문하였으나, Ministry of Supply와의 계약 체결 가능성에 대해서는 Newman Industries에게 고지하지 않았다. 보일러의 공급은 지연되었고, Victoria laundry는 Newman Industries를 상대로 손해배상을 청구하였다. 법원은 일반적으로 예상할 수 있었던 일실이익(lost profit)에 대한 청구는 인용하였으나, Newman Industries가 계약체결 당시 예견하지 못했던 이례적인 일실이익 손실의 경우는 당사자들의 합리적 고려 사항이 아니었음을 이유로 손해배상청구를 기각하였다. 위 판례에 따르면, 손해의 유형(type)이 '당사자의 고려 사항(contemplation of the parties)'에 해당하여야 한다. 즉, 예견가능(foreseeable)해야 한다. 여기서 예견가능성의 기준시점은 계약위반 시가 아니라 계약체결 시점이다. 한편 *Czarnikow Ltd v Koufos (The Heron II)*[115) 사건에서 법원은 *Hadley*

---

113) (1854) 9 Ex Ch 341
114) [1949] 2 KB 528

v Baxendale 사건에서 설시된 손해배상의 제1원칙(1st limb)과 제2원칙(2nd limb) 모두에 대하여, 손해가 발생할 가능성이 '없을 것 같지 않은(not unlikely)' 경우에 예견 가능한 것으로 볼 수 있다고 판단하였다.[116]

계약위반으로 인한 손해 유형이 당사자들의 합리적 고려 범위 내에 있는 경우, 손실의 규모나 범위는 법적 인과관계에서 다루는 영역은 아니다.[117] Hudson은 예견 가능성은 일반적으로 손해배상액이 아닌 손해의 유형과 관련된 것이라는 입장이다.[118] 또한, *Transfield Shipping Inc v Mercator Shipping Inc (The Archilleas)*[119] 사건에서 영국 대법원의 호프만 판사(Lord Hoffman)는 "계약 당사자는 해당 유형 또는 종류의 손실이 Hadley v Baxendale의 손해배상 제1원칙(1st limb) 혹은 제2원칙(2nd limb)에 해당하는 경우라면, 예측할 수 없을 정도로 큰 손실에 대해서도 손해 배상책임을 부담한다."[120]고 설시하였다.

미국의 제2차 계약법 재록 §351(Un-foreseeability and Related Limitations on Damages)는 예견가능성에 대해 다음과 같이 기술하고 있다:[121]

---

115) [1969] 1 AC 350

116) *Czarnikow Ltd v Koufos (The Heron II)* [1969] 1 AC 350, "So, the question for decision is whether a plaintiff can recover as damages for breach of contract a loss of a kind which the defendant, when he made the contract, ought to have realised was not unlikely to result from a breach of contract causing delay in delivery. I use the words "not unlikely" as denoting a degree of probability considerably less than an even chance but nevertheless not very unusual and easily foreseeable".

117) *Transfield Shipping Inc v Mercator Shipping Inc* [2008] UKHL 48; *Parsons v Uttley Ingham* [1978] QB 791

118) Hudson para. 7－003

119) [2009] 1 A.C. 61, HL.

120) 원문은 다음과 같다. "It is generally accepted that a contracting party would be liable for damages for losses which are unforeseeably large, if loss of that type or kind fell within one or other of the rules in Hadley v Baxendale."

121) Second Restatement §351 (Un-foreseeability and Related Limitations on Damages)
  (1) Damages are not recoverable for loss that the party in breach did not havereason to foresee as a probable result of the breach when the contract was made.
  (2) Loss may be foreseeable as a probable result of a breach because it follows from the breach
  (a) in the ordinary course of events, or
  (b) as a result of special circumstances, beyond the ordinary course of events, that the party in breach had reason to know.
  (3) A court may limit damages for foreseeable loss by excluding recovery for loss of profits, by allowing recovery only for loss incurred in reliance, or otherwise ifit concludes that in the circumstances justice so requires in order to avoid disproportionate compensation.

1. 위반 당사자가 계약 체결 시 계약위반의 가능한 결과로 예상할 이유가 없었던 손해는 배상 대상에서 제외된다.

2. 손해는 다음의 경우에 계약위반의 결과로서 예견 가능하다고 볼 수 있다.

    (a) 통상적으로 계약위반으로 인해 발생하는 경우, 혹은

    (b) 통상적으로 계약위반으로 인해 발생하지는 않으나, 특별한 상황의 결과로서 계약위반 당사자가 알았어야 할 이유가 있는 경우

3. 법원은 다음의 방법으로 예견 가능한 손실에 대해 손해배상을 제한할 수 있다:

    이익 손실을 제외하거나, 신뢰이익의 손해만 허용하거나, 그렇지 않은 경우 상황을 고려하였을 때, 불균형한 보상을 피하는 것이 정의에 부합한다고 판단되는 경우

한편 유엔통일매매법(CISG) 원칙 제74조[122])도 예견 가능한 손실로 손해배상이 제한될 수 있다고 기술하고 있다.

영미법계와 유사하게 대륙법계도 계약 체결 시점에 일반적으로 예견가능했거나 예견한 손해에 대해서만 배상청구권을 인정하고 있다.[123]) 프랑스 민법 제1231-3조는 계약을 위반한 당사자가 계약 체결 시점에 예견했거나 예견할 수 있었던 손해에 대해서만 책임을 진다고 규정한다. 또한 독일 민법 제252조는 일실이익(lost profit)의 경우 일반적으로 일어나는 손해로 예상이 가능하였거나, 혹은 '특별한 상황' 하에 예견이 가능한 경우에 배상의 대상이 된다고 규정한다.

우리나라 민법 제393조 제1항은 "채무불이행으로 인한 손해배상은 통상의 손해를 그 한도로 한다"고 규정하고 있고, 제2항은 "특별한 사정으로 인한 손해는 채무자가 이를 알았거나 알 수 있었을 때에 한하여 배상의 책임이 있다"고 규정하고 있다. 대법원 판례[124])에 따르면, 제1항의 통상손해는 특별한 사정이 없는 한 그 종류의 채무를 불이행하면 사회일반의 거래 관념 또는 사회일반의 경험에 비추어 통상 발생하는 것으로 생각

---

122) 원문은 다음과 같다. "Damages for breach of contract by one party consist of a sum equal to the loss, including loss of profit, suffered by the other party as a consequence of the breach. Such damages may not exceed the loss which the party in breach foresaw or ought to have foreseen at the time of the conclusion of the contract, in the light of the facts and matters of which he then knew or ought to have known, as a possible consequence of the breach of contract."

123) 이하 GAR, The Guide to Damages in International Arbitration, pp. 14-16 참조

124) 대법원 2014. 2. 27. 선고 2013다66904 판결

되는 범주의 손해를 말하고, 제2항의 특별한 사정으로 인한 손해는 당사자들의 개별적, 구체적 사정에 따른 손해를 말한다. 또한 특별손해 배상책임에 대한 요건으로서 계약위반자의 예견가능성은 계약의 성립 시가 아니라 채무불이행시를 기준으로 판단하며,[125] 그 예견 대상은 그와 같은 특별한 사정의 존재에 한정되고 그러한 사정으로 인해 발생한 손해의 액수까지 알았거나 알 수 있었어야 하는 것은 아니다.[126]

---

125) 대법원 1985. 9. 10. 선고 84다카1532 판결
126) 대법원 2002. 10. 25. 선고 2002다23598 판결

V. 손해배상책임의 제한

피해당사자가 손해배상책임의 요건을 입증했다고 하더라도 반드시 모든 손해를 배상받을 수 있는 것은 아니다. 영미법에서는 피고의 손해배상책임을 제한하는 여러 사유들이 제시되고 있는데, 피해당사자의 손해경감의무(duty to mitigate), 손해배상액의 합리성(reasonableness), 피해당사자가 계약 위반으로 인한 손해를 회복하는 과정에서 더 나은 결과물을 획득한 경우 그 나아진 부분, 즉 개량(betterment)을 손해배상액에서 공제해야 한다는 법리 등이 그것이다. 계약위반 당사자로서는 이러한 내용들의 주장을 통해 손해배상액의 감경을 항변할 수 있을 것이다.

1. 손해경감의무(duty to mitigate)[127]

영국법상 피해당사자는 손해를 최소화하고 증가시키지 않도록 조치를 할 의무인 손해경감의무(duty to mitigate)를 부담한다.[128] 반면 손해경감의 의무를 인과관계 논의의 한 측면으로 파악하는 견해도 있다.[129]

영국법상 손해경감의무의 불이행은 손해배상청구 인용액을 감소시키는 결과를 가져올 수 있다.[130] 중요한 점은 피해당사자가 손해경감의무를 다하지 못했다는 사실관계를 입증해야 할 책임은 계약위반자에게 있으며,[131] 손해경감의무를 다하지 못했다는 점이 피해당사자의 손해배상청구권 자체를 부정하는 목적으로 사용될 수는 없다는 것이다.[132] 계약위반 당사자는 방어전략으로서 피해당사자의 손

---

127) 이하 GAR, The Guide to Damages in International Arbitration, pp. 16−19; Wöss, paras. 5.106−5.107. 참조

128) Hudson, 7−016

129) Per Potter LJ in *Standard Chartered Bank v Pakistan National Shipping Corp (No 3)* [2001] EWCA Civ 55 at [41]: "in truth, causation and mitigation are two sides of the same coin… In every case where an issue of failure to mitigate is raised by the defendant it can be characterised as an issue of causation in the sense that, if damage has been caused or exacerbated by the claimant's unreasonable conduct or inaction, then to that extent it has not been caused by the defendant's tort or breach of contract."

130) Wöss, para. 5.106. GAR, The Guide to Damages in International Arbitration, pp. 21−22, pp. 16−19.

131) Uff, J. (2017) Construction law: Lawand practice relating to the construction industry (12th ed.) London. Sweet & Maxwell, p. 222

132) GAR, The Guide to Damages in International Arbitration, pp. 16−19; Wöss, para. 5.106.

해경감의무의 불이행을 자주 주장하나 이 주장이 영국 법원에서 받아들여지기 위한 기준은 상당히 높은 것으로 여겨진다.[133] 피해당사자가 손해경감의무를 다하지 못했음을 계약위반 당사자가 입증하기 위해서는, 피해당사자가 주어진 상황에서 합리적인 일반인(all reasonable people)이 취했을 조치를 하지 않았거나 일반인이 하지 않았을 비합리적인 조치를 했음을 증명해야 하며, 그러한 작위나 부작위로 인해 발생한 손해액 또한 증명해야 한다. 그러나 원고(피해당사자)가 피고(계약위반 당사자)의 계약위반으로 인한 손해를 경감하기 위해 특별한 추가 비용이나 노력을 기울일 것을 요구하지는 않는다.[134]

건설계약에서 계약위반 당사자의 중대한 과실로 인하여 계약을 해지할 경우, 계약위반 당사자는 종종 피해당사자가 손해경감의무를 이행하지 않았다고 주장하곤 한다.[135] 예를 들어, 시공자의 중대한 과실로 인한 계약 해지 시 발주자는 대

---

133) *Harlow & Jones Ltd v Panex (International) Ltd* [1967] 2 Lloyd's Rep 509 at [530]: "The defendants broke this contract. It is they who put the plaintiffs in this difficulty. Of course, a plaintiff has always to act reasonably, and of course he has to do what is reasonable to mitigate his damages. But he is not bound to nurse the interests of the contract breaker, and so long as he acts reasonably at the time it ill lies in the mouth of the contract breaker to turn around afterwards and complain, in order to reduce his own liability to a plaintiff, that the plaintiff failed to do that which perhaps with hindsight he might have done." Thai Airways v KI Holdings [2015] EWHC 1250 (Comm) at [38]: "The standard of 'reasonableness' is, however, applied with some tenderness towards the claimant having regard to the fact that the claimant's predicament has been caused by the defendant's wrongdoing…Thus the claimant is not expected to take steps which would involve unreasonable expense, risk or inconvenience… In addition, the burden of proof is on the defendant to show that there was a course of action which it was reasonable to expect the claimant to adopt that would have avoided all or an identifiable part of the claimant's loss… Furthermore, there is often a range of responses available to the claimant which will be regarded as reasonable. As stated by Potter LJ in Wilding v British Telecommunications Plc [2002] EWCA Civ 349; [2002] ICR 1079 at para 55: 'If there is more than one reasonable response open to the wronged party, the wrongdoer has no right to determine his choice. It is where, and only where, the wrongdoer can show affirmatively that the other party has acted unreasonably in relation to his duty to mitigate that the defence will succeed.'"
134) Kelleher, T. J. and Walters, G. (2009) Common sense Construction law Smith (4th ed). New Jersey. John Wiley & Sons 466; *British Westinghouse Electric and Manufacturing Co Ltd v Underground Electric Railways Co of London Ltd* [1912] AC 673; *Thai Airways International Public Company Ltd v KI Holdings Co Limited* [2015] EWHC 1250 (Comm) at [38]: "The claimant is not expected to take steps which would involve unreasonable expense, risk or inconvenience: see Chitty on Contracts (31st Edn, 2012), Vol I, para 26-080. In addition, the burden of proof is on the defendant to show that there was a course of action which it was reasonable to expect the claimant to adopt that would have avoided all or an identifiable part of the claimant's loss."

체시공자(replacement contractor)를 고용해 공사를 마무리하는 경우가 많은데, 발주자가 시공자 물색 및 잔여 공사 완료를 위해 투입한 비용(cost to complete the project)이 불합리하게 과다하다는 주장을 시공자 입장에서 하게 된다. 이와 관련하여 *SABIC UK Petrochemicals Ltd v Punj Lloyd Ltd*[136) 사건에서 Stuart-Smith 판사는 EPC 시공자의 중대한 과실로 인한 계약 해지에서 발주자(SABIC)가 처하게 되는 어려움을 고려할 때, 법원은 손해경감의무에 대해 균형 잡힌 시각으로 접근해야 한다고 설명하면서, 발주자(SABIC)가 불합리하게 행동했다는 시공자의 주장을 받아들이지 않았다.[137)

최근 *Energy Works (Hull) LTD v MW High Tech Projects UK LTD & Ors*[138) 사건도 주목할 하다. 이 사건은 영국 Hull 지역의 폐기물 재생 연료(Refuse-Derived Fuel) 발전소 건설과 관련한 EPC(Engineering, Procurement and Construction) 계약의 해지와 관련된 분쟁이었다. 손해경감의무와 관련한 사건의 구체적 내용을 살펴보면, 원고인 Energy Works (Hull) Ltd(이하 "EWH")의 전체 클레임 금액 £131,362,885[139) 중 £12,119,903은 공사를 마무리하기 위한 대체시공자(replacement contractor)인 Black & Veatch에게 투입된 비용이었다.[140) 손해경감의 의무와 관련하여 피고인 MW High

---

135) 계약해지에 수반되는 클레임은 2.VIII.을 참고하기 바란다.

136) [2013] EWHC 2916 (TCC)

137) 원문은 다음과 같다. "A second area of tension arises out of SABIC's submission, based upon well known passages of high authority, that it should not be judged harshly when the Court is assessing its performance after termination because it had been put in a position of embarrassment by SCL's defaults. SABIC submits that its actions after termination should not be "weighed in nice scales"and that it should not "be held disentitled to recover the cost of [its] measures merely because the party in breach can suggest that other measures less burdensome to him might have been taken." […] In my judgment, a suitable balance is struck by recognising that, although SABIC had significant expertise, much of which it had acquired during the Wilton project, it was primarily a chemical manufacturing company and not a construction business. Although in mid-October 2008 SABIC thought that the termination had been "technically well prepared"the reality, when it came, was a major and unwelcome burden for it. In the event, while I have borne SABIC's submission on this point in mind in my approach to the evidence, it has not been necessary to resort to it to any great extent since I do not consider that SCL has shown SABIC to have behaved unreasonably so as to need to rely upon indulgence from the Court in making its findings."

138) [2022] EWHC 3275 (TCC)

139) 이에는 지체상금(Liquidated damages), 잔여작업 완료에 소요되는 비용 클레임(Termination claims), 하자보수 비용 등이 포함되었다.

140) Energy Works (Hull) LTD v MW High Tech Projects UK LTD & Ors [2022] EWHC 3275 (TCC), at 355-356

Tech Projects UK LTD(이하 "M+W")는 두 가지 점에서 EWH가 손해경감의 의무를 다하지 못하였다고 주장하였다.[141] 먼저 M+W는 Black & Veatch의 계약이 총액확정계약(a lump sum basis)이 아닌 실비정산(a time and materials plus basis)계약으로 체결된 점을 들었다. 즉 Black & Veatch의 계약은 Black & Veatch에서 제공하는 인력의 시간에 계약적으로 합의된 단가를 곱하는 산정방식과 기타 경비를 실비로 정산하는 방식이 혼재된 방식을 채택하고 있었다. 다음으로 M+W는 Black & Veatch의 계약 단가가 시장가보다 지나치게 높다고 주장을 하며 EWH가 손해경감의무를 준수하지 못했다고 주장했다. Black & Veatch 인력의 계약단가가 시장가보다 높은 것은 EWH와 M+W 측의 감정인(quantum expert) 모두 인정하였으며, 양측의 감정인(quantum expert)은 적절한 시장가를 반영할 경우 Black & Veatch에게 지급되어야 하는 비용은 £8,321,717이라는 점에 동의하였다.

이에 대해 Pepperall 판사는 영국법상 손해경감의무는 존재하고 EWH가 손해경감의무를 다하지 못했다는 사실관계를 입증할 책임은 M+W에게 있음을 전제로 한 다음,[142] M+W의 두 가지 주장에 대해 판단하였다. 먼저 첫 번째 주장에 대하여는 실비정산 계약이 계약해지 상황에 처한 피해당사자가 고려할 만한 계약이라는 점을 근거[143]로 이를 받아들이지 않았다.[144] 계약단가가 시장가보다 높다는 두 번째 주장에 대해 Pepperall 판사는, EWH가 다른 여타 시공자(Contractor)와의 협상없이 Black & Veatch만을 협상의 대상으로 고려하여 EWH의 협상력이 저하되었고 그로 인해 Black & Veatch의 계약단가가 높아졌다는 M+W의 주장을 받아들여 양측 감정인(quantum expert)이 동의한 시장가인 £8,321,717에 대해서 청구를 인용하였다.[145]

건설계약에서 하자와 관련된 클레임에서도 손해경감의무는 자주 쟁점이 된

---

141) *Energy Works (Hull) LTD v MW High Tech Projects UK LTD & Ors* [2022] EWHC 3275 (TCC), at 375

142) *Energy Works (Hull) LTD v MW High Tech Projects UK LTD & Ors* [2022] EWHC 3275 (TCC), at 318

143) M+W의 사실증인 및 감정인(quantum expert) 모두 이러한 계약방식이 발주자가 고려할 수 있는 계약방식임을 인정하였다.

144) *Energy Works (Hull) LTD v MW High Tech Projects UK LTD & Ors* [2022] EWHC 3275 (TCC), at 375-377

145) *Energy Works (Hull) LTD v MW High Tech Projects UK LTD & Ors* [2022] EWHC 3275 (TCC), at 381

다.[146] 건설계약의 하자와 관련한 손해경감의무에 대해서는 최근 영국 판례인 *DBE Energy Ltd v Biogas Products Ltd* [2020] 사건도 참고할 만하다. 본 사건에서 계약위반 당사자는 피해당사자에 의해 기 시행된 하자보수 방법보다 비용이 저렴한 대안책이 있다고 주장하였는데, 이에 대해 법원은 다음과 같이 판시하였다.[147]

> "먼저, 손해경감의무는 엄격한 의무가 아님을 상기할 필요가 있다. 이 사건에서 참고한 선례는 Banco de Portugal v Waterlow [1932] AC 452 (HL) at 506에서 Macmillan 경의 다음 판시내용이다. 피해 당사자가 난처한 상황에서 벗어나기 위해 취할 수 있는 조치는 계약 위반으로 인해 어려움을 야기한 당사자의 입장에 따라 판단되어서는 안 된다. 긴급상황이 지나간 후에는 이에 대처하기 위해 취해진 조치를 비판하기는 쉽지만, 그러한 비판이 스스로 긴급상황을 야기한 당사자들로부터 제기되는 것은 바람직하지 않다. 계약위반으로 인해 어려운 상황에 봉착한 당사자가 구제 조치(remedial measure)를 취함에 있어 합리적으로 행동했다면 법적인 손해경감의무를 다했다고 볼 수 있으며, 계약위반 당사자가 자신에게 덜 부담스러운 다른 조치가 취해졌을 수 있었음을 제시하는 것만으로 피해당사자가 부담한 금액을 차감해서는 안된다.

이처럼 영미법상 피해당사자는 묵시적인 손해경감의무(implied duty to mitigate)를 부담하며, 손해경감의무의 미준수는 손해배상액의 감액을 가져올 수 있다.

반면 대륙법계 국가들은 특별히 손해경감의무를 인정하지 않고 있는 것으로 보인다. 이는 대륙법에서는 계약위반의 구제수단으로 특정이행(specific performance)을

---

146) 하자와 관련하여 2.VII.을 참고하기 바란다.

147) *DBE Energy Ltd v Biogas Products Ltd* [2020] EWHC 1232 (TCC) at [178]. 원문은 다음과 같다. "First, I remind myself that the duty to mitigate is not an exacting one. The classic statement, to which I was referred, is that of Lord Macmillan in Banco de Portugal v Waterlow [1932] AC 452 (HL) at 506: "Where the sufferer from a breach of contract finds himself in consequence of that breach placed in a position of embarrassment the measures which he may be driven to adopt in order to extricate himself ought not to be weighed in nice scales at the instance of the party whose breach of contract has occasioned the difficulty. It is often easy after an emergency has passed to criticize the steps which have been taken to meet it, but such criticism does not come well from those who have themselves created the emergency. The law is satisfied if the party placed in the difficult situation by reason of the breach of a duty owed to him has acted reasonably in the adoption of remedial measures, and he will not be held disentitled to recover the cost of such measures merely because the party in breach can suggest that other measures less burdensome to him might have been taken".

원칙으로 하기 때문에 특별히 영미법계의 손해경감의무를 수용하거나 발전시킬 필요가 없었던 데서 기인하는 것으로 보인다.[148] 하지만 대륙법계에서도 손해경감의무와 유사한 법리가 존재한다. 예컨대 독일법상 피해당사자에게 손해경감의무는 없지만 기여과실(contributory negligence)이 있는 경우 손해배상액을 과실상계함으로써 동일한 결과를 추구하고 있다. 즉, 독일 민법 제254조는 특히 원고의 과실(fault)이나 착오(negligence)가 손해 발생에 기여한 경우 손해배상액의 권원(entitlement)과 범위(scope)가 달라질 수 있다고 규정하고 있다. 우리나라 민법 제396조도 과실상계에 관하여 "채무불이행에 관하여 채권자에게 과실이 있는 때에는 법원은 손해배상의 책임 및 그 금액을 정함에 이를 참작하여야 한다."고 규정하고 있으며, 대륙법계인 이탈리아, 포르투갈, 핀란드 등 다른 대륙법계 국가들도 비슷한 조항을 갖고 있다.

국제중재에서 손해경감의무는 초국가적 법원칙(transnational rule of law)으로 널리 인식되고 있으며, 여러 국제기구의 중재 원칙에서 손해경감의무가 채택되어 있음을 확인할 수 있다. 예컨대 유엔통일매매법(CISG) 원칙 제77조[149] 및 국제민사법통일기구(The International Institute for the Unification of Private Law("UNIDROIT")) 원칙 제7.4.8조[150])에서 손해경감의무에 관한 내용들을 확인할 수 있다.

건설분쟁에서 손해경감의무는 돌관공사에서 많이 문제된다. 건설 프로젝트에서 발주자는 시공자가 손해경감의무를 다해야 함을 주장하면서, 돌관공사를 직접적으로 지시하거나[151] 명확한 돌관공사를 지시하지 않더라도 돌관공사에 준하는 대책(예를 들면 추가 자원 투입 및 야간작업)을 시공자가 이행할 것을 직접적으로 혹은 간접적으로 요구하는 경우가 많다.[152] SCL 프로토콜은 손해경감의 의무와 돌관공사에 대해 다음과 같이 설명하고 있다.

---

148) GAR The Guide to Damages in International Arbitration, p. 19.
149) 원문은 다음과 같다: "A party who relies on a breach of contract must take such measures as are reasonable in the circumstances to mitigate the loss, including loss of profit, resulting from the breach. If he fails to take such measures, the party in breach may claim a reduction in the damages in the amount by which the loss should have been mitigated."
150) 원문은 다음과 같다. "(1) The non-performing party is not liable for harm suffered by the aggrieved party to the extent that the harm could have been reduced by the latter party's taking reasonable steps. (2) The aggrieved party is entitled to recover any expenses reasonably incurred in attempting to reduce the harm."
151) 이는 흔히 명시적 돌관공사(Directed Acceleration)로 지칭된다.
152) 이러한 발주자의 지시는 의제적 돌관공사 지시(Constructive Acceleration)로 지칭된다.

손해경감(mitigation)이란 단순히 공기지연, 방해 또는 그로 인한 비용과 손해를 완화 또는 감소시키는 것을 의미한다. 반면에 돌관공사(acceleration)는 손해경감의 하위개념(subset)이며, 일반적으로 공기지연 또는 방해로 인한 손해를 만회하기 위해(예를 들어, 계약완료일을 달성하기 위해서) 추가 비용이 발생하는 상황을 가리킨다. 발주자가 이러한 공기지연 또는 방해행위에 대해 책임을 지는 경우, 시공자는 발주자에게 돌관공사 비용을 클레임할 수 있다. 이러한 상황(시공자가 발주자 측 사유로 인한 공기지연과 방해행위로 인해 추가 비용을 부담해야 하는 상황)은 시공자의 손해경감의 의무와는 구별된다. 손해경감의 의무는 시공자의 추가 비용 지출을 요구하지 않는다.[153]

시공자는 발주자 측 사유가 작업에 미치는 영향을 경감해야 하는 일반적인 의무를 부담한다. 계약에 달리 명시되어 있지 않는 한, 시공자는 이러한 일반적인 경감의무에 따라 추가 자원을 투입하거나 계획하였던 작업 시간 이상으로 일할 의무는 없다.[154]

영국에서 가장 일반적으로 사용되는 표준계약 양식인 JCT(the UK Joint Contracts Tribunal, 본서에서는 'JCT'로 지칭한다) 계약서에서는 시공자가 공사 진행의 지연을 방지하고 계약완료일 이후로 공사가 지연되는 것을 방지하기 위해 '최선의 노력(best endeavours)'을 다할 것을 요구한다. 이러한 계약적 요구조건은 JCT 외의 비표준계약서(bespoke contract) 건설계약에서 종종 등장하는데, 시공자의 일반적인 경감의무보다 더 가중된 의무가 요구되는 것은 분명해 보이지만, 어느 수준의 노력이 필요한지에 대해서는 많은 논쟁이 있다.

---

153) SCL 프로토콜 파트 A: 12. 원문은 다음과 같다. "The Protocol makes reference to both mitigation and acceleration. Mitigation simply means to make less severe or lessen delay, disruption and/or the resultant costs and/or loss. Acceleration is a subset of mitigation, and typically refers to the situation where additional costs are incurred to seek to overcome all or part of delay or disruption (for example, to ensure that the contract completion date is achieved). Where the Employer is responsible for that delay or disruption, the Contractor may claim its acceleration costs from the Employer. This situation is distinct from a Contractor's general duty to mitigate its loss when it suffers delay and disruption or incurs additional cost due to an Employer Risk Event. That general duty to mitigate does not require the Contractor to incur additional costs."

154) SCL 프로토콜 핵심원칙 15. 원문은 다음과 같다. "The Contractor has a general duty to mitigate the effect on its works of Employer Risk Events. Subject to express contract wording or agreement to the contrary, the duty to mitigate does not extend to requiring the Contractor to add extra resources or to work outside its planned working hours."

2. 합리성(reasonableness) 기준

실무적으로 손해배상액의 산정과 관련하여서는 다음의 주요 쟁점들이 순차적으로 제기된다.

- 실제 비용이 발생하였는가?[155]
- 발생한 비용이 계약위반자 측 사유로 인해 발생했는가? 즉, 발생한 비용과 계약위반자 사이의 인과관계가 존재하는가?
- 발생한 비용이 예견 가능했는가?
- 발생한 비용이 합리적이었는가?

이 중 앞의 세 가지는 손해배상책임의 요건과 관련한 것으로 이미 살펴보았으므로, 본 항에서는 마지막 항목인 비용의 합리성 부분을 살펴본다.

대다수 건설계약의 경우 손해배상에서 "reasonable cost"만 보상한다는 문구는 그리 어렵지 않게 찾아볼 수 있는데, 이는 손해배상은 합리적으로 발생한 비용으로 산정됨을 의미한다. 설령 이러한 문구가 없더라도 보상의 금액을 정하는 데 있어 합리성(reasonableness)은 중요한 요소가 될 수 있다.

합리성을 판단하기 위해서는 경쟁입찰을 통해 획득한 견적서, 산업표준(industry norms), 시장단가(market price), 비즈니스 관행(business practice) 등에 관한 자료들을 참고할 수 있다.

다만 이러한 자료들은 참고 자료일 뿐이어서, 실제 발생한 비용이 합리적이었는지 또는 적정했는지를 판단하는 문제는 간단하지 않으며, 구체적인 사안에서의 여건과 사정에 따라 결론이 달라질 수 있다. 예를 들어, 일반적인 자재조달 방식인 선박운송 대신 고가의 항공운송을 활용하여 필요한 자재 조달이 이루어진 경우, 발주자 입장에서는 선박운송료가 통상적으로 적정한 가격이라고 주장해 볼 수 있으나, 항공운송을 선택해야만 하는 특별한 사정이 있었다면 항공 운송료를 비합리적이라고 볼 수만은 없을 것이다.

건설하자와 관련하여 보상의 방식을 결정하는 데 있어서도 합리성 기준은 중요

---

155) 자세한 내용은 2.II.을 참고하기 바란다.

한 역할을 한다. 이는 하자 치유 비용(cost of cure)을 근거로 할 것이냐 혹은 가치의 감소(diminution in value)를 근거로 할 것이냐의 질문으로 귀결될 수 있다.

영국 대법원 판례인 *Ruxley Electronics and Construction Ltd v Forsyth*[156] 사건에서는 '하자 복구 비용(cost of cure)'과 '시설의 손실(loss of amenity)'[157] 가운데 무엇이 적절한 손해배상액의 산정기준인지가 다루어졌다.

이 사건에서 원고인 Ruxley는 피고인 Forsyth의 정원에 수영장을 짓기로 하는 내용의 계약을 체결하였고, 계약서에 따르면 수영장은 깊이 7피트 6인치의 다이빙 장소를 구비하도록 되어 있었다. 건설 당시 다이빙 구역은 깊이가 6피트로 계약상 깊이에는 미치지 못하였으나, 여전히 다이빙하기에는 안전한 수심에 해당했다. 그러나 Forsyth는 계약위반에 대한 손해배상액으로 하자 복구 비용(cost of cure)으로서 총 £ 21,540의 수영장을 철거하고 재건설하는 비용을 청구하였다.

1심 법원은 이 사건의 사실관계에 비추어 수영장을 철거하고 재건설하는 비용을 이 사건의 손해배상액으로 산정하는 것은 부당하다고 판단하였으며, £2,500을 '시설의 손실(loss of amenity)'로서 배상하여야 한다고 판시하였다. 그러나 항소법원은 판단을 달리하였다. 즉, 항소법원은 Forsyth를 계약이 이행되었을 때와 동일한 상태로 회복시키는 데 필요한 금액, 즉 수영장 철거 및 재건 비용에 해당하는 £21,540이 손해배상액으로서 지급되어야 한다고 판시하였다. 이에 대하여 Ruxley는 상고하였고, 대법원은 1심의 결론을 채택하였다. 즉, Lloyd 판사는 손해배상의 기본원칙은 피고를 징벌하는 것이 아니라 원고에게 적절한 금액을 보상하는 것이라고 하였으며,[158] Mustill 판사는 재건설하는 비용이 원고가 입은 손실에 비해 너무 높은 경우, 보상의 원칙을 정하는 데 있어 합리성(reasonableness)이 결정적 요소가 되어야 한다고 판시하였다.[159] 보다 자세한 내용은 2.VII.에서 다루기로 한다.

---

156) *Ruxley Electronics and Construction Ltd v Forsyth* [1995] UKHL 8
157) 시설의 손실(loss of amenity)은 가치의 감소(diminution in value)의 한 종류로 여겨진다.
158) 판시내용은 다음과 같다: "Does Mr Forsyth's undertaking to spend any damages which he may receive on rebuilding the pool make any difference? Clearly not. He cannot be allowed to create a loss which does not exist in order to punish the defendants for their breach of contract. The basic rule of damages, to which exemplary damages are the only exception, is that they are compensatory not punitive."
159) 판결문은 다음과 같다. "[t]he test of reasonableness plays a central part in determining the basis of recovery and will indeed be decisive in a case such as the present when the cost of reinstatement would be wholly disproportionate to the non-monetary loss suffered by the employer."

3. 개량(betterment)

피해당사자가 계약 위반으로 인한 손해를 회복하는 과정에서 공사목적물을 개량(betterment)한 경우, 계약위반자는 개량에 해당하는 부분과 관련된 금액은 계약이 이행되었을 경우보다 피해당사자가 부당한 이득(unjust enrichment)으로서 취득한 것에 해당하므로 손해배상액에서 공제해야 한다는 주장을 할 수 있다. 이는 피해당사자가 계약 위반으로 인한 손해를 초과하는 보상을 받을 것을 기대할 수는 없다는 원칙에서 출발한다.

계약위반자의 개량(betterment) 관련 주장은 건설계약 관련 분쟁 중, 하자보수 및 계약 해지에 따른 잔여 공사수행과 관련하여 많이 제기된다. 예를 들어, 하자보수 과정에서 발주자와 시공자간의 계약문서에 명기된 사양보다 더 나은 결과물로 하자보수가 진행되는 경우가 있을 수 있고, 이러한 경우, 계약문서에 명기된 사양을 상회하는 부분은 개량(betterment)이 있는 것으로 보아 해당 금액만큼의 감액을 주장할 수 있다.

계약 해지시 발주자는 일반적으로 대체시공자(replacement contractor)를 고용하여 계약 해지 이후의 잔여 공사를 수행하게 되는데, 대체계약(replacement contract)이 해지된 당초 계약보다 더 나은 성능을 제공하도록 체결되는 경우가 종종 있다. 이러한 경우, 당초계약보다 나은 성능 부분에 대해서는 계약 해지를 당한 당초 시공자가 개량(betterment)에 따른 클레임 금액의 감액을 주장할 수 있을 것이다. 또한, 대체시공자는 당초 시공자의 계획과는 다른 방법으로 시공을 진행하기도 한다. 즉, 대체시공자는 시간 등 여러 가지 제약으로 인해 당초 계획보다 금액이 많이 소요되는 시공방법을 선택하는 경우도 종종 있다. 이러한 경우에도 시공자는 개량(betterment)의 존재를 주장해 볼 여지는 있다.

개량(betterment) 주장의 성공 여부는 주어진 사건의 상황과 여건에 따라 달라질 수 있다. 또한 개량(betterment)으로 인해 발생한 금액에 대한 입증책임은 시공자에게 있기 때문에, 구체적인 금액 제시가 없을 경우 중재판정부나 법원은 개량(betterment) 사실 자체는 인정하더라도 시공자의 항변을 기각할 수 있기 때문에, 시공자로서는 개량(betterment)에 의해서 차감(abatement)되어야 하는 금액을 구체적으로 제시할 필요가 있다.

VI. 손해배상액의 예정(Liquidated Damages)

1. 손해배상액 예정의 의의와 내용

계약 당사자는 계약위반이 발생하기 전에 계약 위반이 발생할 경우를 대비하여 지불해야 할 손해배상액을 미리 결정할 수 있다.[160] 사전에 손해배상 금액에 대한 합의를 '손해배상액 예정' 혹은 'Liquidated Damages(이하 LD)'라고 하고 이는 영미법계와 대륙법계 모두 유효하게 통용된다. 일반적으로 계약당사자는 계약위반시 지불해야 할 손해액에 대해 계약 체결시 적법, 유효하게 동의할 수 있으며, 계약 조건으로 이를 명시할 수 있다. 건설계약에서는 특히 발주자의 책임없는 사유로 인한 공기연장에 대한 손해배상액을 미리 결정하는데 이를 '지체상금'이라고 부른다. 지체상금 조항의 사용은 건설계약에서 다음과 같은 장점이 있다.

① 손해배상액의 확실성(certainty in quantum)

LD는 시공자의 지연으로 인한 준공 지연시, 시공자가 발주자에게 지급해야 될 손해배상액과 관련하여 많이 활용된다. 준공지연으로 인한 발주자의 손해는 산정하기가 어려운 측면이 있기 때문에, LD는 발주자가 실제 손해액을 증명해야 하는 어려움을 덜어준다.[161]

② 리스크의 정량화(risk quantification)

발주자는 시공자의 공기지연에 따른 리스크에 대한 정량화(risk quantification)가 가능하며, 시공자 역시 공기지연으로 인한 리스크에 대해 정량화할 수 있다.[162]

③ 비밀유지(privacy)

발주자는 실제 손해 입증을 위해 필요한 회계 정보를 공개할 필요가 없기 때문에 프로젝트 관련 정보를 불필요하게 노출시키는 것을 예방할 수 있다.

---

160) GAR, The Guide to Damages in International Arbitration, p. 28.
161) Jonathan Hosie, 'The Assessment of Damages for Delay in Construction Contracts: Liquidated and Unliquidated Damages' (1994) 10(3) Const LJ 214−224.
162) Vijay Bange, 'Reducing Risk with Liquidated Damages' (2015) 26(4) Cons Law 6−7

④ 비용 효율성(cost-effectiveness)

분쟁에 있어서 실제 손해가 발생했는지 여부와 그 액수를 입증하기 위해서는 상당한 시간과 비용을 투입할 수밖에 없는데, LD 약정에 의해 발주자의 입증책임이 경감되어 그에 따른 시간과 비용을 절약할 수 있다.[163]

⑤ 시공자의 공기 준수에 대한 인센티브(incentive) 제공

발주자는 시공자가 주요 의무(예: 공기 준수 의무)를 준수하도록 장려할 수 있다.[164]

일반적으로 건설계약에서 지체상금은 계약상 준공일과 실제 준공일[165] 사이의 준공일 지연일수에 약정된 일일 배상금액(지체상금율)을 곱하여 계산한다.[166] 또한 대부분의 경우 지체상금의 한도(cap 또는 limit)가 설정되는데, 통상 총 계약금액의 10~20%로 정해지게 된다.

이와 관련해서 지체상금 한도를 초과해 실제 손해를 청구하는 것이 가능한지가 문제될 수 있다. 한도를 초과해서 실제 손해를 청구할 수 있는지 여부가 문제될 수 있다. 이는 영국의 Decoma Ltd v Haden Drysys International Ltd[167] 사건에서 다뤄진 바 있다. 이 사건에서 영국 법원은 계약금액의 5%를 지체상금의 한도로 하는 명백한 합의가 있다면, 계약당사자의 공기지연에 대한 책임은 지체상금 지급 책임뿐만 아니라 일반 손해배상책임까지도 모두 계약 금액의 5%로 제한된다고 판시하였다. 이처럼 지체상금 액수와 실제 손해액에 차이가 있을 경우, 영국법은 지체상금 및 그 한도를 우선하여 적용하는 경향이 있다.[168]

반면 대륙법계에서는 일반적으로 법원에게 지체상금 금액을 실제 손해에 근거하여 증액하거나 감액할 수 있는 재량이 인정된다. 즉, 프랑스에서 법원은 실제 손해에 비해 명백히 과다한 지체상금 금액에 대해 감액할 수 있는 재량권을 가진

---

163) *Robophone Facilities Ltd v Blank* [1966] 3 All ER 128.

164) *Cavendish v Makdessi* [2015] UKSC 67; Parking Eye v Beavis [2015] EWCA Civ 402

165) 일반적으로 실제 준공일은 준공필증에 명시된 준공일자를 기준으로 한다.

166) FIDIC Red, Yellow and Silver Books 2017년판 계약조건 8.8조; the NEC4 Engineering and Construction Contract (2017), Option X7; JCT Standard Building Contract (2016), 제 2.32조.

167) *Decoma Ltd v Haden Drysys International Ltd* 103 Con LR 1 TCC

168) *Cellulose Acetate Silk v Widnes Foundry* (1925) Ltd [1933] A.C 20.

다.[169] 아랍에미레이트(UAE) 민법도 법원 또는 중재판정부가 지체상금 금액을 실제 손실에 비추어 상향 또는 하향 조정할 수 있는 재량권이 있음을 규정하고 있다.[170] 이처럼 계약의 준거법에 따라 시공자의 지체상금에 따른 보상의 범위가 달라질 수 있으므로, 계약 조항 외에도 준거법의 내용을 함께 면밀하게 살피는 것이 중요하다.

건설계약에서 발주자 측 사유로 인한 공기연장에 따른 손해배상액의 예정도 종종 볼 수 있다.[171] 이에 따르면 발주자 측의 사유로 공기가 연장될 경우 발주자는 지연일수에 약정된 일일 배상금액(시공자의 일일 간접비)을 곱하여 계산된 금액을 시공자에게 손해배상액으로 지급할 의무가 있다. 물론 이러한 조항이 없더라도 – 실제로는 없는 경우가 대부분일 것이다 – 시공자는 계약위반에 따른 손해배상 청구권이나 계약상 명시된 보상 청구권에 근거하여 발주자에게 클레임을 제기할 수 있을 것이다.[172]

또 다른 형태의 손해배상의 예정에는 주로 플랜트 공사에서 사용되는 성능미달 손해배상액의 예정(performance liquidated damages)이 있다. 이는 대부분의 플랜트 공사에서는 일정수준 이상의 성능을 달성할 것을 계약적으로 요구하기 때문에 규정된다.

한편 FIDIC Yellow Book 2017년판에서는 특정 발주자 측 사유의 경우 비용 및 이윤(Cost Plus Profit)에 대한 보상이 규정되어 있는데, 이윤에 대해서는 계약서 별첨자료(Contract Data)에 규정된 이율의 이윤이 규정되지 않았다면 5%의 이윤이 비용(Cost)에 더해진다고 명시하고 있다.[173] 이처럼 손해배상액의 예정은 다양한 형태와 내용으로 합의가 이루어질 수 있다.

---

169) GAR The Guide to Damages in International Arbitration, p. 31.
170) UAE 민법 제390조
   1 – The contracting parties may fix the amount of compensation in advance by making a provision therefor in the contract or in a subsequent agreement, subject to the provisions of the law.
   2 – The judge may in all cases, upon the application of either of the parties, vary such agreement so as to make the compensation equal to the loss, and any agreement to the contrary shall be void.
171) FIDIC Green Book Short Form 2021년판
172) 이에 대해서는 본 저서 2.V.을 참고하기 바란다.
173) FIDIC Yellow Book 2017년판 계약조건 1.1.20조

2. 손해배상액의 예정(LD) 약정의 유효성

종래 영국법에서는 LD가 '손해에 대한 진정한 사전 예상(genuine pre-estimate of loss)'에 해당해야 유효하다고 보았다.[174] 즉 LD 금액은 상업적으로 정당화될 수 있어야 하고, 계약당사자가 계약조항을 준수하기 위한 억제 수단(deterrent)으로 사용되어서는 안 되며, 그렇지 않을 경우 LD 조항은 '위약벌(penalty) 조항' 혹은 '벌칙조항(unenforceable penalty clause)'으로 집행불가능한 것으로 간주된다. 참고로 위약벌 조항을 영미법에서는 집행불가능한 것으로 보는 반면, 대륙법계에서는 그 효력 자체는 인정한다는 점에서 차이가 있다.[175]

다시 말해, LD 조항이 손해에 대한 진정한 사전 추정치를 반영한 경우에만 유효한 것으로 판단되어 LD 조항에 기한 청구가 영국 법원에서 인용될 수 있으며, 이와 달리 계약에 명시된 금액이 손해에 대한 진정한 사전 추정치가 아니고 계약 위반 방지 또는 위법 행위자에 대한 제재를 목적으로 하는 경우에는 '위약벌 조항'에 해당하여 LD 조항에 따른 청구가 제한된다.

이러한 영국법 법리와 관련하여 *Dunlop and New Garage*[176] 사건에서 Dunedin 판사는 다음과 같이 판시하였다.

1. 위약벌이나 LD라는 단어의 사용이 결정적인 요소는 아니며, 법원은 계약상 금액이 실제로 위약벌의 성격인지 LD의 성격인지를 확인해야 한다.

2. 위약벌은 계약위반자의 행동을 억제(terrorem of the offending party)하기 위한 것이다. 반면 LD의 본질은 '손해에 대한 진정한 사전 추정(genuine pre-estimate of loss)'이다.

3. 계약상 금액이 위약벌인지 또는 LD인지는 각 계약의 조건 및 고유 상황에 따라 결정되어야 하는 계약 해석의 문제이며, 이는 계약 위반시점이 아닌 계약 체결시를 기준으로 판단되어야 한다.

---

174) GAR The Guide to Damages in International Arbitration, p. 30.
175) 우리나라 민법 제398조 제4항은 "위약금의 약정은 손해배상액의 예정으로 추정한다."고 규정하고 있다.
176) *Dunlop and New Garage* [1914] UKHL 1

정리하면, Dunlop 기준(test)에 따르면 (a) LD 금액과 (b) 계약위반 시 발생할 수 있는 손해의 최대치를 서로 비교하는 것이 요구되며, (a) 항목이 (b) 항목을 초과하는 경우 LD 조항은 위약벌에 해당하여 무효로 판단될 수 있다.

그런데 최근 2015년 영국 대법원은 Cavendish v Makdessi[177] 사건에서 LD 조항의 유효성과 관련하여 종래의 Dunlop 기준을 약 100년 만에 폐기하고 새로운 기준을 제시하였다. 이에 따르면 위약벌 여부를 판단하는 데 있어서 2단계의 심사를 거치게 되는데, (i) 계약상 금전지급 의무가 계약의 목적 달성을 위한 1차적 의무, 즉 주된 의무인 경우는 처음부터 위약벌에 해당하지 않고, (ii) 1차적 의무 위반에 따른 손해를 배상하기 위한 2차적 의무인 경우 계약위반자가 손해배상의 예정액을 납부하는 것이 계약 당사자의 '적법한 이익(legitimate interest)'에 비추어 계약위반자에게 과중한 손해를 야기하는지 여부를 기준으로 위약벌의 해당 여부를 판단하게 된다.[178]

다시 말해 영국 대법원은 (a) LD 금액이 (b) 계약위반 시 발생할 수 있는 손해의 최대치를 초과(Dunlop 기준의 경우 위약벌인 경우)하더라도, LD 조항이 피해자의 '합법적 이익(legitimate interest)'을 보호하기 위한 것으로 판단되면 위약벌로 보지 않을 수 있다고 판시한 것이다.

이러한 새로운 기준은 *Parking Eye v Beavis*[179] 사건에서도 재확인되었는데, 영국 대법원은 처음 2시간 동안은 무료지만 이를 초과하면 85 파운드의 요금 납부를 요구한 주차장 사안에서, 위 85파운드는 위약벌이 아니라고 판시하였다. 대법원은 85파운드가 '손해에 대한 진정한 사전 추정'은 아니지만, 주차장의 운영을 위한 '적법한 이익(legitimate interest)'을 보호하기 위한 것으로 판단하여 위약벌이 아니라고 본 것이다.

이 같은 영국 대법원의 최근 판례는 과거보다 계약당사자의 의사를 더욱 존중하여 LD 조항의 효력을 폭넓게 인정한 것으로 해석된다. 따라서 영국법이 준거법인 경우에는 LD가 위약벌이라서 무효(void)이거나 집행을 강제할 수 없다는

---

177) *Cavendish v Makdessi* [2015] UKSC 67
178) 원문은 다음과 같다. "whether the impugned provision is a secondary obligation which imposes a detriment on the contract-breaker out of all proportion to any legitimate interest of the innocent party in the enforcement of the primary obligation."
179) *Parking Eye v Beavis* [2015] EWCA Civ 402

(unenforceable) 주장은 예전보다 더욱 받아들여지기 어려울 것으로 보인다.

하지만 최근 싱가포르 항소 법원은 *Denka Advantech Pte Ltd v Seraya Energy Pte Ltd*[180] 사건에서 영국 대법원의 *Cavendish* 기준을 채택하는 것을 거부하였는 바, LD 조항의 유효성 판단 기준은 같은 영미법계 국가 내에서도 입장이 상이할 수 있다는 점에서 주목할 만하다. 즉, 싱가포르 항소 법원은 '적법한 이익' 기준이 너무 모호하여 적용할 수 없다고 보고 종전 Dunlop 기준을 지지하였다.

3. 계약 해지시 LD 조항의 적용 가능 여부

발주자가 시공자 측 사유를 이유로 계약을 해지(termination for contractor's de-fault)한 경우, 일반적으로 발주자는 대체시공자(replacement contractor)를 고용하여 공사를 완공하게 된다. 이 경우에도 건설계약에 규정된 LD가 그대로 적용되어야 하는가? 적용된다면 적용 시점은 계약 해지 시까지인가? 아니면 타 시공자에 의한 공사 준공일까지인가? 이 문제에 대해 영국 법원은 여러 가지 해석방법을 제시해 왔다.

먼저 영국 대법원은 *British Glanzstoff v. General Accident, etc, Ltd*[181] 사건에서, 발주자가 공사를 완료하기 위해 대체시공자(replacement contractor)를 고용한 경우, 계약 해석상 LD는 원시공자가 공사를 완료한 경우에만 적용되며, '원시공자가 계약을 통제할 수 없는 경우에는 적용되지 않는다'[182]고 판시하였다. 이는 Glanzstoff 방식으로 불리며, 이에 따르면 계약 해지 이전(pre-termination) 기간과 계약 해지 이후(post-termination) 기간 모두에 LD가 적용되지 않는다.

한편, *Shaw v MFP Foundations and Pilings Ltd*[183] 사건에서 Edwards-Stuart 판사는 계약 해지 이후(post-termination) 기간에는 LD가 적용되지 않는다고 하면서, 다음과 같이 판시하였다.

---

180) *Denka Advantech Pte Ltd v Seraya Energy Pte Ltd* [2020] SGCA 119
181) *British Glanzstoff v. General Accident, etc, Ltd* [1913] AC 143
182) did not apply where the control of the contract had passed out of their hands
183) *Shaw v MFP Foundations and Pilings Ltd* [2010] EWHC 1839 (TCC)

'계약이 해지된 날까지의 지연 기간에 대하여 발주자는 계약 비율로 손해를 회수할 권리가 있다.… 그러나 해지일 이후 계약당사자는 계약에 따라 더 이상 기본 의무를 수행할 필요가 없으므로 공사완료일까지 해야 하는 시공자의 의무가 더 이상 유지되지 않으며 따라서 LD 조항도 적용되지 않는다.'[184]

이는 Orthodox 방식으로 불리며, 이에 따르면 LD는 계약 해지 이전(pre-termination) 기간에는 적용되는 반면 계약 해지 이후(post-termination)부터는 적용되지 않는다.[185]

Hall v Van der Heiden[186] 사건에서 LD 조항은 대체시공자(replacement contractor)가 공사를 완료할 때까지 적용된다고 판시하였다. 이는 Van der Heiden 방식이라고 불리는데, 계약해지 이전(pre-termination) 기간과 계약 해지 이후(post-termination) 기간 모두에 LD가 적용되는 방식이다.

최근 *Triple Point Technology Inc v PTT Public Company Ltd*[187] 사건에서 영국 항소 법원은 원계약자가 계약 해지된 상황에서 LD 청구가 가능한지에 대해, Glanzstoff 방식을 따랐고 이는 많은 논쟁을 야기하였다.[188] 이후 영국 대법원은 최근 위 항소법원의 판결을 파기하면서, "일반적으로 LD 조항이 달리 명시하지 않는 한, 작업완료일까지 LD가 적용되어야 하나, 계약 해지 이후 기간에는 LD가 적용되지 않는다"고 판시하였다.[189]

---

184) 원문은 다음과 같다. 'So far as liquidateddamages are concerned, in respect of any period of culpable delay up to the date when the contract is terminated the employer is entitled to recover liquidated damages at the contractual rate…However, after the date of termination the parties are no longer required to perform their primary obligations under the contract and so the contractor's obligation to complete by the completion date no longer remains and the provision for liquidated damages therefore becomes irrelevant.'

185) *Greenore Port Ltd v Technical & General Guarantee Company Ltd* [2006] EWHC 3119 (TCC)

186) *Hall v Van der Heiden* [2010] EWHC 586 (TCC)

187) *Triple Point Technology Inc v PTT Public Company Ltd* [2019] EWCA Civ 230, 183 Con LR 24, [2019] 1 WLR 3549, [2019] 2 All ER (Comm) 810, [2019] 3 All ER 767, [2019] BLR 271.

188) Lee, S (2020), An Employer's (Dis)Entitlement to Liquidated Damages for Delay Where the Contractor Never Completes: Defending 'Orthodoxy', SCL paper 225; Cheung A (2020) Triple Point Technology—Pointing to Confusion, SCL paper 226

189) *Triple Point Technology, Inc (Respondent) v PTT Public Company Ltd (Appellant)*[2021] UKSC 29, at [86] 원문은 다음과 같다. "I conclude that it is ordinarily to be expected that, unless the clause clearly provides otherwise, a liquidated damages clause will apply to any period of delay in completing the work up to, but not beyond, the date of termination of the contract."

즉, Triple Point 대법원 판결은 계약 해지 이전(pre-termination) 기간에는 LD가 적용되는 반면, 계약 해지 이후(post-termination) 기간에는 LD가 적용되지 않는 것을 내용으로 하는 *Orthodox* 방식을 채택한 것으로 평가된다. 이 점에서 계약해지시 LD조항 적용에 대한 불확실성이 어느 정도 해소되었다고 볼 수 있다.

최근 *Energy Works (Hull) LTD v MW High Tech Projects UK LTD & Ors*[190] 사건에서도 법원은 Triple Point 대법원 판결의 입장에 따라 계약 해지 이전(pre-termination) 기간에는 공기연장에 대해 지체상금이 적용되는 반면, 계약 해지 이후(post-termination) 기간에는 공기연장에 대한 지체상금이 적용되지 않는다는 원칙을 재확인하였다. 앞서 소개했듯이 이 사건은 영국 Hull 지역의 폐기물 재생 연료(Refuse-Derived Fuel) 발전소 건설과 관련한 EPC(Engineering, Procurement and Construction)계약과 관련하여 발생한 계약해지에 대한 분쟁이었다. 이 사건의 계약은 IChemE[191] Red Book을 기반으로 한 특별조항(bespoke provisions)이 특별조건(Special Conditions)에 규정되어 있었으며, 총액확정계약(lump Sum)으로서 계약금액은 £153,897,518, 지체상금의 한도는 계약금액의 15%, 지체상금은 일 £84,800으로 규정되어 있었다. 계약조건 44.1(c)에서는 지체상금이 15%에 달하면 발주자인 Energy Works (Hull) LTD(이하 "EWH")가 계약해지를 통보할 수 있다고 규정하고 있었는데, 공기가 지연되면서 그 원인에 대한 책임공방이 쌍방 간에 진행되었다. 그 사이 시공자인 MW High Tech Projects UK LTD(이하 "M+W")는 발주자인 EWH의 책임으로 공기가 지연되었다고 주장하며 공사를 중단(Suspension)하였다.[192] 결과적으로 EWH는 계약조건 44.1(c)에 따라 M+W에게 계약해지를 통보하였으며, 예비적 청구로 M+W의 이행거부에 대한 법정해지(termination at common law)를 주장하였다. EWH는 계약금액의 15%에 해당하는 금액을 지체상금으로 청구함과 더불어 5천 3백만 파운드를 금융비용(financial costs)으로 청구하였다. 이에 대하여 M+W는 지체상금의 한도는 계약해지 이후에도 적용되어야 하기에 공기지연에 따른 손실(any delay-related losses)은 지체상금 이외에 추가로 보

---

190) [2022] EWHC 3275 (TCC)

191) Institution of Chemical Engineers

192) 참고로 이 사건에서 Pepperall 판사는 M+W가 공사를 중단할 권리가 없다고 판단하였는바, 공사 중단 권리에 대한 영국법의 입장도 이 판결에서 확인할 수 있다(*Energy Works (Hull) LTD v MW High Tech Projects UK LTD & Ors* [2022] EWHC 3275 (TCC), at 73-83).

상할 수 없다고 주장하였다. 이에 대하여 Pepperall 판사는 지체상금의 한도는 계약해지 이후에는 적용되지 않기에 공기지연에 따른 손실로 볼 수 있는 금융비용은 보상될 수 있다고 판시하였다.[193]

Triple Point 대법원 판결이 선고되기는 했지만, 여전히 계약 해지시 LD적용에 대한 다양한 접근 방식이 상존하므로 영국법이 적용되는 분쟁에서 발주자는 LD 조항에 따른 산정금액 및 일반 손해배상 금액 모두를 산정하는 것이 실무적으로 필요할 수도 있다고 본다. 실제로 영국 소송 또는 영국법이 준거법인 국제중재사건에서 발주자들이 LD 금액과 더불어 실제 손해 금액도 산정하여 같이 주장, 입증하는 경우가 적지 않게 있다.[194]

한편 UAE 법원도 계약해지 후에는 LD 조항이 적용될 수 없다는 입장으로 최근 영국 법원과 같은 태도를 취하고 있다. 다만 2014년 아부다비 대법원은 계약이 해지된 후에도 지체상금 규정을 존속시키려는 당사자들의 명시적인 합의가 있는 경우에는 계약 해지 이후에도 지체상금 규정을 적용할 수 있다고 판시한 바 있다 (Commercial Appeal 790 of 2013 dated 22 October 2014). 이는 종전의 판례가 변경된 것은 아니고 구체적인 사건에서 당사자들의 합의를 존중한 결과로 풀이된다.

---

193) *Energy Works (Hull) LTD v MW High Tech Projects UK LTD & Ors* [2022] EWHC 3275 (TCC), at 390

194) *Energy Works (Hull) LTD v MW High Tech Projects UK LTD & Ors* [2022] EWHC 3275 (TCC), at 305, 주석 1, Energy Works (Hull) LTD는 주위적 청구로 £23,077,331을 지체상금 (liquidated damages)으로 클레임하였고 예비적 청구로 £23,622,603을 손해배상액(general damages)으로 클레임하였다.

VII. 정리

계약상 명기된 보상 청구권과 계약위반에 따른 손해배상 청구권은 개념상 구별되어야 한다. 다만 계약상 보상 청구권과 계약위반에 따른 손해배상 청구권 모두 손해배상의 일반 원칙들이 적용될 수 있기 때문에 실질적인 차이는 크지 않을 수 있다. 따라서 계약상 명기된 보상 청구권에 근거해 클레임을 제기하는 경우에도 계약위반에 따른 손해배상의 일반적인 개념과 원칙을 확인할 필요가 있다.

손해배상책임의 요건에 있어서 영미법계와 대륙법계 사이에는 중대한 차이가 존재한다. 대륙법계는 과실책임주의를 원칙으로 하고, 엄격책임에 대한 일부 예외를 두고 있다. 반면 영미법계는 무과실책임주의를 원칙으로 삼으나, 상대방의 방해로 인하여 의무 이행을 하지 못한 경우 방해이론(Prevention Principle)에 따라 면책을 허용하는 예외를 두고 있다.

영미법계와 대륙법계에서 손해배상 산정 원칙은 크게 다르지 않은 것으로 보인다. 영미법의 기대이익 배상과 대륙법의 완전배상원칙은 모두 계약이 정상적으로 이행되었더라면, 즉 계약위반이 없었다면(but for the breach of contract) 피해자가 있어야 할 재정적 또는 금전적인 상태로 회복시켜 주는 것을 내용으로 한다. 영미법상 기대이익 배상청구가 어려운 경우에는 피해당사자가 계약을 준비 또는 이행하면서 지출한 비용이나 계약위반자의 계약위반으로 '낭비된 비용(wasted expenditure)'을 청구할 수 있다. 이는 신뢰이익에 대한 손해배상청구로서 계약이 성립하지 않았을 경우를 가정하여(but for the contract) 원고를 그 이전 상태로 회복시키는 것을 내용으로 한다.

손해배상 금액에는 계약위반으로 인해 일반적으로 발생하는 통상손해와 계약위반 당사자가 상대방으로부터 특별한 상황을 통보받아 계약위반으로 발생할 것이라고 예견할 수 있었던 손해, 즉 특별손해가 포함될 수 있을 것이다.

계약위반의 피해당사자인 원고는 계약위반(원인)과 손해(결과) 사이의 인과관계를 입증한 경우 그 범위에 한하여 손해배상을 받을 수 있다. 즉, 계약 위반과 손해의 존재가 관련성이 있다고 주장하는 것만으로는 충분하지 않고, 손해는 계약위반의 결과라는 사실적 인과관계를 입증해야 한다. 영국법에 따르면 원고는 계약위반과 손해 사이에 인과관계가 있다는 것을 영국 민사소송의 '개연성의 비교형량(balance of probabilities)'에 따라 입증하여야 한다. 미국에서는 민사소송의 입증기준을 '우월한 증거에 의한 증명(preponderance of the evidence)'이라고 지칭한다. 구체적으로 영미에서는 50% 이상의 개연성(more likely than not)으로 피고의 행위가 손해를 야기했다고 판단된다면, 원고가 인과관계 입증에 성공한 것으로 인정된다. 이는 형사소송의 '합리적 의심이 없는 정도(beyond reasonable doubt)'의 기준보다 현저히 낮은 입증 기준이라고 볼 수 있다. 영미법상 원고가 민사소송의 입증기준(50% 이상의 개연성)을 만족한 것으로 인정되면 원고는 개연성의 정도와 상관없이 100%의 손해를 보상받을 수 있는데, 이는 'all-or-nothing' 원칙으로서 영미법상 손해배상과 관련한 중요한 개념에 해당한다. 영미법과 대륙법 모두에서, 사실적 인과관계가 성립되었다면 손해배상액의 산정에서는 중재판정부나 법원은 정도의 차이는 있으나 재량권을 보유한다.

원고가 사실적 인과관계를 입증하였다고 모든 손해가 보상되는 것은 아니며, 법적 인과관계를 추가로 입증해야 한다. 법적 인과관계란 위에서 살펴본 바와 같이, 계약위반에 따른 손해가 예견 가능해야 하며, 예견 가능한(not remote) 손해만이 보상을 받을 수 있다.

또한 영미법에서 원고는 합리적인 조치를 취했음에도 피할 수 없었던 손해에 대해서만 손해배상을 받을 수 있다. 즉, 피해당사자인 원고는 손해경감의무(duty to mitigate)를 부담한다. 그러나 피해당사자인 원고가 손해경감의무를 다하지 못했다는 점, 즉 원고가 손실을 최소화하기 위한 합리적인 조치를 취하지 않은 점과 원고의 손해경감의무 불이행으로 인해 발생한 금액은 피고인 계약위반 당사자가 입증할 책임이 있다. 그리고 손해경감의무 불이행의 효과는 피해당사자의 손해배상청구권 배제가 아니라 불이행으로 인해 증가한 손해액 만큼을 차감하는 것임을 유의해야 한다. 건설계약의 경우 특히 계약해지와 하자 관련 클레임에서 계약위반 당사자가 피해당사자의 손해경감의무 불이행을 주장하면서 손해배상액의 감경을 항변하는 경우가 많으나, 실제 영국 법원에서 이러한 피고의 항변이 받아들여지기 위해서는 상당한 수준의 입증에 성공해야 하는 것으로 보인다.

손해배상액의 산정과 그 방식은 합리적이어야 하나, 합리성 여부는 개별사안의 사실관계와 상황을 고려하여 판단된다.

최근 영국 대법원 판례(*Cavendish* 사건 및 *Parking Eye* 사건) 태도에 비추어 볼 때,

LD 조항의 효력은 더욱 폭넓게 인정될 것으로 보인다. 따라서 영국법이 계약의 준거법인 경우, LD 조항이 위약벌에 해당하기 때문에 무효(void)라고 평가되거나 집행을 강제할 수 없는(unenforceable) 조항이라는 주장은 점점 더 받아들여지기 힘들어질 것으로 보인다.195) 한편, *Triple Point* 사건에서 영국 대법원은 계약 해지 이전 기간에는 LD가 적용되는 반면, 계약 해지 이후 기간에는 LD가 적용되지 않는다는 *Orthodox* 방식의 적용을 재확인하였다.

---

195) *Buckingham Group Contracting Ltd v Peel L&P Investments and Property Ltd* [2022] EWHC 1842 (TCC)

국제건설계약 금전 클레임(Quantum Claim)의 유형별 검토

국제건설계약
금전 클레임(Quantum Claim)의
유형별 검토

I. 시공자 클레임(Contractor's Claim)과 공사변경(Variation)

FIDIC 계약조건은 시공자가 금전적인 보상을 받을 수 있는 방법을 시공자 클레임(Contractor's Claim[1])과 공사변경(Variation[2])의 두 가지로 크게 구분하고 있다.[3] JCT 계약조건 또한 FIDIC과 유사하게 손실 및 지출(loss and expense) 클레임과 공사변경(Variation) 클레임의 두 가지 클레임을 통해 시공자의 보상을 인정하고 있다. 반면 NEC 계약의 경우는 시공자 클레임과 공사변경으로 인한 클레임을 따로 구분하지 않고 보상사유(Compensation Event)에 대한 클레임으로 통합시키고 있다.

FIDIC 및 ICE 계약상의 '시공자 클레임'은 실제 발생한 비용 또는 발생될 비용(Cost[4])을 기준으로 하는[5] 비용 보상방식(cost-based approach)에 따라 금액이 산정

---

1) 클레임에 관한 정의조항인 FIDIC 계약조건 1.1.6조는 "클레임은 계약조항에 따라, 또는 계약 또는 작업 실행과 관련하여, 또는 그로부터 발생하는, 권리(entitlement) 또는 구제(relief)를 위해 계약 당사자(시공자 혹은 발주자)가 요청하거나 주장하는 것을 의미한다."고 규정하고 있다.

2) FIDIC 계약조건 제1.1.86조에 따르면 "공사변경(Variation)"은 제13조 [공사변경 및 조정]에 의거하여 공사변경으로 지시되거나 승인된 "공사"에 대한 모든 변경을 의미한다. 원문은 다음과 같다: "Variation" means any change to the Works, which is instructed as a variation under Clause 13 [Variations and Adjustments]."

3) 시공자 클레임이 손해배상에 대한 클레임을 포함한다는 견해도 있고, 손해배상에 대한 클레임은 별도라는 견해도 있다. 어느 경우이든 클레임의 전략수립단계에서는 손해배상 클레임도 염두에 두어야 한다.

된다.[6] 반면에 '공사변경으로 인한 클레임'의 금액 산정은 계약서상의 단가(rate)나 가격(price)을 기준으로 하는 가치 기반 방식 혹은 가격 기반 방식(value-based approach or price-based approach)에 따라 이루어진다.

이하에서는 국제건설계약에서 시공자가 금전적인 보상을 받을 수 있는 두 가지 경로인 시공자 클레임(contractor's claim)과 공사변경(Variation)의 차이점에 대해 알아보고자 한다.

FIDIC 및 JCT 계약조건을 포함한 대부분의 건설계약은 대부분 발주자 측 사유(JCT의 경우 관련 문제(Relevant Matters)로 지칭됨)에 따른 '시공자 클레임'과 '공사변경으로 인한 클레임'을 구분한다. 그러나 NEC의 경우와 같이 양자의 구분이 반드시 필수적인 것은 아니다.

계약조건과 상황에 따라서는 동일한 사안에 대해 '시공자 클레임'과 '공사변경으로 인한 클레임' 모두를 적용할 수 있다. 예를 들면, 'FIDIC Guidance Memorandum on COVID-19'은 COVID-19에 따른 각국 정부의 법령 변경에 대해 '시공자 클레임' 혹은 '공사변경으로 인한 클레임'을 각각 활용할 수 있다고 기술한 바 있다.[7]

우선 FIDIC Red Book 2017년판 계약조건에서의 '시공자 클레임'과 '공사변경으로 인한 클레임'을 비교해 보면 다음 표와 같다.

---

4) FIDIC 계약조건은 "비용"에 대하여, '관리비 및 유사경비를 포함하여 현장 내외에서 시공자가 합리적으로 부담한 (또는 부담하여야 하는), 이윤을 제외한 모든 지출'이라고 정의하고 있다.
원문은 다음과 같다. "Cost" means all expenditure reasonably incurred (or to be incurred) by the Contractor in performing the Contract, whether on or off the Site, including taxes, overheads and similar charges, but does not include profit. Where the Contractor is entitled under a Sub-Clause of these Conditions to payment of Cost, it shall be added to the Contract Price.

5) 시공자 클레임의 보상기준이 되는 "비용(Cost)"은 '관리비 및 유사경비를 포함하여 현장 내외에서 시공자가 합리적으로 부담한(또는 부담하여야 하는), 이윤을 제외한 모든 지출'을 의미한다(FIDIC 계약조건 1.1.19조).

6) 예를 들자면, FIDIC Red Book 2017년판 계약조건 2.1조에서 발주자의 부지 인도 지연에 대하여 시공자는 20.2조가 규정한 절차에 따라 공기연장 청구권과 비용(Cost) 및 이윤(Profit)에 대해 보상청구권을 갖는다.

7) FIDIC Guidance Memorandum to Users of FIDIC Standard Forms of Works Contract, April 2020, pp. 7-8, 원문은 다음과 같다. "Such changes in Laws may impose specific COVID-19 health and safety measures on construction activities (ongoing or on resumption) such as social distancing, supply of face masks and sanitisers, alternative arrangements for transportation, facilities, working hours for staff and labour, etc. Those changes may well be treated as a Variation owing to the "adjustment to the execution of the Works" that they may cause, or to the "changed or new applicable standards" that they may constitute. In the alternative, they may be treated as a claim event."

표 1 시공자 클레임과 공사변경 클레임 비교

	시공자 클레임 (Contractor's claim)	공사변경(Variation) 클레임
정의	시공자 클레임의 보상기준이 되는 "비용(Cost)"은 '관리비 및 유사경비를 포함하여 현장 내외에서 시공자가 합리적으로 부담한 (또는 부담하여야 하는), 이윤을 제외한 모든 지출'을 의미함(1.1.19조).	"공사변경(Variation)"은 제13조[공사변경 및 조정]에 의거하여 공사변경으로 지시되거나 승인된 "공사"에 대한 모든 변경을 의미함 (1.1.86조).[8] "공사"는 본공사와 가설공사 또는 필요에 따라서는 그들 중 하나를 의미함(1.1.87조).[9]
절차	시공자 클레임 절차는 20.2조에서 규정함. 예컨대 클레임 사유 발생으로부터 28일 내에 상대방에게 이를 통지하지 않으면 클레임 권리를 상실하게 됨.[10] 또한 발주자 측 사유로 인한 시공자 클레임에 관하여는 2.1조[11] 및 4.23조 등 여러 조항에서 규정함.[12]	공사변경의 절차는 13조에서 규정함. 구체적으로 13.1조는 발주자의 공사변경 권리, 13.2조는 시공자의 제안에 따른 변경, 13.3조는 변경 절차 전반을 각각 규정함.
금액 산정 방법	비용산정(Cost-based method) 클레임의 보상기준은 "비용(Cost)"이나, 계약조건상 발주자 측 사유의 종류에 따라 이윤(profit)도 추가보상의 대상이 될 수도 있음. 시공자는 동시기록(contemporary record)을 근거로 클레임 금액을 입증해야 함(20.2조).	가치/가격 평가(Value-based method or Price-based method) 12.3조에서 자세히 규정됨. 금액 산정시 계약단가 또는 계약가격이 1차적인 근거기준이 됨.

---

8) 원문은 다음과 같다. ""Variation" means any change to the Works, which is instructed as a variation under Clause 13 [Variations and Adjustments]."

9) 원문은 다음과 같다. ""Works" mean the Permanent Works and the Temporary Works, or either of them as appropriate."

10) 본 저서에서는 클레임 절차에 대해서는 다루지는 않지만 클레임에서 절차의 준수는 중요하다. 특히, 시공자 클레임은 클레임 통지(Notice of Claim)로 절차가 시작되는데 시공자는 클레임 사안의 발생 시점으로부터 28일 이내에 통지를 하지 않으면 클레임 권리를 상실하게 된다. FIDIC 원문은 다음과 같다. "The claiming Party shall give a Notice to the Engineer, describing the event or circumstance giving rise to the cost, loss, delay or extension of DNP for which the Claim is made as soon as practicable, and no later than 28 days after the claiming Party became aware, or should have become aware, of the event or circumstance (the "Notice of Claim" in these Conditions). If the claiming Party fails to give a Notice of Claim within this period of 28 days, the claiming Party shall not be entitled to any additional payment, the Contract Price shall not be reduced (in the case of the Employer as the claiming Party), the Time for Completion (in the case of the Contractor as the claiming Party) or the DNP (in the case of the Employer as the claiming Party) shall not be extended, and the other Party shall be discharged from any

앞서 언급한 바와 같이 금액 산정 방법과 관련하여, FIDIC 계약 조건에 따른 '시공자 클레임'은 비용(cost)을 기준으로 하는 비용 보상방식(cost-based approach)을 따르고 있다. 반면 '공사변경으로 인한 클레임'의 보상금액은 계약서상의 단가(rate)나 가격 (price)을 근거로 산정하는 가치 기반 방식 또는 가격 기반 방식(value-based approach or price-based approach)이 적용된다. 가치 기반 방식은 실제 발생한 손해가 아니라 미리 결정된 일일 단가를 활용하는 방식으로서 손해 배상 예정과 유사한 측면이 있다.

구체적으로 먼저 시공자 클레임에 관한 FIDIC 계약조건을 살펴보면, 클레임 절차에 관한 제20.2.4조는 클레임 신청에 관한 절차적 요건으로서 클레임 통지 이후 클레임 사유를 인식하였거나 인식할 수 있었던 날로부터 84일 내 또는 엔지니어가 승인한 기간 내에 '상세 클레임 내역(fully detailed Claim)'을 엔지니어에게 제출할 것을 요구하는데, 여기서 상세 클레임 내역에는 클레임을 발생시키는 사건 또는 상황의 구체적인 내용, 클레임의 계약적 또는 법적 근거, 클레임을 신청하는 당사자가 의존하는 '동시기록(contemporary records)' 및 청구금액에 대한 상세 내역 등이 포함된다. 여기서 '동시기록'이란 '클레임 청구를 유발하는 사건이나 상황과 동시에 또는 직후에 준비되거나 생성된 기록'을 의미한다(제20.2.3조)[13]. 이

---

liability in connection with the event or circumstance giving rise to the Claim."
흔히 건설계약에서 클레임의 통지는 보상의 선행조건(condition precedent)으로 규정하고 FIDIC 조건처럼 기간내에 선행조건을 이행하지 못했을 시 권리를 인정하지 않는다는 조항을 포함하는데 이러한 조항을 'time bar 조항'이라고 지칭한다. 'time bar 조항'의 유효성 및 효력에 대해서는 수 많은 법적 논쟁이 있다. 예컨대 발주자 측 사유로 공기가 연장되었음에도 FIDIC 계약조건에서 'time bar 조항으로 인해 공기연장 권리를 상실한다면 발주자는 LD를 청구할 수 있는데 이러한 경우 시공자는 발주자로부터 야기된 손해를 감수해야 함과 동시에 발주자는 발주자 측 사유로부터 야기된 이득을 취할 수 있는 결과가 되어 시공자의 입장에서는 부당한 측면이 있다. FIDIC 계약조건하에서의 'time bar 조항'의 유효성 및 효력에 대한 논의는 *Obrascon Huarte Lain SA v Her Majesty's Attorney General for Gibraltar* [2014] EWHC 1028 (TCC) 참고. 이러한 법적 논쟁에도 불구하고, 통지의무의 미준수로 인해 발생할 수 있는 금전적 손해를 고려할 때, 기한내 통지 의무를 준수하는 것의 중요성은 아무리 강조해도 지나침이 없다. 이에 대하여는, 정홍식. (2013). 국제건설계약에서 완공의 지연－방해이론(Prevention Principle)과 Time-Bar 조항－. 국제거래법 연구, 22(2), 47－69; Mino Han and Shy Jackson (2022) Notices of Claims under FIDIC 2017: A Korean and English Perspective, International Construction Law Review, [2022] I.C.L.R. 190－209 참고.

11) 이에 따르면 발주자의 부지 인도 지연에 대하여 시공자는 20.2조의 절차에 따라 공기연장 청구권과 비용 및 이윤에 대해 보상청구권을 갖는다.

12) 이에 따르면 고고학 및 지질학적 발견(Archaeological and Geological Findings)에 대하여 시공자는 20.2조의 절차에 따라 공기연장 청구권과 비용에 대해 보상청구권을 가진다.

13) 동시기록에 대한 정의는 FIDIC 계약조건 1999년판에서는 존재하지 않았으나, 2017년판에서 추가

상과 같이 FIDIC 계약조건에 따른 '시공자 클레임'에서의 금액 산정은 사후적 또는 후행적(retrospective)으로 이루어진다.

반면, '공사변경으로 인한 클레임'의 금액 산정은 계약서에 명시된 단가 및 가격을 기준으로 하는 것이 일반적이다. SCL 프로토콜은 '공사변경으로 인한 클레임'에서의 금액 산정은 계약당사자들이 공사변경 전에 미리 합의하여 확정할 것을 권장하는바(핵심원칙 19[14]), 이는 '시공자 클레임'과 달리 금액 산정이 사전적 또는 선행적(prospective)으로 이루어짐을 의미한다. 다만 공사변경 클레임의 모든 경우에 사전적 또는 선행적으로 금액 산정이 이루어지지는 않으며, 계약조건에 따라서는 공사변경에 대해서도 후행적 평가를 원칙으로 하는 경우도 드물지 않다.

이상과 같이 시공자 클레임과 공사변경으로 인한 클레임은 금액 산정 방법 및 절차가 상이할 수 있고 그에 따라 시공자가 최종적으로 보상받을 수 있는 금액에도 차이가 있을 수 있으므로, 시공자로서는 클레임 제기 전에 계약조건에 따른 양자의 차이점을 반드시 미리 분석한 후 전략을 수립할 필요가 있다.[15]

되었다. FIDIC Red Book 2017년판 계약조건 20.2.3조. 원문은 다음과 같다. "In this Sub-Clause 20.2, "contemporary records" means records that are prepared or generated at the same time, or immediately after, the event or circumstance giving rise to the Claim."

14) 가능하면 발주자/계약관리자와 시공자는 공사변경으로 인한 모든 발생 가능한 영향에 관하여 확정금액을 사전에 합의(pre-agreed)하여야 한다. 확정금액은 직접비(노무비, 기자재비)뿐만 아니라 시간과 관련된 금액 및 방해(Disruption) 관련 금액을 포함해야 한다. 또한 공기연장 기간 및 공정표에 대하여 필요한 개정 사항도 합의되어야 한다. 원문은 다음과 같다. "Where practicable, the total likely effect of variations should be pre-agreed between the Employer/CA and the Contractor to arrive at, if possible, a fixed price of a variation, to include not only the direct costs (labour, plant and materials) but also the time-related and disruption costs, an agreed EOT and the necessary revisions to the programme."

15) 이에 대한 자세한 논의는 Han. M and Kim, JB (2021) Recovery of additional time and money arising from Covid-19 by way of variation clauses: a contractor's perspective, Construction Law International, Vol 16 No 2, June 2021 참조.

II. 시공자 클레임의 금액 산정 방법

1. 시공자 클레임의 금액 산정 기준

이하에서는 많은 건설계약에서 비용 보상방식을 채택하고 있는 점을 고려하여, JCT, FIDIC 및 ICE 등 표준계약상 시공자 클레임의 금액 산정 기준인 '직접 손실 및/또는 지출' 및 '비용'의 의미에 대해 살펴보고자 한다.

가. '직접 손실 및/또는 지출'과 '비용'의 의미

국제건설계약에서 통용되는 표준계약조건인 JCT, FIDIC 및 ICE 계약조건은 '시공자 클레임'의 금액 산정 기준으로서 '직접 손실 및/또는 지출' 및 '비용'을 요소로 하는바, 그 의미를 자세히 살펴볼 필요가 있다.

먼저 JCT 계약에서 시공자 클레임은 'direct loss and/or expense', 즉 직접 손실 및/또는 지출을 보상기준으로 한다.[16] '직접 손실 및/또는 지출'(direct loss and/or expense)의 의미와 관련하여, *Wraight Ltd v P.H. & T. (Holdings) Ltd (1968)*[17] 사건에서 영국 법원은 시공자 클레임에서의 '손실 및/또는 지출(loss and/or expense)'의 보상은 계약 위반에 따른 손해배상과 같은 개념이라고 판시하였다. 본 저서 1.IV.에서 설명한 바와 같이 손해배상은 기대이익 보상을 원칙으로 하며, 기대이익은 일실이익 손실(loss of profits)을 포함한 손실(loss)과 실제로 지출된 비용(the cost of performance portion of expectation damages)의 두 부분으로 구성될 수 있다.[18]

여기서 JCT 계약이 규정한 직접 손실 및/또는 지출(direct loss and/or expense) 보상원칙은 영국법상 기대이익 보상의 원칙을 명시한 것으로 해석된다. Hudson 또한 '직접 손실 및 지출(direct loss and expense)'은 *Hadley & Baxendale*[19]의 손해배상의 제1원칙(1st limb)인 통상손해와 실질적으로 동일하다고 설명하고 있다.[20] 이

---

16) Hudson, para. 6−068

17) *Wraight Ltd v P.H. & T. (Holdings) Ltd* (1968) 13 BLR 26

18) 지출(expense)는 실제로 지출된 비용(the cost of performance portion of expectation damages)과 동일한 것으로 판단한다.

19) *Hadley & Baxendale* (1854) 9 Ex Ch 341

러한 '손실 및 지출(loss and expense)'은 건설클레임 실무에서 일반적으로 '비용(cost)'과 동일한 개념으로 혼용하여 사용되나, 엄밀히 말해 비용(cost)은 지출(expense)과 동일선 상에서 이해될 수 있지만 손실(loss)은 비용(cost)과는 개념상 구분될 수 있다. 건설계약과 관련하여 발생하는 손실의 대표적인 예로는 공기연장으로 인해 타계약에서 얻을 수 있었던 일식이익의 손실(lost profit)이 있으며, 이는 계약해석에 따라서 비용에 포함되지 않을 수 있다. 즉, FIDIC 표준계약과 같이 비용 및 이윤(Cost plus Profit)을 보상하는 규정이 있는 경우, 타계약에서 얻을 수 있었던 일실이익의 손실은 계약상 명시된 보상 청구권(compensation under or in relation to a contract)에 의해서는 보상받을 수 없을 것이다.[21] 다만 본 저서 1.II.에서 언급한 바와 같이 명확한 문언으로 달리 규정하지 않는 이상, 계약상 명기된 보상 청구권과 계약위반에 따른 손해배상청구권은 병존한다는 것이 일반적인 견해이므로, 계약조건과 준거법상 제한이 없다면, 일실이익의 손실과 비용에 대해서는 계약상 보상청구권 대신 계약위반에 따른 일반 손해배상청구권을 권원으로 하여 클레임하는 것을 검토해 볼 여지가 있다.

JCT 계약조건은 영국 건설시장에 적합한 계약조건이고 따라서 영국법의 입장을 반영하는 것으로 봐도 무리가 없을 것이다. 따라서 굳이 직접 손실 및/또는 지출(direct loss and/or expense)에 대한 정의를 계약상 규정하지 않더라도 앞서 언급한 대로 직접 손실 및/또는 지출(direct loss and/or expense)의 보상범위는 영국법상의 손해배상 제1원칙의 보상범위와 같은 것으로 해석할 수 있다. 하지만 준거법을 달리할 경우 직접 손실 및/또는 지출(direct loss and/or expense)에 대한 해석과 보상의 범위도 달라질 수 있다. 따라서 국제건설시장에서 사용되는 표준계약조건은 가급적 계약적인 보상의 의미 및 범위를 명확히 정의할 필요가 있다. 이에 따라 FIDIC 및 ICE 계약조건은 시공자 클레임의 보상기준을 '비용(Cost)' 및 또는 이윤(Profit)으로 명시하고 있으며 양자 모두 비용(Cost)에 대하여 정의를 규정하고 있다.[22]

---

20) Hudson, para. 6-068, footnote. 463

21) Eggleston B (2001) The ICE Conditions of Contract (7th edition) Wiley-Blackwell, chapter 2.14; SCL 프로토콜 파트 C. 2.4. 원문은 다음과 같다. "Regarding the lost opportunity to earn profit, this is generally not recoverable under the standard forms. Instead, Contractors typically frame their claim for the lost opportunity to earn profit as a claim for damages for breach of contract."

22) 유의해야 할 점은 앞서 언급한 대로 JCT 계약조건에서 직접 손실 및/또는 지출(direct loss and/or expense)의 보상범위는 영국법상의 손해배상의 제1원칙 보상범위와 동일하지만, FIDIC이나 ICE

먼저 FIDIC Yellow Book 2017년판 계약조건 1.1.19 조는 '비용(Cost)'을 "관리비 및 유사경비를 포함하여 현장 내외에서 시공자가 합리적으로 부담한 또는 부담하여야 하는, 이윤을 제외한 모든 지출"로 정의한다."[23]

또한 ICE 계약조건 1(5)조는 '비용(Cost)'을 "적절히 배분될 수 있는 관리비, 재원 및 유사경비를 포함하여 현장 내외에서 시공자가 합리적으로 부담한 또는 부담하여야 하는, 이윤을 제외한 모든 지출"이라고 하여 FIDIC의 위 조항과 유사하게 정의하고 있다.[24]

'비용'의 정의는 금전 클레임의 금액을 산정함에 있어 중요한 기준이 되므로 위 정의규정의 내용을 보다 구체적으로 분석할 필요가 있다. 구체적으로 위 정의규정의 내용 중 '시공자가 합리적으로 부담한 또는 부담하여야 하는 모든 지출'의 의미와 '현장 내외'의 의미를 어떻게 해석할 것인지가 문제된다.[25]

나. 시공자가 합리적으로 부담한 또는 부담하여야 하는 모든 지출(All expenditure properly incurred or to be incurred)의 의미[26]

'비용'의 개념요소 중 '합리적으로 부담한 또는 부담하여야 하는 모든 지출'의 구체적인 의미에 대해서는 다음과 같은 쟁점들이 있다.

첫 번째 쟁점은 지출(expenditure)이 실제 발생분에 한정되는지 여부이다. 일례로 시공자는 발주자의 지연으로 인해 시공자가 '보유'한 장비의 비용을 클레임 시 회계 처리상 감가상각율로 계산된 장부가액의 감소액[27] 대신 임대가액[28]을 기준으로 계산된 금액을 보상받아야 한다고 주장하는 경우가 있다.

이와 관련하여 *Alfred McAlpine Homes North Ltd v Property and Land Contractors Ltd (1995)*[29] 사건에서 영국 법원은 직접 손실 및/또는 지출(direct

---

계약조항에 따른 비용(Cost)의 보상범위는 손해배상의 보상범위와 다를 수 있다. 예컨대 일식이익의 손실(lost profit)은 계약상 명기된 보상 청구권으로는 보상이 가능하지 않다.

23) 원문은 다음과 같다. ""Cost" means all expenditure reasonably incurred (or to be incurred) by the Contractor in performing the Contract, whether on or off the Site, including taxes, overheads and similar charges, but does not include profit."

24) 원문은 다음과 같다. ""Cost" means all expenditure properly incurred or to be incurred, whether on or off the Site, including overhead, finance and other charges properly allocable thereto but does not include any allowance for profit."

25) Eggleston B (2001) The ICE Conditions of Contract (7th edition) Wiley-Blackwell, chapter 2.14.

26) Eggleston B (2001) The ICE Conditions of Contract (7th edition) Wiley-Blackwell, chapter 2.14.

27) 실제 발생한 것으로 간주되는 가액을 말한다.

28) 일반적으로 장부가액보다 높다.

loss and/or expense)의 보상기준에 관하여 "시공자가 소유한 플랜트와 관련하여 JCT 계약조건 26조에 따라 직접 손실 및 지출(direct loss and expense)을 보상할 경우, 명목상 손실/지출이 아닌 실제 발생한 손실/지출을 확인해야 한다". 즉, 실제로 발생하지 않은 명목상 금액은 예외적인 상황을 제외하고는 보상 대상에 포함되기 어렵다.30)

여기서 예외적인 상황의 하나는 발주자 측 사유로 인해 시공자가 자신의 보유장비를 다른 계약 또는 프로젝트에 사용할 수 있는 기회의 상실로 인한 손실, 즉 기회상실(loss of opportunity)을 클레임하는 경우이다.31) 보유장비를 다른 계약 또는 프로젝트에 임대할 수 있었음에도 발주자 측 사유로 인해 그러한 기회를 상실했다는 점을 입증한다면, 감가상각 비용 대신 임대가로 보상이 가능할 것이다.32) 다만, 다른 계약 또는 프로젝트 사용을 위한 기회상실은 간접손해로 볼 여지가 많기에 예견가능성을 추가로 입증해야 할 것으로 생각된다.33) 또한, 간접손해를 제한하는 계약문구가 있다면 실제로 다른 계약 또는 프로젝트를 수행할 수 있는 기회상실을 입증하더라도 보상을 받기는 힘들 것으로 보인다.

두 번째 쟁점은 비용에 대한 책임34) 또는 거래가 발생(accrual of liability)했음을 입증했을 경우 시공자가 관련 비용을 보상받을 자격이 있는지, 아니면 실제 지불이 증명될 경우에만 보상이 가능한지의 여부이다. 전자는 일반적으로 책임증명(proof of liability)으로, 후자는 지불증명(proof of payment)으로 지칭한다. 국제중재 실무에서는 입증의 기준이 지불증명과 책임증명 중 어느 것인지는 중요한 쟁점에 해당한다. 국제중재 실무상으로는 지불증명이 일반적으로 선호되지만, 지불증명이 여러 가지 사유로 쉽지 않은 측면이 있다. 가령, 하도사와의 추가계약, 구매주문서(Purchase Order("PO"))나 송장(invoice) 또는 프로젝트의 원가대장(Cost ledger)상의 비용기록은 일반적으로 지불증명이 아닌 책임증명으로 간주되며, 은행이체 기록은 지불증명으로 간주될 수 있을 것이다. 일반적으로 클레임 금액 입증을 위

---

29) *Alfred McAlpine Homes North Ltd v Property and Land Contractors Ltd* (1995) 76 BLR 59.

30) *Sunley & Co Ltd v Cunard White Star Ltd* [1940] 1 K.B. 740 참고. 공기연장에 따른 간접비 클레임에서 보유장비의 비용은 감가상각비에 국한되었다.

31) 기회상실에 대한 클레임은 본 저서 2.Ⅵ.에서 자세히 다룬다.

32) 미국판례인 *Howard P. Converse et al. vs United States* [61 C. Cls.672; 273 U. S. 708] 참조.

33) 직접손해도 예견가능성을 입증해야 하지만 간접손해에 대한 예견가능성의 입증에 비해 입증이 수월한 편이다.

34) 여기에서 말하는 책임은 법적인 의미의 책임은 아니고 회계적인 의미에서의 책임이다.

해서 원고는 책임증명을 선호하는데 이는 은행기록은 공개를 하기 힘든 민감한 자료일 수도 있고, 은행이체 기록만으로는 인과관계를 입증하거나 설명하기 힘든 경우가 많기 때문일 것이다. 가령, 발주자 측 사유로 인해 시공자가 기존 자재 공급자와 추가 구매계약(PO)을 체결하고 이후 공급이 이루어진 경우, 자재 공급자는 자재 공급 후 추가 구매계약에 대한 송장을 발부하게 된다. 이러한 경우의 대금지불은 추가계약을 포함한 기존계약분에 대해서 동시에 이루어지는 경우가 많을 것이다. 은행이체 기록은 어떤 항목과 관련된 금액인지를 별도로 표시하지 않는 경우가 많기에, 특정 클레임 관련 금액이 실제로 해당 이체를 통해 지불되었는지는 은행이체 기록만으로는 입증하기가 어려울 수 있으므로 이체금액에 대한 시공자 내부자료(가령, 은행이체 금액과 관련된 구매계약(PO)와 송장(invoice) 자료)가 추가적으로 필요할 수 있다. 이와 더불어, 일반적으로 비용기록은 현장의 공사팀 및 공무팀에 의해 작성되는 경우가 많은 반면, 지불기록은 현장 관리팀 혹은 본사 관리팀에 의해 작성되는 경우가 많아 내용에 차이가 있을 수 있다. 즉, 비용기록은 왜 비용을 지불해야 하는지에 보다 초점이 맞추어져 있다면, 현장관리팀의 자료는 비용기록을 기반으로 실제 지불해야 하는 주체에게 지불이 이루어지는지에 보다 초점이 맞추어져 있다.

FIDIC이나 ICE 계약조건에 따른 보상기준은 '부담하여야 하는 지출(expenditure to be incurred)'이라는 문구로 지불증명(proof of payment)보다는 책임증명(proof of liability)으로 해석해야 한다는 견해도 있지만[35] 이러한 해석이 일반적인 해석인지에 대해서는 보다 많은 연구가 필요하다.

마지막으로 '합리적으로(properly)'라는 용어의 의미가 문제될 수 있는데, 이는 영국 법상 손해경감의무(duty to mitigate)나 발생 비용의 합리성(reasonableness)을 명문화한 것으로 해석할 수 있다. 이에 대해서는 본서 I.V장의 내용을 다시 참고할 수 있다.

다. 현장 내외('On or off the site')의 해석[36]

많은 자재와 장비가 현장 외부에서 제작되기 때문에 비용은 현장 내부뿐만이 아니고 현장 외부에서 발생하는 비용도 포함한다.

---

35) Eggleston B (2001) The ICE Conditions of Contract (7th edition) Wiley-Blackwell, chapter 2.14
36) Eggleston B (2001) The ICE Conditions of Contract (7th edition) Wiley-Blackwell, chapter 2.14

또한, '현장 내부 또는 외부'라는 문구가 포함된 것은 비용의 요소로서 본사 간접비[37] 등을 회수할 수 있는 시공자의 권리를 의심할 여지가 없도록 하기 위한 것으로 볼 수 있다. 일례로, 미국에서는 현장간접비는 On-site overheads, 본사 간접비는 Off-site overheads로 일반적으로 지칭된다. 현장간접비와 본사 간접비에 관한 클레임은 본 저서 2.V.과 2.VI.에서 다룬다.

2. 소송 또는 중재에서의 비용 입증

가. 주요 입증방법

이하에서는 건설 중재 실무상 '비용'의 입증을 위해 필요한 증빙자료 및 이의 활용시 유의사항에 대해 살펴보고자 한다. 이와 관련하여 SCL 프로토콜은 별첨 B(Appendix B)에서 기록관리를 위한 현장기록물의 종류와 예시를 제시하고 있다. 이는 크게 (i) 공정 기록(programme records), (ii) 작업진도 기록(progress records), (iii) 자원기록(resource records), (iv) 비용 기록(cost records), (v) 서신 및 현장관리 기록(correspondence and administration records), (vi) 계약 및 입찰 문서(contract and tender documents)의 6가지로 구분된다.

그리고 이 중 비용 기록(cost records)은 (a) 내부 비용 보고서(internal cost reports), (b) 손익 보고서[38](cost value reconciliation reports), (c) 급여 기록(payroll records), (d) 작업일지(time sheets), (e) 근로계약서(labour agreements), (f) 월별 기성 신청서 (monthly payment applications) 등을 포함하며, (g) 하도사 관련 서류(하도급계약서, 하도사와의 서신, 하도사가 제기한 클레임 및 대응기록, 하도사의 기성신청서 및 하도사에게 지급된 기성의 상세내역), (h) 공급자 관련 서류(공급계약서, 공급자와의 서신, 공급자의 클레임과 대응기록, 공급자의 송장 및 공급자에게 지급된 기성의 상세내역), (i) 시공자 관련 서류(연간 본사 일반관리비 – 및 수익을 기록한 재무제표, 수익 창출을 위한 사업계획, 입찰 관련 기록, 입찰 기회 관련 기록 및 향후 입찰 기회 및 투입 가능 인력을 검토한 내부 회의

---

37) 현장간접비는 on-site overheads, 본사 관리비는 off-site overheads로 많이 표기된다.

38) 필자는 Cost Value Reconciliation (CVR) Report를 손익보고서로 번역한다. 손익보고서(CVR Report)는 건설 프로젝트에서 예상비용과 실제비용을 기록 관리하는 보고서이다. 현장의 매출 (Value)과 비용(Cost) 기록도 포함된다. 보고서를 통해 현장의 현재 손익을 파악하고 예상되는 최종손익을 예측하는 용도로 활용된다.

록) 등을 포함한다. 또한 회계감사 자료도 보관되어야 한다.

이상의 자료들은 비용 입증을 위해 중요한 자료들이다. 앞서 제1장에서 손해배상액의 산정과 관련하여 실제 비용이 발생하였는지 여부와 발생한 비용이 계약위반자의 책임 있는 사유로 인해 발생했는지 여부가 핵심쟁점이 된다고 설명한 바 있다. 손해배상에 대한 클레임이든 계약조건에 따른 클레임이든 비용의 입증은 실제 비용이 발생하였는지 여부와 발생한 비용이 계약위반자 측의 사유로 인해 발생했는지 여부에 대한 입증으로 귀결된다. SCL 프로토콜에서 소개된 비용 자료들이 실제 비용 발생 여부[39] 및 인과관계의 입증 차원에서 각각 어떻게 활용될 수 있고 어떠한 장단점이 있는지를 구체적으로 살펴보면 다음과 같다.

① **프로젝트 원가대장**(project cost ledger)

내부 비용 보고서(internal cost reports) 중 가장 기본적인 기록이며 클레임의 기초자료로 많이 활용되는 기록이 프로젝트 원가대장이다. 특히 본 저서 2.V.에서 자세히 논의할 현장간접비를 산정하는데 있어 중요한 자료이다. 원가대장 작성 시 클레임 사안이나 변경 사안으로 인한 추가비용임을 기록하였다면 이는 상당히 신뢰성이 있는 자료가 될 수 있을 것이다. 원가대장을 활용하여 클레임을 제기할 경우의 유의사항에 대해서는 본 저서 2.II.2.다.항에서 자세히 다룬다.

② **하도사의 기성 신청서 및 공급자의 송장**(subcontractor applications for payment and supplier invoices)

건설계약은 많은 경우 외주로 수행되는 경우가 많기에, 하도사의 기성 신청서 및 공급자의 송장은 책임증명(proof of liability)의 주요 수단이 된다. 또한 하도사의 기성 신청서 및 공급자의 송장상의 금액은 프로젝트 원가대장을 보완하여 구체적으로 어떤 비용이 발생하였는지 증명하는 자료로 활용되기도 한다. 대부분의 경우 하도사의 기성 신청서 및 공급자의 송장은 공사/작업이 완료된 후 제시되기 때문에, 작업진도기록(progress records)으로도 활용된다.

---

39) 일실이익은 명목상 비용이므로 논의에서 제외한다.

③ 하도급계약서 및 공급자계약서/자재 발주서(subcontract agreements, supply agreements/Purchase order)

하도급계약서, 하도계약서 변경기록, 공급자 계약서/자재 발주서 또한 책임증명 (proof of liability)의 주요 수단이 된다. 이러한 자료들은 프로젝트 원가대장, 하도사의 기성 신청서 및 공급자의 송장의 내용을 추가 보완하는 기능을 한다.

④ 입출금 내역서(bank statement)

입출금 내역서는 가장 선호되는 지불증명(proof of payments) 수단 중 하나이다. 다만, 앞서 설명한 것처럼 은행이체 기록은 어떠한 이유로 발생한 금액(시공자의 클레임 관련, 공사변경 관련, 시공자의 계약금액 관련)인지를 별도로 표시하지 않는 경우가 일반적이다. 따라서 시공자가 클레임한 사안과 관련된 금액이 실제로 지불되었는지를 은행이체 기록만으로는 입증하기가 어려울 수 있다.

⑤ 클레임 합의서(subcontract claim settlement)

건설클레임에서 발주자 측 사유는 시공자뿐만 아니라 하도사에게도 영향을 미칠 수 있는데, 이 경우 시공자는 하도사와의 합의(settlement) 금액을 근거로 발주자에게 클레임을 하게 된다. 이때 시공자로서는 하도사와의 합의금이 발주자로 인해 발생한 것이라는 인과관계를 입증하는 것이 중요하다. 이러한 하도사와의 합의는 많은 경우 합의 대상에 대한 상세 내역이 없을 수도 있고 법적 책임과 상관 없는 상업적 합의(commercial settlement)에 해당할 수도 있다. 이처럼 발주자의 책임 관련 유무를 구체적으로 확인할 수 없는 시공자와 하도사 간 합의는 포괄적 합의 (global settlement)로 불리기도 하는데, 발주자는 시공자가 포괄적 합의를 클레임하는 경우 상세내역과 인과관계의 흠결을 근거로 대금 지급을 거부하는 경우가 많다. *Walter Lilly v Mackay* 사건에서는 하도사와의 클레임 합의서가 클레임을 뒷받침하는 입증자료로 유효한지가 쟁점이 되었는데, Akenhead 판사는 클레임 합의서가 유효한 증거로 인정되기 위해서는 원고가 하도사와의 합의가 발주자 측 사유로 인해 야기되었을 뿐만 아니라 합의 내용 또한 합리적인 수준에서 이루어졌음을 입증해야 한다고 판시하였다.[40]

---

40) *Walter Lilly v Mackay* [2012] EWHC 1773 (TCC) at [564] and [568]. 원문은 다음과 같다. "As

⑥ 내부품의(internal approval)

클레임의 인과관계의 입증을 위해 내부 결재서류도 중요한 입증자료가 될수 있다. 예를 들어, 추가 비용에 대한 내부결재에 발주자 측 사유에 따른 비용 증가라는 내용이 기록되어 있을 경우 이를 인과관계에 대한 증빙자료로 제시할 수 있다. 물론 이러한 기록에 대해 피고(발주자)는 원고(시공자)의 일방적인 관점이라고 평가절하하려고 시도할 것이다. 하지만 내부품의는 동시기록(contemporary records)으로 일반적으로 인정되며, 발주자가 반대증거, 즉 동시기록의 내용을 탄핵하는 증거없이 단순히 내부품의의 내용을 인정할 수 없다는 주장만을 한다면 중재판정부가 발주자의 주장을 인용하기는 쉽지 않을 것이다.

⑦ 현장 인력 조직도(staff organisation chart)

본 저서 2.V.에서 자세히 설명하겠지만, 현장간접비 클레임 중 현장 인력은 가장 중요한 구성요소로서, 월별 현장 인력 조직도는 클레임의 인과관계, 즉 발주자 측 사유로 현장인력이 추가적으로 투입되었음을 입증하는 데 중요한 자료가 된다.

---

a result of that, it needs to demonstrate that it was put in a position in which it faced a substantial and broadly meritorious claim which it was reasonable to settle. Put another way if the need to settle with those parties was caused by delay and disruption caused by DMW[Defendant] and the settlement fell within the "reasonable range of settlement" (see Ramsey J above), WLC [Claimant] can recover. In my judgement, the settlement achieved with Norstead [Subcontractor] was a reasonable one in all the circumstances. WLC was faced with a frustrated and increasingly aggressive sub-contractor which, by and large, had right on its side. It had been seriously delayed for reasons which entitled it to a full extension of time and it was and must have been obvious to WLC that there was a probability thatNorstead would recover not only the extended preliminary costs for such delay but also some compensation for disruption and escalation in costs. It is likely that this was the best settlement available and in reaching that view I take into account the fact that this settlement was achieved before there had been any recognition by DMW or its advisers that any further extension beyond February 2007 was due; it was in WLC's interests to keep the settlement as low as it could achieve given that pending the likely future litigation it would have to pay the unpaid element of the settlement to Norstead with no certainty that it would be recovered from DMW. WLC was put in a position in which it faced a substantial and broadly meritorious claim which it was reasonable to settle. The need to settle with those parties was caused by delay and disruption caused by DMW and the settlement fell well within the "reasonable range of settlement"

⑧ **작업일지**(time sheets)

작업일지와 관련하여서는 *Premier Engineering (Lincoln) Ltd v MW High Tech Projects UK Ltd*[41] 사건을 주목할 필요가 있다. 이 사건은 폐기물을 활용한 에너지 발전소 개발과 관련하여 발생한 복수의 건설기술법원(TCC) 사건[42] 중 하나로 동시기록으로서 작업일지(time sheets)의 중요성을 보여 준다. 이 사건에서 시공자인 원고(Premier Engineering(Lincoln) Ltd)와 발주자인 피고(MW High Tech Projects UK Ltd)는 특정 공사변경(variation)에 대해 원고의 현장인력 근무시간에 따라 피고가 보상을 하기로 합의하였다. 이에 따라 원고가 작성한 작업일지에 피고의 현장인력이 직접 서명을 하였다. 한편 작업일지와 별도로 현장 출입기록(turnstile data)도 존재하였다. 원고는 현장 출입기록(turnstile data)이 현장 외부에서 근무한 시간을 포함하지 않기에, 서명이 포함된 작업일지를 근거로 금액이 평가되어야 한다고 주장하였고, 반면, 피고는 원고가 작업일지 제출 후 수일 이내에 서명이 이루어지지 않으면 현장인력을 철수하겠다고 압박하는 바람에 피고의 현장인력이 원고의 현장인력에 대한 실제 작업시간을 제대로 확인하지 못한 채 작업일지에 서명을 하였다고 주장하면서, 그 근거로 현장 출입기록(turnstile data)을 중요한 자료로 제시하였다. 이 같은 원피고 간 상반된 주장에 대해 법원은 사실관계를 심리한 후 피고의 주장을 받아들이지 않고 작업일지를 현장인력의 근무시간을 입증하는 가장 중요한 증거(best evidence)로 인정하였다. 증거의 우위 문제는 사실인정의 문제로서 사실관계에 따라 달라질 수밖에 없으나, 동시기록에 해당하는 작업일지의 중요성은 부정할 수 없을 것이다.

나. 동시기록(contemporary records)의 중요성

앞서 본 바와 같이 FIDIC 계약조건 제20조에 따라, 클레임 금액은 시공자의 회계 정보 등을 포함한 동시기록(contemporary records)에 근거해 실제 발생한 '비용'

---

41) [2020] EWHC 2484 (TCC)

42) *C Spencer Ltd v MW High Tech Projects UK Ltd* [2020] EWCA Civ 331; *Engie Fabricom (UK) Ltd v MW High Tech Projects UK Ltd* [2020] EWHC 1626 (TCC); *MW High Tech Projects UK Ltd v Balfour Beatty Kilpatrick Ltd* [2020] EWHC 1413 (TCC); *Energy Works (Hull) Ltd v MW High Tech Projects & Ors* [2020] EWHC 2537 (TCC)

으로 평가된다. '동시기록'은 클레임 청구를 유발하는 사건이나 상황이 발생한 시점과 동시에 또는 그 직후에 준비되거나 생성된 기록으로 정의된다.

동시기록은 중재나 소송에서 다른 기록이나 증거보다 우선시되는 매우 중요한 증거자료로 받아들여진다. 동시기록을 탄핵하기 위해 상대방은 사실증인(fact witness)과 전문가 증인(expert witness)의 진술을 제시하곤 하나, 관련 사건이나 상황이 발생된 이후 오랜 시간이 지난 다음 분쟁을 염두에 두고 작성된 증인의 진술은 동시기록에 해당하지 않기 때문에 동시기록에 우선하는 증명력이 인정되기 어렵다. 즉, 동시기록과 비동시기록이 충돌하는 경우 중재판정부나 판사는 동시기록을 우선시하는 경향이 있다.

시공자는 동시기록으로 인정될 여지가 많은 시공자의 내부문서(내부 품의혹은 발주자의 서명이 없는 작업일지 등)를 분쟁 시 활용하기 꺼리는 경향이 있다. 이는 내부문서의 경우 대부분 발주자와 공유된 것이 아니어서 신뢰성이 떨어진다고 보기 때문인데 실제 분쟁에서는 반드시 그렇지는 않다. 시공자의 내부문서 기록은 이를 부정할 만한 또 다른 동시기록을 발주자가 제시하지 못하는 한 동시기록으로서의 가치를 인정받을 확률이 높다. 즉, 동시기록은 분쟁을 염두에 두고 작성한 문서보다 신뢰성을 인정받기에 시공자는 동시기록을 적극적으로 활용할 필요가 있다.

다. 프로젝트 원가대장(cost ledger) 활용시 유의 사항

프로젝트의 원가대장을 근거로 클레임 금액을 산정하는 경우도 많은데 본 저서 2.V.에서 자세히 논의할 현장간접비 클레임이 그 대표적인 예에 해당한다.

실무상 클레임 제기 단계에서는 프로젝트 원가대장만을 활용하여 금액을 산정하게 되는 경우가 일반적이나, 중재 단계에서는 프로젝트 원가대장 전체와 원가대장상 비용의 적정성을 검증하기 위한 추가 증빙자료의 제출이 일반적으로 요구됨을 유념해야 한다.

중재단계에서 원가대장 금액의 적정성을 입증하기 위해서는 기본적인 회계 지식이 필수적이다. 원가대장을 작성하는 방법에는 발생주의 회계(accrual method)와 현금주의 회계(cash method)가 있다. 발생주의 회계는 거래나 사건 그리고 환경이 기업에 미치는 재무적 효과를 현금이 수취되거나 지급되는 기간에 기록하는 것이 아니라, 그 거래가 발생한 기간에 기록하는 것을 말한다. 현금주의 회계는 현금을 수취하였을 때 수익(매출)으로 인식하고 현금을 지출하였을 때 비용으로 인식하는 회계처리제도이다. 발생주의 회계와는 달리 재화나 용역의 인수나 인도의 시점은 중요하지 않고 현금의 수취와 지급의 시점만이 기준이 된다. 현금주의 회계는 소기업이나 의사·회계사·변호사 등과 같은 직종에 쓰인다. 현재 우리나라 기업회계 기준상 기본적 원칙은 발생주의를 근간으로 하고 있다.[43) 한국 및 글로벌 대형 건설회사는 대부분 발생주의를 채택하고 있다. 발생주의에 따라 원가대장이 작성된 경우는 원가대장상 금액은 책임증명의 수단이 된다.

발생주의에 근거하여 작성된 프로젝트 원가대장을 활용해 실제 지출한 비용을 증빙할 경우 다음사항을 유의할 필요가 있다.

① 원가대장상 금액이 실제 지불금액과 상이할 수 있는 점

건설계약은 많은 경우 외주로 수행되는 경우가 많으며 원가대장금액은 발생주의 회계에 근거하여 비용이 실제 지불되기 이전에는 계약금액으로 작성되는 경우가 많은데, 이는 실제 지불금액과 차이가 발생할 경우가 많다. 실제 지불이 발생한 경우는 실제 발생한 금액으로 원가대장 금액을 조정해야 하는데 장부상 기록(booking)된 금액(accrual)은 유지한 채 추가로 증감(이를 reversal이라고 지칭하기도 한다)을 시켜 최종 지불금액으로 조정하는 경우가 있다. 따라서 실제 지출이 발생하지 않은 시점의 원가대장 금액은 실제 지불금액과 상당히 차이가 날 수 있다.

② 원가대장 금액과 증빙자료 금액의 불일치

위와 유사한 맥락으로 원가대장 금액과 증빙자료 금액은 차이가 있을 수 있다. 예컨대 원고가 원가대장상의 실측계약(remeasurement) 금액을 기준으로 기록된 장부가 금액(accrual) 항목을 근거로 클레임 금액을 산정했는데(원고는 reversal 항목은 제출하지 않았다), 검증 과정에서 송장비용 및 은행 이체금액과 현격한 차이가 드러나는 경우가 있다. 실제 사안에서는 송장비용과 은행 이체금액 차이도 컸는데 이는 시공자가 송장비용을 검증하는 과정에서 중복청구를 발견하여 송장비용을 수정을 하게 되었고 수정된 금액을 근거로 금액을 최종 지불하였기 때문이었다. 또한 송장비용에 대해 비용 지급을 앞당기는 조건으로 지불금액을 할인받는 경우도

---

43) 기획재정부 시사경제 용어사전 https://www.moef.go.kr/sisa

적지 않은데 이 경우에도 금액의 불일치가 발생하게 된다.

③ 원가대장의 비용이 발생한 시기가 정확히 반영되지 않을 수 있는 점

비용의 발생시점이 중요한 쟁점이 되는 경우가 있는데[44] 원가대장의 비용은 발생시점과 무관할 수 있다는 점에 유의해야 한다. 예를 들면 수도세 및 전기세는 매일 발생을 하지만, 수개월이 지난 시점에 송장이 몇 개월 단위로 청구가 될 수 있고, 지불 시점은 당연히 청구시점보다도 뒤가 될 것이다. 이러한 경우 송장이 청구되기 이전 시점의 수도세 및 전기세 비용은 원가대장상 기록되지 않기 때문에 상황에 따라서는 클레임에서 누락될 수 있다.

④ 프로젝트 원가대장에 기입된 비용이 할당(allocation)된 비용일 수 있는 점

예를 들어, 건설회사가 카타르와 UAE에 10개의 프로젝트를 운영하고 있고, 본사는 10개의 프로젝트에 대해 본드와 보험료를 합산하여 본드비용과 보험료를 지불하고 회사 정책에 따라 각 프로젝트에 금액을 할당하게 될 수 있다. 이러한 경우 분쟁 대상이 아닌 여타 프로젝트의 정보가 노출될 수 있어 금액 산정 근거 자료를 제출하기 어려울 수 있다.

⑤ 한국 직원 급여는 일반적으로 직원 그룹으로 비용대장에 반영되는 점

해외 건설 현장에 파견된 한국 직원 급여는 일반적으로 본사에서 지급하며 그룹화하여 하나의 비용항목으로 원가대장에 금액을 기재하는 경우가 많다. 이는 해외 건설회사의 경우도 마찬가지다. 이러한 경우 개개인의 급여내역은 원가대장만으로는 파악하기 힘들 수 있는데, 문제는 하나의 비용 항목에 포함되어 있는 인원 전체가 클레임의 대상이 아닌 경우 발생한다. 본 저서 2.V.에서 논의하겠지만, 공기연장에 따른 현장간접비 클레임에서는 일반적으로 시간 관련 비용만 클레임이 가능한데 현장 인력이 시간 관련 인력(공기연장에 영향을 받는 인력)인지 아니면 작업 관련 인력인지 여부에 대한 입증이 필요할 수 있고, 이러한 경우 원가대장만으로는 입증에 한계가 있어 추가 입증자료(예를 들어 인력 조직도, 인력 운영 현황, 개별 직원 급료)가 필요할 수 있다. 또한 모든 직원의 급여항목이 시간과 관련된 비

---

44) 자세한 사항은 2.V.을 참고하기 바란다.

용으로 인정되지 않을 수 있다. 예컨대 특별상여는 일회성 비용으로 인정되기 때문에 시간 관련 비용으로 인정될 수 없을 것이다. 따라서 클레임하는 직원 급여 항목이 사실적 인과관계의 입증 측면에서 시간과 관련된 비용임을 구체적으로 입증할 필요성이 있다.

라. 소결

FIDIC 계약 조건에 따른 '시공자 클레임'은 발생한 실제 비용 또는 발생될 비용(actual costs incurred or to be incurred)을 기준으로 금액을 평가하며, 이러한 보상 방식은 흔히 비용 보상방식(cost-based approach)으로 통칭한다. 반면에 '변경으로 인한 클레임'의 금액평가는 계약 단가(Rate)나 가격(Price)을 근거로 주로 평가되며, 이는 가치 기반 방식 혹은 가격 기반 방식(value-based approach or price-based approach)이라고 지칭된다.

비용은 명목비용이 아닌 실제 발생 비용 또는 발생될 '비용'을 근거로 한다.[45] 발생될 '비용'은 지불 증명(proof of payment)이 아닌 책임증명(proof of liability)에 따른 입증을 의미한다는 견해도 있으나, 국제 중재 실무상으로는 많은 경우 실제 발생한 비용 또는 발생될 비용 모두에 지불증명이 요구된다는 점에 유의해야 한다. 한편 많은 경우의 건설계약에 등장하는 '합리적으로(reasonably 혹은 properly)'라는 조건은 영국법상 경감의무나 발생 비용의 합리성을 의미하는 것으로 볼 수 있을 것이다.

---

45) 일실이익의 손실에 대한 클레임은 명목상 금액으로 이루어진다.

III. 공사변경에 따른 공사금액 평가방법 - JCT와 FIDIC 계약조건을 중심으로

1. 개관

'공사변경(Variation)'은 공사계약의 대상인 역무의 제공과 관련하여 내용의 변경이 생기는 것을 말한다. 국내에서는 계약예규인 공사도급 일반조건 등에서 '설계변경으로 인한 계약금액 조정'이라는 용어가 통용된다. 그러나 Variation은 설계변경 뿐만 아니라 설계변경에 해당하지 않는 공사의 시공순서 또는 시기의 변경 등도 포함될 수 있는 폭넓은 개념이므로 편의상 '공사변경'이라고 표기하기로 한다. 계약금액 조정의 대상이 되는 등 시공자가 보상받을 수 있는 공사변경의 의미와 범위는 계약에서 규정된다.[46]

JCT SBC/Q 2016년판 계약조건에서 공사변경(Variation)은 작업의 설계, 품질 또는 수량의 변경 또는 수정을 의미하며(5.1.1조) 작업의 추가, 삭제 또는 대체(5.1.1.1조), 작업에 사용되는 자재나 물품의 종류나 규격의 변경(5.1.1.2조), 계약에 부합하지 않는 경우를 제외하고 작업 또는 반입 자재를 현장에서 제거하는 것(5.1.1.3조)을 포함한다. 이와 더불어 계약문서에 따라 부과되는 어떠한 의무 또는 제한사항에 대한 발주자의 추가, 삭제, 수정이 포함된다. 의무 또는 제한 사항은 현장에 대한 접근 또는 현장의 특정 부분 사용(5.1.1.1조); 작업 공간의 제한(5.1.2.2조), 근무 시간 제한(5.1.2.3조), 또는 특정 순서로 작업의 실행 또는 완료(5.1.2.4조)가 있다.[47]

---

46) 공사변경의 의미와 범위에 대한 계약상의 규정에도 불구하고 특정사안이 공사변경에 해당하는지는 준거법과 계약해석에 따라 달라지며, 많은 경우 공사변경에 해당하는지를 다투는 분쟁으로 이어진다. 이는 중요한 문제임에 분명하나 본 저서는 금전 클레임의 산정 및 유의사항을 다루기에 더 이상 논의하지 않는다.

47) 원문은 다음과 같다. "The term 'Variation' means:
5.1.1. the alteration or modification ofthe design,quality or quantity of the Works including: 5.1.1.1. the addition, omission or substitution of any work; 5.1.1.2. the alteration of the kind or standard of any of the materials or goods to be used in the Works; 5.1.1.3. the removal from the site of any work executed or Site Materials other than work, materials or goods which are not in accordance with this Contract;
5.1.2. the imposition by the Employer of any obligations or restrictions in regard to the following matters or any addition to oromission of any such obligations or restrictions that are so imposed or are imposed by the Contractor Bills or the Employer's Requirements in regard to: 5.1.2.1. access to the site or use of any specific parts of the site; 5.1.2.2.

FIDIC Red Book 2017년판 계약조건에서는 "공사변경(Variation)"을 제13조[공사 변경 및 조정]에 따라 공사변경으로 지시되거나 승인된 "공사(Works)"에 대한 모든 변경(any change)으로 정의한다(1.1.86조). 여기서 "공사(Works)"는 본공사와 가설공사 또는 필요에 따라서는 그들 중 하나를 의미한다(1.1.87조). 13.1조는 공사변경의 내용으로서 (i) 계약에 포함된 작업항목의 물량 변경(그러나 그러한 변경이 반드시 공사변경을 구성하는 것은 아니다), (ii) 작업항목의 품질 및 기타 특성의 변경, (iii) 공사의 일부분에 대한 표고, 위치 및/또는 치수의 변경, (iv) 다른 시공자에 의해서 수행되어야 하는 작업이 아닌 작업의 삭제, (v) 관련된 준공시험, 시추공 및 여타 시험과 탐사작업을 포함하여 본공사를 위해 필요한 추가 작업, 설비, 자재 또는 서비스, 또는 (vi) 공사의 시공순서 또는 시기의 변경[48]을 규정하고 있다.

건설계약 관련 분쟁에서 공사변경(variation)에 따라 증감되는 공사금액의 평가 (valuation)(이하 '공사변경 금액 평가')[49]는 상대적으로 간과되는 경우도 있지만 실제 클레임 인용금액에 미치는 영향이 매우 크다. 영국의 *MT Hojgaard A/S v E.ON Climate Renewables UK Robin Rigg East Ltd & Another*[50] 사건에서 삭제된 작업[51]에 대한 공사비 산정 방법은 2천만 유로(EURO)의 금액 차이를 가져오는 쟁점이었다. 이 사건에서 시공자는 계약금액(bill of quantities)에 근거해 12,900,000 유로의 공사비 삭감을 주장한 반면, 발주자는 계약서에 첨부된 단가 내역서 (schedule of rates)를 근거로 34,650,000유로의 삭감을 주장했다.

한편, SCL 프로토콜은 공사변경 금액 평가와 관련해 유용한 지침을 다음과 같이 제시하고 있다.[52]

---

limitations of working space; 5.1.2.3. limitations of working hours; or 5.1.2.4. the execution or completion of the work in any specific order."

48) 원문은 다음과 같다. "changes to the sequence or timing of the execution of the Works."

49) Valuation은 계약금액(Contract Price)의 조정(adjustment) 전 단계에서 공사변경의 유무 및 공사변경으로 인해 시공자가 지급받을 권한이 있는 금액을 평가하는 단계에 해당하는데, 본고에서는 금액 부분을 중심으로 논하므로 편의상 '공사변경 금액 평가'라고 칭하고자 한다.

50) *MT Højgaard A/S v E.On Climate & Renewables UK Robin Rigg East Ltd & Ors* [2013] EWHC 967 (TCC) (23 April 2013); *MT Højgaard A/S v E.On Climate And Renewables UK Robin Rigg East Ltd & Anor* [2014] EWCA Civ 710 (22 May 2014)

51) Omitted work 혹은 descoped work이라고 한다.

52) SCL 프로토콜 파트 B. 19.3: 원문은 다음과 같다: "Typically, variation clauses provide that where the varied work is of a similar character and executed under similar conditions to the original work, the tendered contract rates should be used. Where the work is either not of a similar ·

"일반적으로 공사변경 조항은 변경된 역무가 당초의 역무와 유사한 성격을 갖고 유사한 조건에서 수행되는 역무인 경우 기존 계약단가를 적용해야 한다고 규정한다. 변경된 역무가 당초 역무와 유사성도 없거나 유사한 조건에서 수행되지 않는 경우 기존 계약단가가 적용될 수는 있지만 변경된 상황을 고려하여 조정되어야 한다. 상당한 정도로 상이한 공사의 경우, 합리적 또는 공정한 단가 및 가격으로 결정된다. 합리적 또는 공정 단가 및 가격은 일반적으로 합리적인 직접비와 간접비(현장 및 본사 간접비) 및 이윤의 합이다."

JCT 및 FIDIC 표준건설계약은 공사변경(variation)의 유형에 따라 금액평가 방법을 단계적으로 적용한다. 이를 표로 정리하면 다음과 같다.

표 2

	FIDIC Red Book 2017년 계약조건 12.3조	JCT SBC/Q 2016 계약조건 5.6조
1단계: 계약단가/가격 활용	변경공사의 각 항목과 관련하여, 변경 항목에 대한 적합한 단가 또는 가격은 계약에 명시된 해당 항목의 단가 또는 가격이 되어야 하며, 물량산출서(bill of quantities) 또는 단가 내역서(other Schedule)를 활용해야 함53)	변경된 작업의 성격이 비슷하지만 상당히 다른 조건에서 수행되거나 수량이 크게 변경되는 경우 기존 계약단가 또는 가격이 '기준'이 되며 변경된 조건 또는 수량에 대한 공정한 '수당(allowance)'을 포함 (5.6.1.2).
2단계: 계약단가 조정 혹은 수당(allowance) 포함	변경공사의 작업 항목이 계약에 있는 어떤 항목과도 유사한 성격을 가지고 있지 아니하거나 또는 유사한 조건하에서 이행되지 않는 이유로 명시된 단가 또는 가격이 적합하지 않은 경우, 신규 단가 또는 가격으로 결정되는데 각각의 신규 단가 또는 가격은 계약에 있는 관련 단가 또는 가격으로부터 합리적으로 조정(adjustment) 되어야 함54)	변경된 작업의 성격이 비슷하지만 상당히 다른 조건에서 수행되거나 수량이 크게 변경되는 경우 기존 계약단가 또는 가격이 '기준'이 되며 변경된 조건 또는 수량에 대한 공정한 '수당(allowance)'을 포함(5.6.1.2).

---

character or not executed under similar conditions, the tendered contract rates can be used, but adjusted to take account of the different circumstances. If the work is quite dissimilar, reasonable or fair rates and prices are to be determined. Fair or reasonable rates will generally be reasonable direct costs plus a reasonable allowance for overheads (on and offsite) and profit."

| 3단계:
비용 및 이윤
혹은 공정한
단가/가격 | 만약 신규 단가 또는 가격을 도출하기 위한 관련 단가 또는 가격이 없는 경우라면, 여타 관련된 사항들을 고려하여 계약서 별첨자료(Contract Data)에 규정된 (규정되지 않았다면 5%) 이윤과 함께 해당 작업에 대한 합리적인 시공 비용으로부터 도출되어야 함[55] | 변경된 작업이 계약서에 명시된 작업과 유사한 성격이 아닌 경우 공정한 단가와 가격으로 평가됨(5.6.1.3). |

이상과 같은 FIDIC Red Book 2017년 및 JCT SBC/ Q 2016년 계약조건의 평가 방법은 'the shopping list principle',[56] 'open-ended valuation clause'[57] 또는 '3단계 평가 프로세스'로 지칭된다. 1단계에서 계약단가 또는 유사단가를 적용하고, 2단계에서 단가의 합리적인 조정을 하는 부분은 공통되지만, 단가를 확인할 수 없는 경우에 대한 3단계에서 FIDIC은 이윤을 포함한 합리적인 비용(reasonable cost)을, JCT는 공정한 단가 및 가격을 기준으로 하는 점에서 다소 차이를 보인다.

JCT와 FIDIC 조건 모두 공사변경 금액 평가를 위한 일반적인 기준을 제시하고 있지만 실제 금액 산정을 위해서는 해결되어야 쟁점들이 다수 존재한다. 이하에서는 건설분쟁 실무상 문제되는 다음 쟁점들에 대해 구체적으로 살펴본다.

쟁점 1: 계약 내역서/물량산출서(Contract sum analysis 혹은 bill of quantities)와 단가 내역서(Schedule of Rates or Prices)의 차이

---

53) 원문은 다음과 같다. "For each item of work, the appropriate rate or price for the item shall be the rate or price specified for such item in the Bill of Quantities or other Schedule or, if there is no such an item, specified for similar work.

54) 원문은 다음과 같다. "the item is not identified in, and no rate or price for this item is specified in, the Bill of Quantities or other Schedule and no specified rate or price is appropriate because the item of work is not of similar character, or is not executed under similar conditions, as any item in the Contract (...)Each new rate or price shall be derived from any relevant rates or prices specified in the Bill of Quantities or other Schedule, with reasonable adjustments to take account of the matters described in sub-paragraph (a), (b) and/or (c), as applicable."

55) 원문은 다음과 같다. "If no specified rates or prices are relevant for the derivation of a new rate or price, it shall be derived from the reasonable Cost of executing the work, together with the applicable percentage for profit stated in the Contract Data (if not stated, five percent (5%)), taking account of any other relevant matters."

56) Hudson, para. 5-054.

57) Hudson, para. 5-054.

쟁점 2: 계약단가/가격이 잘못 표기되었거나, 계약단가의 활용이 계약당사자에게 불리한 결과를 초래하더라도 공사변경 평가 시 계약단가/가격을 여전히 적용해야 하는지

쟁점 3: 어떤 단계의 평가 방법을 적용할지 여부는 공사의 성격(character[58]) 또는 조건(condition[59])이 유사한지 여부에 따라 달라지는데, 여기서 공사 성격과 작업조건은 무엇을 의미하는지

쟁점 4: 공정한 단가 및 가격(fair rates and prices)은 어떻게 결정되어야 하는지

쟁점 5: 추가 작업에 적용되는 공사변경의 금액 평가 방법이 삭제된 작업에도 동일하게 적용되는지

쟁점 6: 발주자가 과다한 공사변경을 지시하는 경우, 시공자는 각 공사변경에 대한 상세내역 없이 전체 공사변경 금액을 산정할 수 있는지

쟁점 7: 공사변경으로 인해 증가된 공사비는 어느 정도까지 보상 가능하며, 이러한 영향을 어떻게 평가해야 하는지. 구체적으로,

- 7-1: 공사변경을 수행하기 위해, 혹은 공사변경으로 인한 악영향을 만회하기 위해 추가 투입되는 현장간접비[60]는 보상가능한지 및 보상이 가능할 경우 계약단가와 실제 발생 비용 중 무엇을 기준으로 해야 하는지

- 7-2: 공사변경에 따라 수반된 공기연장으로 인한 현장간접비[61]가 보상 가능한지 및 보상이 가능할 경우 계약단가와 실제 발생 비용 중 무엇을 기준으로 해야 하는지

- 7-3: 공사변경으로 인해 원공사의 진행에 차질이 빚어지고 그로 인해 비용이 발생한 경우, 시공자의 추가비용(이른바 Disruption 비용)은 보상이 가능한지 및 보상이 가능할 경우 계약단가와 실제 발생 비용 중 무엇을 기준으로 해야 하는지

---

58) 계약조건에 따라 Nature로 표현하기도 한다.
59) 공사에 영향을 미치는 조건이나 상황을 의미하며, 계약조건에 따라 Circumstance로 표현하기도 한다. 계약조항(terms) 중 위반시 해제 또는 해지사유가 되는 조건(Condition)과는 구별된다.
60) 흔히thickened preliminaries 혹은 thickened site-overheads로 표기된다.
61) 흔히prolongation 비용으로 지칭된다.

이상의 7가지 쟁점에 대해 JCT 및 FIDIC 계약조건 등 국제건설에서 일반적으로 사용되는 표준건설계약과 SCL 프로토콜 등 영국법의 관점을 중심으로 살펴보고자 한다.

2. 쟁점 1: 계약 내역서/물량산출서와 단가 내역서의 차이

JCT 및 FIDIC 계약조건에 따른 1단계 또는 2단계 공사변경의 평가의 출발점은 계약 단가 혹은 가격을 사용하는 것이다. 공사변경을 평가하기 위한 적용 가능한 계약 단가/가격은 계약 내역서(contract sum analysis), 가격이 포함된 물량산출서(priced bill of quantities) 또는 계약문서에 첨부된 단가 내역서(Schedule of Rates or Prices)를 통해 확인할 수 있다.[62]

계약 내역서는 일반적으로 Engineering Procurement and Construction(EPC) 프로젝트에서 계약금액을 작업항목 및 기타 항목으로 분개한 내역서를 의미하며, 가격이 포함된 물량산출서는 계약금액을 물량과 가격을 기준으로 분개한 내역서를 의미한다. 두 자료 모두 계약금액을 구성하는 내역을 직접 확인할 수 있는 점에서 공통적이다. 계약내역서와 물량산출서는 주로 중간 기성(interim payment)의 지급을 목적으로 작성되나, 상세히 분개된 물량산출서는 공사변경 금액 평가(valuation of variations)를 위한 단가 및 가격 도출에도 사용될 수 있다.

계약 내역서나 물량산출서와 별개로 단가 내역서(Schedule of Rates or Prices)를 공사변경 클레임에서의 단가 및 가격을 도출하는 데 사용할 수도 있다. 단가 내역서는 작업 항목 또는 작업수행을 위한 자원의 단가에 대한 내역서로서 계약금액을 직접 확인할 수 없는 점에서 계약 내역서 및 가격이 포함된 물량산출서와 차이가 있다. 이 경우 계약 내역서나 가격이 포함된 물량산출서는 중간기성의 금액 산정을 위해, 단가 내역서는 공사변경 클레임의 증감공사 금액 산정을 위해 구분되어 각각 활용된다. 단가 내역서 작성 방식에는 다음 두 가지가 있을 수 있다.[63]

---

62) FIDIC Red Book 2017년판 계약조건 12.3조를 참조하기 바란다.

63) M Sergeant (2014) Construction contract variations(1st edition), Informa Law, para.11.111

① **작업 항목의 단가**(Rates for an item of work) **작성방식**

작업 항목을 기준으로 단가를 설정하는 방법이다. 예를 들면, 1m³를 굴착하는 데 소요되는 비용의 단가인 £100로 기재하는 것이다. 이러한 단가를 통해 공사변경을 위해 필요한 작업 물량과 연계하여 공사금액을 산정할 수 있다

② **필요 자원 단가**(Rates for the resources) **작성방식**

노동, 자재 및 장비와 같은 작업을 수행하는 데 필요한 자원을 기준으로 단가를 설정하는 방법이다. 이러한 단가를 통해 공사변경을 위해 필요한 자원 내역 (resource build-up)과 연계하여 공사금액을 산정할 수 있다.

단가 내역서를 작성함에 있어서 대부분의 표준건설계약은 위 두 가지 작성방식 중 하나를 채택한다. NEC3 표준계약 중 엔지니어링 및 건설계약(Engineering and Construction Contract)은 옵션 A 일괄 계약(Lump Sum)의 경우 '간략한' 단가 구성요소 일람표(Shorter Schedule of Cost Components)를 활용하여 공사변경을 평가하도록 규정하는데, 해당일람표는 직원, 노무, 자재 및 장비에 대한 단가(unit rate)를 포함하고 있어, 필요 자원 단가 작성방식에 해당한다.[64]

계약 내역서/물량산출서와 단가 내역서에서 도출된 각각의 단가가 서로 동일한 공사변경 클레임 금액을 제공한다면 둘 중 어느 자료를 활용해도 상관 없겠지만, *MT Hojgaard A/S* 사건에서 볼 수 있듯이 계약 내역서/물량산출서와 단가 내역서 상의 단가에서 서로 다른 결론이 도출되는 것은 드문 일이 아니다(*MT Hojgaard A/S* 사건은 쟁점 5에서 자세히 다루도록 한다). 따라서 계약 내역서/물량산출서와 단가 내역서 중 어떤 계약문서를 활용할 것인지가 공사변경 평가에 앞서 쟁점이 된다. 대다수의 건설계약은 계약문서들의 우선순위를 규정하고 있기 때문에 이 경우에는 당연히 계약조항상 우선순위에 따르면 될 것이다. 그러나 계약문서의 우선순위를 규정하지 않은 계약조건도 있다. 예를 들면 FIDIC Red Book 2017년판 계약조건 12.3조는 "변경공사의 각 항목과 관련하여, 변경 항목에 대한 적합한 단가 또는 가격은 계약에 명시된 해당 항목의 단가 또는 가격이 되어야 하며, 물량산출서(Bill of Quantities) 또는 단가 내역서 (other Schedule)를 활용해야 한다"[65]고 규정하고 있다. 이러한 경우에는 공사변경 클레

---

64) M Sergeant (2014) Construction contract variations (1st edition), Informa Law, para.11.113

65) 원문은 다음과 같다: "For each item of work, the appropriate rate or price for the item shall

임의 공사비 평가 및 산정에 관하여 어느 계약문서를 적용할 것인지부터 당사자들 간 의견이 엇갈려 분쟁이 발생할 가능성이 높다.

3. 쟁점 2: 계약단가의 오류 또는 계약단가의 활용이 계약당사자에게 불리한 결과를 초래하는 경우

앞서 살펴본 바와 같이 공사변경 금액 평가는 계약에 명시된 단가와 가격으로부터 출발한다. 대부분의 표준 계약조건은 앞서 본 1, 2단계의 공사변경(variation)에 있어서 계약 단가 및 가격을 사용할 것을 규정한다. 법적인 문제는 계약에 명시된 단가와 가격이 시장가격(market rate/price) 또는 실제 발생한 비용에 비해 터무니없이 높거나 낮을 때 발생한다. 이와 관련하여 *Henry Boot v Alstom*[66] 사건에서 영국 항소법원의 Lloyd 판사는 계약서상의 지나치게 높은 단가를 '신성한 것(sacrosanct)'으로 표현하면서, "ICE 계약조건에서 계약상 단가과 가격이 너무 높거나 낮은 것으로 입증되더라도 계약의 기본원칙상 단가과 가격는 변할 수 없는 것이다."라고 판시하였다.[67] 이에 비추어 볼 때, 영국 법원은 계약단가가 상당한 정도로 높거나 낮더라도 계약당사자 간 합의에 따라 정해진 이상 이를 그대로 적용할 가능성이 높다.[68]

그런데 계약 내용에 따른 공사변경 클레임의 금액 산정 방식이 일방 당사자에게 지나치게 불공정한 결과를 초래하는 경우에도 계약 메커니즘이 여전히 적용되어야 하는지에 대해서는 의문이 있을 수 있다. 이와 관련하여 영국 법원은 *ICI v Merit*[69] 사건에서 공사변경 클레임의 금액 산정 방법에 관한 계약 내용이 일방 당사자에게 불리하더라도 존중되어야 한다는 입장을 취하였다. 이 사건 공사에서는 시공자 클레임과 공사변경 클레임을 보상사유 클레임으로 통합한 NEC3 계약이 채택되었으며, 공사변경으로 인해 연장된 공사기간 동안 발생한 간접비에 대한 금액 평가 방법이 쟁점이 되었다. 원고인 시공자 ICI가 지정한 감정인(quantum

---

be the rate or price specified for such item in the Bill of Quantities or other Schedule or, if there is no such an item, specified for similar work."

66) *Henry Boot v Alstom* [2000] BLR.247

67) 원문은 다음과 같다. "In the ICE Conditions the contractual foundation for the rule that the rates and prices are immutable even though they prove to be too profitable or uneconomic."

68) *Henry Boot v Alstom* [2000] BLR.247

69) *ICI v Merit* [2018] EWHC 1577 (TCC)

expert)은 공기연장 간접비가 통상 실제 비용을 근거로 산출됨을 근거로 이 사건 계약인 NEC3 옵션 A 일괄 계약에서 채택하는 필요 자원 단가 작성방식이 아니라 실제 발생한 비용을 근거로 피고 Merit의 간접비를 평가해야 한다는 입장을 취했다.[70] 즉, 감정인은 필요 자원 단가 작성방식에 따른 평가는 시공자가 부당하게 많은 이득(windfall)을 취하게 하므로 실제 발생한 비용을 근거로 평가하는 것이 타당하다는 입장이었다. 이러한 감정인의 주장은 실제 발생한 비용을 근거로 보상금액을 산정하는 손해배상의 일반원칙에 비추어 보면 일견 타당한 측면이 있었으나, 법원은 계약당사자들이 실제 발생 비용을 공사 금액 산정 방법으로 합의한 적이 없었음을 이유로, 실제 비용을 근거로 공사변경에 따른 증감공사 금액 산정하는 것은 적절하지 않다고 판단하였다.[71] 이 판례는 공사변경 금액 평가에 있어서 계약적 메커니즘의 중요성을 잘 보여준다.

4. 쟁점 3: 금액 산정 방법의 단계 적용 기준이 되는 공사의 '성격' 및 '조건'의 의미와 내용

FIDIC 계약조건에 따르면 변경된 공사의 '성격(character)'이나 '조건(condition)'이 당초 공사의 성격 또는 조건과 유사하지 않은 경우, 계약단가를 조정할 수 있다(2단계). 이처럼 계약에서 계약단가를 조정할 수 있는 근거가 구체적으로 명시되는 것이 일반적이다. 여기서 2단계 적용의 기준이 되는 공사의 성격과 조건이 구체적으로 무엇을 의미하는지가 문제된다.

편의상 공사의 '조건'의 의미를 먼저 살펴본다. 건설법 주요 교과서인 Keating에 따르면[72] 상이한 조건들(dissimilar conditions)에는 (a) 건조한 작업조건과 습한 작업조건, (b) 저층부 작업조건과 고층부 작업조건, (c) 넉넉한 작업 공간과 좁은 작업 공간, (d) 여름 작업과 겨울 작업 등과 같은 물리적 현장 조건이 포함되며, 당초 공사와 변경공사 사이에 이상과 같은 조건상 차이가 있을 경우 2단계에 따라

---

70) *ICI v Merit* [2018] EWHC 1577 (TCC) at [189]

71) *ICI v Merit* [2018] EWHC 1577 (TCC) at [186]

72) Keating, para.20-380. 원문은 다음과 같다. "Dissimilar conditions might, it is suggested, include physical site conditions such as wet compared with dry, high compared with low,confined space compared with ample working space and winter working compared with summer working, where the Contract Documents show that the Bill prices were based on such conditions."

계약단가의 조정이 수반될 수 있다. 또한 영국 왕립 감정평가사 협회인 RICS[73]의 공사변경 평가에 대한 지침(Guidance Notes on Valuing Change)은 굴착 깊이의 변경, 계절적 변경, 작업환경의 변경, 현장 접근(site access)을 제한하는 조건의 변경 등이 공사 조건의 변경에 해당할 수 있다고 설명하고 있다.[74]

다음으로 공사의 '성격'의 의미에 대해 살펴보면, RICS의 공사변경 평가지침 (Guidance Notes on Valuing Change)은 자재의 변경(change of material)과 공사방법의 변경이 있는 경우, 공사의 성격에 차이가 있다는 입장이다.[75]

앞서 언급한 바와 같이 FIDIC 계약조건과 JCT 계약조건은 유사하지 않은 성격의 공사변경에 대해 서로 다른 접근을 하고 있다. FIDIC 계약조건은 변경공사의 성격이 당초 공사와 유사하지 않은 경우 계약 단가나 가격을 조정하는 반면, JCT 계약조건은 '공정한 평가' 방식을 채택한다. 이에 비해 SCL 프로토콜은 당초공사와 변경공사가 유사하지 않은 경우 2단계를 적용하도록 권고하고 있으나, 변경된 공사 성격에 상당히 차이가 있는 경우(quite dissimilar)에는 3단계로서 '합리적이거나 공정한 단가 및 가격(fair or reasonable rates and prices)'을 적용하도록 하고 있다. 그러나 공사 성격이 '다른 경우'와 '상당히 다른 경우'의 구체적인 구별 기준에 대해서는 언급하지 않고 있다.[76]

경우에 따라 상당히 다른 성격의 공사는 계약상 공사변경 조항의 범위 내에서 처리되지 않을 수 있다. 영국 판례 *Blue Circle Industries v Holland Dredging Co* (1987)[77] 사건에서는 준설(dredging)공사 계약에서 인공섬의 건설은 공사변경의 대상이 될 수 없다고 하였다. 이 사건에서 시공자의 역무는 준설작업이었으며 계약의 목적은 보다 큰 선박이 정박할 수 있도록 하는 것이었다. 입찰 당시 시공자의 역무는 관할당국이 승인한 지역에 준설 물질을 '기탁(being deposited)'하는 것이었는데, 발주자는 준설 물질을 사용하여 '새가 서식할 수 있는 인공섬을 조성(form an artificial bird island)'할 것을 시공자에게 지시하였다. 이에 대해 시공자는 발주자의 지시가 기존 계약의 범위를 벗어나는 것이어서 공사변경에 해당하지 않고 별도의 계약에 해당한다고 주장하였

---

73) Royal Institution of Chartered Surveyors
74) RICS guidance note (2010) valuing change (1st edition) chapter. 3.2.
75) RICS guidance note (2010) valuing change (1st edition) chapter. 3.1.
76) SCL 프로토콜 파트 B. 19.3.
77) *Blue Circle Industries v Holland Dredging* (1987) 37 B.L.R. 40, CA

다. 동 판결문에서 법원은 *Thorn v Mayor and Commonalty of London*[78] 판례를 인용하였는데, *Thorn* 판례에서는 추가 또는 공사변경 작업이 "너무 독특하고 예상치 못한 것이며, 일반인이 생각하거나 계산한 것과 너무 다른"[79] 경우에는 당초 계약에서 고려하지 않았던 역무 범위에 해당하여 별도의 계약으로 보았다.

한편 *Blue Circle* 사건에서 판사는 인공섬의 건설은 당초 역무인 준설공사의 계약범위를 벗어났기 때문에 별도의 계약을 구성하고, 따라서 종래 계약의 금액 산정 메커니즘에 구속되지 않기에 신규 계약분의 금액평가는 "Quantum Meruit" 방식에 따를 수 있다고 판시하였다. Quantum Meruit은 '혜택을 받았으면 마땅히 지급해야 할 대가'를 의미하며, 계약에서 정하지 않은 서비스나 물품의 제공이 있을 때 제공자가 수령자로부터 대금을 지급받을 수 있는 영미법상의 법리이다.[80] Quantum Meruit을 산정하는 구체적인 방법은,[81] 청구자가 수행한 서비스에 대한 합리적인 일반인이 지불해야 하는 가격으로 정해지는데,[82] 건설계약에서 합리적인 일반인이 지불해야 하는 가격은 일반적으로 비용과 이윤을 합산하여 산정된다.[83]

영국법이 적용되는 국제건설 프로젝트는 '상당히 다른 성격의 공사'를 신규 계약이 아닌 계약적 메커니즘의 세 번째 단계에서 다루는 경향에 있는 것으로 보인다.[84] 건설법과 관련하여 저명한 존 우프(Uff) 교수는 영국법에 따른 건설 및 엔지니어링 계약은 허용 가능한 공사변경의 범위에 제한을 두지 않는다고 설명하였다.[85] 그럼에도 불구하고, 그는 영국법상 공사변경의 범위에 제한이 없는 것에 대

---

78) *Thorn v London Corp.* (1876) 1 App.Cas 120.

79) 원문은 다음과 같다. "[S]o peculiar, so unexpected and so different from what any person reckoned or calculated on"

80) 영미법에서의 Quantum Meruit은 우리나라 민법상 부당이득과 유사한 측면이 있다. 영미법에서의 Quantum Meruit은 일반적으로는 계약관계는 존재하나 계약이 불완전 계약이거나 변경계약의 경우에 사용되는 원칙이다. 다만 예외적으로 계약을 통해 발생한 보상 청구권이 없는 경우나 상대방의 요청에 따라서 계약 없이 일을 수행한 경우에도 적용될 수 있다. Quantum Meruit 원칙은 계약을 통해 발생한 보상 청구권이 없는 경우나 상대방의 요청에 따라서 계약없이 일을 수행한 경우에도, 일한 만큼의 보상을 요구할 수 있는 원칙이다. 따라서 예를 들어, 계약이 없는 상태에서 A가 B의 집을 수리하였을 경우, A는 계약을 통해 발생한 보상 청구권이 없으므로 Quantum Meruit 원칙에 따라 일한 만큼의 보상을 클레임할 수 있는 여지가 있다.

81) Sawtell, D. Enrichment-based claims for a quantum meruit in construction disputes I.C.L.R Rev. 2019, 36(1), 101−119.

82) Ibid, p.108. 원문은 다음과 같다. "The price which a reasonable person in the defendant's position would have had to pay for the services."

83) Ibid, pp. 108−109.

84) *McAlpine Humberoak v McDermott* (1992) 58 B.L.R. 1

해 비판하였다.[86]

미국식 접근 방식은 영국식 접근 방식과 차이가 있다. 미국에서는 상당히 다른 성격의 공사는 '중대한 변경(cardinal change)'으로 다루어질 수 있다. 'cardinal change'라는 용어는 계약의 범위를 넘어서는 공사변경을 의미하는데, 이는 본질적으로 계약위반에 해당할 수 있다.[87] 공사변경이 '중대한 변경(cardinal change)'에 해당하는지 여부는 공사변경의 규모와 성격에 따라 정해지며, 구체적인 사실관계와 개별적인 상황에 따라 달라질 수 있다.[88]

상당히 다른 성격의 공사가 계약상 공사변경 조항, 손해배상 또는 Quantum Meruit 중 어느 것으로 다루어지더라도 그 금전적 효과는 계약 단가/가격의 적용을 회피할 수 있다는 점에서 모두 동일하다.[89] 따라서 계약 단가/가격을 적용한 증액공사 금액이 예상한 비용보다 적은 경우 변경공사가 상당히 다른 성격의 공사에 해당한다고 주장하는 경우가 많다. 이러한 주장의 인용 여부는 변경공사가 당초 공사와 상당한 정도로 차이가 나는 성격의 것임을 사실적인 측면과 기술적인 측면에서 입증할 수 있는지 여부에 달려있을 것이다.

---

85) Uff, J. (2017) Construction law: Law and practice relating to the construction industry (12th ed.) London. Sweet & Maxwell, p.290. JCT SBC/Q 2016년판 계약조건 제3.14.5조: "No variation required or sanctioned by the Architect/Contract Administrator shall vitiate this Contract."

86) Uff, J. (2017) Construction law: Law and practice relating to the construction industry (12th ed.) London. Sweet & Maxwell, pg.290; Abbey Developments Ltd v PP Brickwork Ltd [2003] EWHC 1987 (TCC) 사건에서 Humphrey LLoyd 판사는 다음과 같이 공사변경에 대해 다음과 같은 견해를 밝혔다. "A contract for the execution of work confers on the contractor not only the duty to carry out the work but the corresponding right to be able to complete the work which it contracted to carry out. To take away or to vary the work is an intrusion into and an infringement of that right."

87) Kim JB (2021) Recovery of additional time and money arising from Covid-19 by way of variation clauses: a contractor's perspective, Construction Law International, Vol 16 Issue 2, pp. 51-59, p. 53.

88) Becho v United States 47 Fed Cl 595,600 (2000); Kim JB (2021) Recovery of additional time and money arising from Covid-19 by way of variation clauses: a contractor's perspective, Construction Law International, Vol 16 Issue 2, pp. 51- 59, p. 53

89) Hudson, para. 5-033.

5. 쟁점 4: '공정한 단가와 가격(fair rates and prices)'의 결정 방법

JCT 계약조건의 3번째 단계는 공정한 단가와 가격(fair rates and prices)의 적용, 또는 공정한 평가(fair valuation)를 내용으로 한다. 여기서 그렇다면 '공정한 단가 혹은 가격(fair rates and prices)'은 어떻게 결정되어야 하는가라는 질문이 수반된다. 이와 관련해 "공정하고 합리적인" 평가는 실제 발생한 비용과 이윤을 근거로 해야 하는지(cost plus approach), 아니면 시장 가격을 근거로 해야 하는지에 대한 논의가 오랜 기간 동안 이어져 왔다.

영국의 *Henry Boot Construction Ltd v Alstom Combined Cycles*[90] 사건에서 법원은, "공정한 평가는 일반적으로 계약자에게 합리적이고 필연적으로 발생한 실제 비용보다 높지 않고 간접비 및 이윤에 대한 유사한 수당을 더하는 것을 의미한다."라고 판시하였다. 또한 *Weldon Plant v The Commission for New Towns*[91] 사건에서 Humphrey Lloyd 판사는 공정한 평가란 합리적이고 적절하게 발생한 실제 비용과 이윤을 포함하는 것이라고 판시하였다.[92] 이는 FIDIC 계약조건의 3단계 평가 방법과 유사한데, 앞서 본 바와 같이 FIDIC 계약조건의 3단계는 이윤과 함께 작업을 실행하는 데 드는 합리적인 비용을 기준으로 한다.[93] 이러한 비용과 이윤을 기준으로 공정한 평가를 하는 방식을 '비용외 접근법(cost plus approach)'이라고 하며, SCL 프로토콜도 이를 권장하고 있다.

합리적인 비용 및 이윤 대신, '공정한 단가 및 가격'은 시장가격을 근거로 해야

---

90) *Henry Boot Construction Ltd v Alstom Combined Cycles* [1999] EWHC Technology, at 263 원문은 다음과 같다: "A fair valuation when used as an alternative to a valuation by or by reference to contract rates and prices generally means a valuation which will not give the contractor more than his actual costs reasonablyand necessarily incurred plus similar allowances for overheads and profit for anything more would confer on him an additional margin for profit and would not be fair to the employer."

91) *Weldon Plant Limited v The Commission for New Towns* [2000] EWHC 76 (TCC)

92) 원문은 다음과 같다. "the contractor would be entitled to a fair valuation which would ordinarily be based upon the reasonable costs of carrying out the work, if reasonably and properly incurred ··· Indeed, in my judgment a fair valuation must, in the absence of special circumstances (none of which have been identified by the arbitrator), include an element on account of profit ··· a contractor is in business to make a profit on the costs of deploying its resources"

93) FIDIC Red Book 2017년판 계약조건 12.3조. 원문은 다음과 같다. "the reasonable Cost of executing the work, together with the applicable percentage for profit stated in the Contract Data (if not stated, five percent 5(%)), taking account of any other relevant matters."

한다는 견해도 많이 제기되어 왔다.94) *Maeda and China State v Bauer*95) 사건에서 홍콩 고등 법원은 '공정한 단가 및 가격'이 시장가격을 기준으로 정해야 하는지 아니면 원가기준법(cost plus approach)에 따라 정해야 하는지에 대해, 어떤 방식이 정당한지에 대한 일반적인 원칙은 없다고 판시하였다.96)

현재까지 통용된 방식이 없기 때문에 시장가와 비용외 접근법을 혼용하여 채택한 계약조건도 다수 있다. 예컨대, '공정한 단가 및 가격'은 비용외 접근법(cost plus approach)을 채택하지만, 비용이 시장가를 초과해서는 안 된다고 명시하는 경우도 있다. 이 경우 시장가와 비용외 접근법(cost plus approach)이 함께 활용된다. 또한 '합리적인 비용(Reasonable cost)'이라는 문구가 시장가를 초과하지 않는 비용을 의미한다고 해석될 여지도 있다.

6. 쟁점 5: 추가 작업에 적용되는 공사변경 금액 평가 방법이 삭제된 작업에도 동일하게 적용되는지 여부

추가작업과 삭제된 작업에 대해 동일한 금액 산정 방식을 적용해야 하는지가 문제될 수 있다. 이와 관련해 영국의 항소법원은 *MT Hojgaard A/S*97) 사건에서 두 경우에 다른 방식이 적용될 수 있다는 입장을 취한 바 있다.

MT Hojgaard A/S 사건에서 시공자의 역무는 해상 풍력 발전 단지의 기초를 설치하는 것이었는데, 시공자는 계약서상 명기된 잭업 바지선을 이용할 의무가 있었다. 그런데 시공 과정에서 바지선은 작업에 부적합한 것으로 판명되었고, 이에 발주자는 대체 선박을 직접 사용하기로 하고 시공자의 바지선을 활용한 작업을

---

94) M Sergeant, (2014) Construction contract variations (1st edition), Informa Law, paras.11.17 and 11.79

95) *Maeda and China State v Bauer* [2019] HKCFI 916

96) *Maeda and China State v Bauer* [2019] HKCFI 916 at [44]: "In practice, in determining a reasonable price, the courts may act upon evidence calculated upon the cost of labour, plant and materials plus a reasonable percentage for profit, or they may act upon evidence of what reasonable rates or prices for the physical work involved would be. This is a perennial problem in the conduct of building litigation arising out of less formal contracts or disputed variations and there is no general rule of practice with regard to it." 동 판결은 건설법의 주요 교과서들을 원용하면서 중요한 법리들을 자세하게 설시하고 있어 국제건설법의 학문적 관점에서도 참고할 만하다.

97) *MT Højgaard A/S v E.On Climate & Renewables UK Robin Rigg East Ltd & Ors* [2013] EWHC 967 (TCC) (23 April 2013); *MT Højgaard A/S v E.On Climate And Renewables UK Robin Rigg East Ltd & Anor* [2014] EWCA Civ 710 (22 May 2014).

역무 범위에서 삭제하게 되었다.

시공자와 발주자는 계약금액을 조정해야 한다는 점에는 합의했지만, 조정금액에 대해서는 합의하지 못했고 이는 분쟁으로 이어졌다. 시공자는 계약내역서 상 바지선 작업에 해당하는 금액(€12,900,000)을 차감해야 함을 주장한 반면, 발주자는 계약서에 첨부된 단가 내역서(Schedule of Rates)상의 바지선 단가와 바지선 작업에 소요될 시간을 곱한 €34,650,000를 차감해야 한다고 주장하였다.

공사변경의 조정금액 산정에 관하여 이 사건 계약조건 31.3조는 다음과 같이 규정하고 있었다:[98]

> 시공자와 발주자가 계약금액 조정에 합의할 수 없는 경우 조정은 Part L, Schedule L1.3 Schedule of Rates에 명기된 단가에 따라 이루어진다.
>
> 단가내역서(Part L, Schedule L1.3 Schedule of Rates)에 포함된 단가가 공사변경 작업에 직접 적용되지 않는 경우 엔지니어는 단가내역서(Part L, Schedule L1.3 Schedule of Rates)의 가격 책정 수준을 반영하여 적절한 단가를 설정해야 한다.
>
> 단가가 단가내역서(Part L, Schedule L1.3 Schedule of Rates)에 포함되어 있지 않은 경우, 계약금액은 모든 상황에서 합리적인 수준으로 정해져야 한다. 공사변경의 결과로 시공자가 간접비를 과도하게 또는 과소하게 회수하지 않도록 적절한 고려가 이루어져야 한다.

발주자는 계약조건 31.3조의 첫 번째 단락에서 공사변경 단가에 적용되는 *Part L, Schedule L1.3 Schedule of Rates*에 바지선에 대한 일일 단가 €150,000가 포함되어 있음을 근거로 바지선 단가와 바지선 작업에 소요될 시간을 곱한 €34,650,000를 차감해야 한다고 주장하였다.

그러나 영국 항소 법원은 공사변경 금액은 모든 상황에서 합리적인 수준이어야

---

98) 원문은 다음과 같다. "If the Contractor and the Employer are unable to agree on the adjustment of the Contract Price, the adjustment shall be determined in accordance with the rates specified in Part L, Schedule L1.3 Schedule of Rates.
If the rates contained in the Schedule of Rates (Schedule L1.3) are not directly applicable to the specific work in question, suitable rates shall be established by the Engineer reflecting the level of pricing in the Schedule of Rates (Schedule L1.3).
Where rates are not contained in the said Schedule, the amount shall be such as is in all the circumstances reasonable. Due account shall be taken of any over- or under-recovery of overheads by the Contractor in consequence of the Variation."

한다는 세 번째 단락의 내용을 근거로 계약금액 중 삭제된 작업의 금액(the con-tribution of the omitted works to the Contract Price)을 근거로 한 시공자의 주장을 받아들였다.99)

이 사건은 삭제된 작업에 대한 평가는 추가 작업과 다르게 평가될 수 있다는 점을 시사한다. 영국 법원은 추가 작업에 대해서는 계약문구를 엄격하게 해석하는 입장을 취하고 있으므로(앞서 논의한 *Henry Boot Construction Ltd v Alstom Combined Cycles*100) 참조) *Part L, Schedule L1.3 Schedule of Rates*의 바지선 단가를 활용해 금액을 산정할 가능성이 높으나, 이와 달리 삭제된 작업에 대해서는 공사변경 조정금액 조항을 전체적으로 고려하는 입장을 취하였다.

7. 쟁점 6: 발주자의 과다한 공사변경 지시에 따른 공사변경 금액 평가

'공사변경으로 인한 클레임'과 관련된 중요한 또 다른 쟁점은 발주자가 공사변경을 할 수 있는 권리101)를 이용 혹은 남용해 공사 진행 과정에서 지나치게 많은 공사변경을 지시하는 것이다. 이러한 공사변경 지시의 남발은 중동 지역에서 자주 발생한다. 또한 산업의 특성상 기술의 지속적인 발전으로 인해 특히 중공업 및 플랜트 분야에서도 잦은 공사변경이 빈번하게 발생하고 있다. 이러한 경우, 시공자는 과다한 공사변경으로 인해 계약 전체가 공사변경 되었으므로, 계약금액을 재산정하거나 총원가(total cost) 클레임 또는 cost-plus basis로 비용을 산정하고자 시도해 왔다.102) 이러한 클레임의 법적인 근거로 시공자는 과다한 공사변경은

---

99) 판결문 원문은 다음과 같다. "He answered the issues that did arise both under limb 2 and limb 3. His critical conclusion [80], with which I agree, was that under each of the limbs the Engineer should be seeking to achieve an approximation to the contribution to the Contract Price made by those works which were omitted by the Variation Orders and that the reference to the amount of the adjustment being "such as is in all the circumstances reasonable" in limb 3 should be interpreted accordingly, with the Engineer having a broaddiscretion to take into account all the circumstances which may reasonably be taken into account for the purpose of determining what was the contribution of the omitted works to the Contract Price. The Engineer, as he put it, must do his best using the guidance as to rates and amounts set out in Clause 31.3. In order to fulfil his task it may well be that both limb 2 and limb 3 are applicable since different items may fall under different limbs."

100) *Henry Boot Construction Ltd v Alstom Combined Cycles* [1999] EWHC Technology, at [263]

101) FIDIC Red Book 2017년판 계약조건 13.1조 참조.

계약상 공사변경 조항의 범위를 벗어난 것으로 계약위반으로 인한 손해배상의 대상이 되어야 한다고 주장하기도 한다.103) 시공자의 과다한 공사변경에 의한 피해는 흔히 '수많은 작은 상처에 의한 죽음(death by a thousand cuts)'으로 표현되기도 하며, 시공자의 클레임은 '누적적 효과(cumulative impact) 클레임' 또는 과다한 공사변경의 '파급효과(ripple effect)' 클레임이라고 불리기도 한다. 이러한 클레임은 국제 중재 실무상 개별적인 공사변경 금액 산정이 어려울 때 종종 활용된다.

영국과 미국의 법원은 극히 예외적인 경우를 제외하고는 시공자의 이러한 클레임을 받아들이지 않는다.104) 공사변경에 대한 금액 산정은 계약조건에 따라야 하며 또한 각각의 공사변경에 대해서는 개별적인 평가(item-by-item analysis of the effect of each variation)를 원칙으로 하는 것이 영국법과 미국법의 일반적인 입장으로 보인다.105)

그럼에도 불구하고 개별 공사변경의 규모가 공사변경 금액을 평가하는 비용보다도 훨씬 작은 경우, 수많은 소규모 공사변경을 개별적으로 평가하는 것은 불합리할 수 있다. 이 경우 표본을 활용해 복수의 소규모 공사변경을 통합적으로 평가하는 것이 가능한지 의문이 있을 수 있다. 실제 *Standard Life v Gleeds and Others*106) 사건에서 영국의 건설기술법원(TCC)은 3,600개 이상의 공사변경 금액 평가에서 표본의 사용을 검토하였다. 이 사건에서 원고는 3,600개에 달하는 각 공사변경의 내용을 모두 주장하는 대신 그 중 122개의 공사변경을 분석한 결과를 표본으로 삼아 나머지 공사변경에 적용하였다. 피고는 이러한 원고의 표본을 활용한 방식(sampling approach)은 받아들여질 수 없다고 주장하였다. 이에 대해 건설기술법원은 표본 활용 방식에 대해 다음과 같이 판시하였다:107)

---

102) Hudson, para. 5－032.

103) Hudson, para. 5－032.

104) *Alfred McAlpine & Son (Pty) Ltd v Transvaal Provincial Administration* [1974] 3 SALR 506; Wunderlich v US (1965)351 F.2d 956; *McAlpine Humberoak v McDermott International* (1992) 58 BLR 1 (CA); *Aragona Constr. Co. v. United States* 165 Ct. Cl. 382 (1964); *Watt Plumbing, A.C., and Electrical v. Tulsa Rig, Reel, and Manufacturing* Co 533 P.2d 980 (1975); Air-a-Plane Corp v the US 408 F.2d 1030 (1969).

105) Hudson para. 5－032; McAlpine Humberoak v McDermott International (1992) 58 BLR 1 (CA)

106) *Standard Life Assurance Limited v Gleeds (UK) and Others* [2020] EWHC 3419 (TCC)

107) *Standard Life Assurance Limited v Gleeds (UK) and Others* [2020] EWHC 3419 (TCC) at [96]. 원문은 다음과 같다. "The overarching proposition is that the court must deal with the case justly, which includes dealing with it at proportionate cost. Extrapolation from sampling is one method of persuading a court to draw the inferences necessary for liability and is a

가장 중요한 점은 법원이 사건을 정당하고 적절한 비용으로 처리해야 한다는 것이다.

표본으로 얻은 분석결과를 표본이 추출되지 않은 공사변경에 적용하는 외삽법(Extrapolation)은 법원을 설득하여 추론(inference)을 이끌어 내는 방식으로서, 책임 또는 손해와의 인과관계를 결정할 수 있는, 허용 가능한 방식이다.

그러나 표본이 클레임 전체에 적용되지 않는 경우에는 책임이나 손해와의 인과관계를 인정할 수 없다. 그리고 어떤 경우에도 반대증거를 통해 추론을 탄핵시킬 수 있다.

따라서 일부 공사변경의 표본이 나머지 공사변경에 적용되는 경우라면, 영국 법원도 다수의 소규모 공사변경 평가를 위한 표본 접근법을 받아들일 수 있을 것으로 보인다. 결국 표본이 추출되지 않은 다른 공사변경에 적용될 수 있는지가 핵심 쟁점이 되는데, 이는 개별 사건에 따라 달리 판단될 수밖에 없을 것이다.

8. 쟁점 7: 공사변경으로 인해 증가한 공사비의 보상 범위와 평가

공사변경의 영향은 일반적으로 인건비, 재료 및 장비와 같은 직접비에 국한되지 않는다. 문제는 공사변경에 따라 증가한 공사비에 대해 어디까지 보상이 가능하며, 보상이 가능하다면 이를 정하는 구체적인 방법은 무엇인지이다. 공사변경의 영향을 종합적으로 고려하여 SCL 프로토콜은 핵심원칙 19에서 공사변경 금액 평가는 "직접비(노무비, 자재비 및 장비비)뿐만 아니라 시간 관련 비용 및 방해 비용, 합의된 공기연장(EOT) 및 필요한 프로그램 수정을 포함"[108]해야 한다고 권장한다.

SCL 프로토콜과 FIDIC 및 JCT 계약조건의 내용에 비추어 보면, 다음과 같은 항목이 공사변경으로 인한 보상 가능 항목으로 고려될 수 있는바, 이하에서는 각각의 항목에 대하여 자세히 논의하고자 한다.

---

permissible method of establishing liability or causation of damage. However, to the extent that the samples are unrepresentative of the claim as a whole, liability or causation of loss on an extrapolated basis will not follow; and in any case, rebuttal evidence may defeat the inferences invited."

108) 원문은 다음과 같다: "include not only the direct costs (labour, plant and materials) but also the time-related and disruption costs, an agreed EOT and the necessary revisions to the programme."

- 공사변경 수행에 소요되는 직접비(노무, 장비, 자재비)
- 현장간접비, 즉 현장 간접인력 인건비 및 현장 운영비
- 변경으로 인한 공기지연에 따른 손해
- 변경되지 않은 당초 공사에 대한 방해(disruption)로 인한 손해

이상의 항목들이 모든 경우에 보상되는 것은 아님을 유의할 필요가 있다. 가령 공사변경으로 인해 공기지연이 없다고 한다면 공사변경으로 인한 공기지연에 따른 손해는 발생하지 않았을 것이기 때문에 이는 보상받을 수 없을 것이다. 그러나 이러한 경우라고 할지라도 공사변경을 수행하기 위한 추가적인 현장간접비가 발생했다면 이는 보상 대상이 된다.

가. 쟁점 7-1: 공사변경 관련 현장간접비의 보상 가능 여부 및 보상기준

간접비란, 직접비에 대응하는 개념으로서 비용의 발생이 일정 단위의 제품 생산에 관하여 간접적으로 인식되는 비용요소이다. 건설공사에서 간접비는 현장간접비와 본사 간접비(이윤 및 예비비 포함)로 나눌 수 있다. 현장간접비에 대해서는 2.V.에서 자세히 살펴보며, 본 장에서는 공사변경과 관련된 논의로 국한한다.

공사변경에 따른 현장간접비 클레임에 있어, 흔히 'thickened preliminaries'로 표현되는 공사변경을 수행하는 데 필요한 현장간접비(쟁점 7-1)와 공사변경에 따른 공기연장에 의해 발생하는 현장간접비(쟁점 7-2)는 보상 절차나 평가 방법이 다를 수 있기 때문에 서로 구분할 필요가 있다.

JCT 계약조건[109) 5.6.3.3조는 공사변경을 수행하는 데 필요한 현장간접비에 대한 보상을 규정하고 있다.[110) 그리고 구체적인 보상은 계약 단가 혹은 가격을 기준으로 한다. 클레임 실무상, 추가 현장간접비는 일할계산(pro-rata)에 따라 산정된다. 즉 설계변경으로 인한 추가 간접공사비는 직접공사비에 연동되어 일정한 승률로 계산된다. 예를 들어, 계약서상 직접비에 대한 현장간접비 비율이 15%인 경우, 공사변경된 직접비가 USD 100이면 시공자는 USD 15를 현장간접비로 청구

---

109) SBC / Without Quantities 2011

110) 조항 발췌문은 다음과 같다. "Allowance, where appropriate, shall be made for any addition to or reduction of preliminary items of the type referred to in the Measurement Rules."

하기도 한다. 건설계약에서 이러한 방식을 계약서에 명기하는 경우도 적지 않다. 그러나, 계약조건에 명시적으로 일할계산(pro-rata) 방법을 규정하지 않을 경우에는 일할계산(pro-rata) 방법이 항상 허용되는 것은 아니므로, 이 경우 시공자는 실제로 추가간접비가 발생했음을 입증해야 할 필요가 있다.111) 단, 실제 발생 비용을 기준으로 금액까지 입증할 필요는 없으며, 실제 비용이 발생했다는 사실만을 입증하면 족하다.

나. 쟁점 7-2: 공사변경으로 인한 공기연장에 따른 현장간접비의 보상 가능 여부 및 보상기준

JCT 계약조건 4.20.1조에는 공사변경으로 인해 원공사(변경되지 않는 공사)에 부정적 영향을 미쳐 발생한 '지연손해'에 대해 규정한다.112) '지연손해'의 경우 직접손실 및 지출(direct loss and expense)을 입증해야 하며, 이는 앞서 설명한 바와 같이 비용 기준 보상 원칙에 따라 이루어진다.113) 공기지연에 따른 손해로 발생하는 현장간접비는 이 조항에 따라 보상이 되는 것으로 볼 수 있다.

JCT 계약조건과는 달리, SCL 프로토콜은 공사변경으로 인해 발생하는 '지연손해'도 가능하다면 계약단가 또는 가격에 따라 혹은 그에 기초하여 공사변경의 일부로 평가하는 것을 권장한다.114)

FIDIC 계약조건에서 공사변경으로 인한 보상의 범위는 JCT 계약조건에 비해 불명확한 부분이 있다. 다만, FIDIC 계약조건에서 '공사변경(Variation)'은 공사변경으로서 지시되거나 승인된, 공사에 대한 '모든' 변경으로 정의되고(1.1.86조)115) 공사의 시공순서 또는 시기의 변경도 공사변경에 포함되므로(13.1조), 공사변경 관련 현장간접비(thickened preliminaries)와 함께 공기지연으로 인해 발생하는 현장간접비도 공사변경에 따른 보상의 대상에 해당한다고 보는 것이 계약 해석 상 가능할 것으로 판단한다.116) 다만 보상 대상에 해당하더라도 보상방법에 대해서

---

111) *Weldon Plant Ltd v. The Commission for the New Towns* [2000] EWHC Technology 76 (14th July, 2000) at [19]

112) SCL 프로토콜 파트 B. 19.4.

113) SCL 프로토콜 파트 B. 19.4.

114) SCL 프로토콜 파트 B. 19.5.

115) FIDIC Red Book 2017년판 계약조건 1.1.86조: "Variation" means any change to the Works, which is instructed as a variation under Clause 13 [Variations and Adjustments]

는 명확한 규정이 없어 논의가 필요하다.

현장간접비 보상에 대한 자세한 사항은 본 저서 2.V.에서 살펴본다.

다. 쟁점 7-3: 공사변경으로 인해 원공사 진행에 차질이 발생한 경우, 시공자의 추가 비용 보상 가능 여부와 보상기준

방해(Disruption[117])는 시공자의 정상적인 작업 방법이 방해 또는 간섭을 받아 생산성이 저하됨을 의미한다.[118] 방해가 있는 경우 생산성의 저하로 인해 동일한 물량의 공사에 대해 더 많은 자원이 투입되며, 이는 공사비의 증가를 초래한다. 동시에 공사 진행에 차질이 발생하여 전체 공기가 지연될 수도 있다.

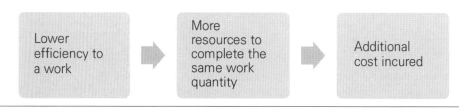

‖ 그림 2 ‖

SCL 프로토콜은 핵심원칙 18에서 방해(Disruption)와 방해분석(Disruption analysis) 에 대해 다음과 같이 설명하고 있다.

> 지연과 구별되는 방해(disruption)는 시공자의 정상적인 작업방법에 대한 간섭, 중단, 방해를 의미하며 결과적으로 낮은 생산성을 야기한다. 방해 클레임은 특정 작업을 수행 하는 데 있어서 생산성 손실과 관련이 있는데, 이러한 방해 때문에 특정 작업은 합리적 으로 계획된 것과 같이(또는 가능한 한) 효율적으로 수행되지 못한다. 생산성 손실로 인한 손실과 비용은 계약상대방이 계약상 책임지는 방해행위로 인해 발생한 경우 보상될 수 있다.[119]

---

116) 이는 준거법과 계약해석에 따라 달라질 수 있다고 판단한다.

117) Disruption은 방해 또는 간섭으로 번역되나 실무상 국문보다는 영문 그대로 사용되는 편이다. 본 고에서는 편의상 '방해'라고만 칭하기로 한다.

118) SCL 프로토콜 핵심원칙 18.

119) SCL 프로토콜 파트 B. 18.1. 원문은 다음과 같다. "Disruption (as distinct from delay) is a disturbance, hindrance or interruption to a Contractor's normal working methods, resulting in lower efficiency. Disruption claims relate to loss of productivity in the execution of particular

영향을 받는 작업을 수행하는데 있어 발생한 생산성 손실은 금전적인 손실을 야기할 것이다. 그러나 모든 생산성 손실이 보상의 대상인 것은 아니다. 시공자는 계약상 허용되거나 법적 청구권이 인정되는 한도 내에서 방해(계약에 근거한 또는 계약위반으로 인한)에 대한 보상을 받을 수 있다.[120]

계약상 허용되거나 법적 청구권이 인정되는 경우에 한해 방해에 대한 보상을 받을 수 있다. 방해분석의 목적은 발주자의 방해행위가 없었더라면 발생하지 않았을 생산성 손실 및 그로 인해 발생한 손실 및 지출을 입증하는 데 있다.[121]

방해(Disruption)는 많은 경우 발주자의 공사변경 지시로 인해 발생한다.[122] 따라서 방해(Disruption) 클레임은 공사변경 클레임의 실무상 중요한 부분을 차지한다. JCT 계약조건[123]하에서 공사변경의 대상이 되지 않은 나머지 원공사 작업(unvaried works)에 대한 방해(Disruption) 비용(생산성 저하 비용)은 계약조건 5.9조에 따라 보상받을 수 있을 것이다. 5.9조는 상당한 공사변경이 다른 작업(any other work)에 영향을 미친다면, 그 다른 작업도 공사변경으로 인정되어야 한다고 규정하고 있다. 즉, 공사변경의 직접 대상에서 제외된 나머지 원공사 작업도 공사변경으로 인정될 수 있고 방해 클레임을 통해 보상받는 것이 가능하다. 이 경우, 공사변경 금액 평가 방법은 앞에서 설명한 계약조건 제5.6조에 따라 가치 또는 가격 평가 방식(Value-based method or Price-based method)을 따르게 된다.

---

work activities. Because of the disruption, these work activities are not able to be carried out as efficiently as reasonably planned (or as possible). The loss and expense resulting from that loss of productivity may be compensable where it was caused by disruption events for which the other party is contractually responsible."

120) SCL 프로토콜 파트 B. 18.3. 원문은 다음과 같다. "That lost productivity will result in financial loss in carrying out the impacted work activities. However, not all lost productivity is subject to compensation. The Contractor may recover compensation for disruption (whether under the contract or for breach of contract) only to the extent that the contract permits or there is an available cause of action at law."

121) SCL 프로토콜 핵심원칙 18. 원문은 다음과 같다. "Compensation may be recovered for disruption only to the extent that the contract permits or there is an available cause of action at law. The objective of a disruption analysis is to demonstrate the loss of productivity and hence additional loss and expense over and above that which would have been incurred were it not for the disruption events for which the Employer is responsible."

122) Burr A. (2016) Delay and Disruption Construction Contracts (5th ed). London. Informa UK, First Supplement, 17 - 038.

123) JCT SBC/Q 2016년판.

한편 JCT 계약조건[124] 4.20.1조에 따라 공사변경 대상에 포함되지 않은 원공사 작업(unvaried works)의 방해(Disruption) 비용을 보상받는 것도 가능하다. 4.20.1조는 '관련문제(Relevant Matter)'[125]에 의해 시공자의 공사 전체 또는 일부의 진행에 차질이 발생하였거나 발생할 경우, 직접 손실 및 지출(direct loss and/or expense)로서 보상받을 수 있다고 규정한다. 그리고 4.22조에서 공사변경은 관련문제(Relevant Matter)에 해당한다. 제4.20.1조 및 제4.22조를 활용한 클레임에서 공사변경 금액의 평가 방법은 직접 손실 및/또는 지출(direct loss and/or expense)로 보상(4.21조)받을 수 있는 비용 보상방식(cost-based approach)에 따라야 한다.

따라서 JCT 계약조건 및 JCT와 유사한 기타 건설계약에서 시공자는 이상과 같이 공사변경으로 인한 방해 클레임을 손실 및 지출 조항에 따라 공사변경 금액으로 청구할지, 아니면 계약단가나 가격에 따른 가치/가격 평가방식에 따라 청구할지 여부를 선택해야 한다. 계약자의 선택에 있어서 다음과 같은 요인이 판단에 영향을 줄 수 있다.

① **계약가가 실제 비용보다 더 유리한지 여부**

② **계약상 절차적 요건의 충족 여부**

예컨대 클레임을 위한 통지(notice)는 일반적으로 선결조건(condition precedent)에 해당하며 손실 및 지출 청구에 적용된다.[126] 또한 공사변경(variation)에 있어 계약상대자에게 보상청구권이 발생하기 위해서는 일반적으로 계약관리자 또는 고용주의 지시(instruction)가 있을 것이 요구된다.[127]

③ **실제 비용의 적절한 기록 보관의 존재 여부**

앞서 설명한 바와 같이, FIDIC 계약조건에서 공사변경으로 인한 보상의 범위는 JCT 계약조건에 비해 불명확하다. 계약상 방해(Disruption) 클레임과 관련하여,

---

124) JCT SBC/Q 2016년판.

125) SCL 프로토콜의 발주자 측 사유(Employer's Risk Event)와 유사하다.

126) JCT SBC/Q 2016년판 4.21조.

127) JCT SBC/Q 2016년판 3.14조. FIDIC 1998 개정판하에서 공사변경에 따른 보상청구권에 대해 별도의 통지는 요구되지 않는다. 다만, 계약조건에 따라서는 공사변경에 따른 보상권 청구에도 통지가 요구될 수 있다. 유의할 점은 FIDIC 1998 개정판하에서 공사변경에 따른 공기연장 클레임시 계약조건 20.1조에 따라 통지가 요구된다는 것이다.

FIDIC을 포함한 대부분의 표준계약들은 방해(Disruption)를 야기할 수 있는 특정한 사건(예컨대 예기치 못한 지반 조건 등)을 규정하기는 하지만, 방해(Disruption)에 대한 보상을 직접 규정하지는 않는다. 그러나 FIDIC 계약조건에서 공사변경의 개념에 비추어 볼 때, 원공사 작업의 방해(Disruption)는 공사변경의 범주에 포함될 수도 있다.

방해(Disruption) 클레임의 금액 산정 방법에 대해서는 IV.에서 자세히 살펴본다.

9. 소결

공사변경(variation)을 평가하는 계약적 메커니즘은 일반적으로 (i) 계약가(계약단가 또는 가격), (ii) 시장가(시장단가 또는 가격), 그리고 (iii) 실제 비용과 이윤을 근거로 한다. 어떤 항목을 근거로 할지는 계약조건과 변경공사의 조건 및 특성에 따라 달라질 것이다. 일반적으로 JCT, FIDIC 및 SCL 프로토콜의 지침과 유사한 다음의 평가 방식을 설정하는 경우가 많다.

1단계: 계약 내역서/물량산출서(Contract sum analysis 혹은 bill of quantities) 혹은 단가 내역서(Schedule of Rates or Prices)의 활용-각각의 차이점에 대해서는 쟁점 1 참조.

2단계: 계약가를 활용한 조정 또는 공정한 '수당(allowance)'의 포함

3단계: 공정한 단가 또는 가격의 적용 – 일반적으로 비용외 접근법(cost plus approach)으로 평가되지만, 시장가 또한 평가 근거가 될 수 있다(쟁점 4).

계약적 메커니즘에 따라 어떤 단계를 적용해야 하는지는 계약 조건에 따라 달라지나, 주로 공사조건 및 공사특성이 유사한지 여부가 중요한 고려 요소에 해당한다. 특히 영국법에서는 상당히 다른 성격의 공사도 계약적 메커니즘(3단계 공정한 단가와 가격)에 의해 평가될 수 있는 것으로 보인다(쟁점 3).

공사변경 중 삭제된 역무는 추가된 역무와 동일한 방식으로 평가되지 않을 수 있다. 영국법에서 추가된 역무는 계약 문구를 엄격하게 해석하여 평가하는 반면(쟁점 2), 삭제된 작업에 대해서는 계약 문구를 전체적으로 고려할 수 있는 것으로 판단된다(쟁점 5).

발주자가 공사변경을 과다하게 지시하는 경우, 영국법상 원칙은 시공자가 개별적으로 공사변경을 평가해야 하는 것이다. 시공자의 어려움을 해소하기 위해 표본조사 방법128)이 평가에 도움이 될 수 있으나, 추출된 표본이 충분한 대표성이 있어야 한다는 전제조건이 있다(쟁점 6).

JCT 계약조건에 따르면 시공자는 공사변경(variation)을 실행하는 직접 비용(노무비, 재료비 및 장비비)에 더하여, 공사변경을 수행하는 데 필요한 추가 간접비에 대해서도 보상을 청구할 수 있다(쟁점 7-1). 공사변경으로 인해 공기가 연장되었을 경우에도 추가 간접비 청구가 가능하며(쟁점 7-2), 공사변경으로 인해 공사변경되지 않은 공사가 방해(Disruption)를 받은 경우에도 클레임의 대상이 된다(쟁점 7-3).

---

128) 표본으로 추출된 공사변경에서의 발견된 결과를 표본으로 추출되지 않은 공사변경에 유추하여 적용하는 방법이다.

IV. 방해(Disruption) 클레임

1. 개관

이하에서는 건설관리 관련 미국 중심의 대표적인 협회인 Association for Advancement of Cost Engineering International(이하 "AACEI")의 실무지침 (Recommended Practice)[129] 및 미국법 그리고 SCL 프로토콜을 중심으로 방해 또는 간섭(Disruption)으로 인한 비용보상[130] 클레임(이하 "방해 클레임")[131]을 다루고자한다. 실제 방해 클레임 분쟁에서 AACEI 실무지침과 SCL 프로토콜은 각 당사자들이 채택한 분석방법의 정당성을 뒷받침하는 전거로서 자주 원용되고 있다.

JCT 계약조건과 FIDIC 계약조건은 'disruption'에 대한 비용보상 청구권을 구체적으로 명시하고 있지는 않다. 그러나 JCT 계약조건[132]의 경우 클레임 사유인 'Relevant Matters' 중 4.22.5조[133]에 의해 방해 간섭 행위에 대한 비용보상이 가능하다. 또한 FIDIC 계약조건의 경우 disruption을 구성하는 발주자의 구체적인 행위, 예컨대 발주자의 부지 인도 의무의 불이행에 대해 비용(Cost) 보상이 가능한데, 준거법과 계약 해석에 따라 보상 대상이 되는 비용(Cost)[134]에 방해 또는 간섭으로 인해 증가된 비용도 포함될 경우 역시 비용보상이 가능하다.

방해(disruption) 분석의 목적은 발주자의 방해 또는 간섭 행위(disruption)가 없었더라면 발생하지 않았을 생산성 저하와 그에 따른 손실을 분석하는 것이다.[135] 여기서

---

129) Recommended Practice No.25R-03 "Estimating Lost Labor Productivity in Construction Claims", AACEInternational, AACEInternational Recommended Practice, 2004

130) 일반적으로 방해로 인한 비용보상은 비용(cost)에 근거하여 보상되나 반드시 비용(cost)에 근거해야 하는 것은 아니다. 방해로 인한 실제 자원의 증가분과 계약상에 규정된 필요 자원 단가를 근거로 방해로 인한 비용보상액을 산정되는 것도 계약조건에 따라 가능하다.

131) Disruption은 방해/간섭으로 번역되는 경우가 많은데, 본고에서는 Disruption Claim을 편의상 '방해 클레임'이라고 칭하기로 한다.

132) JCT SBC/Q 2016년판

133) "any impediment, prevention or default, whether by act or omission, by the Employer, the Architect/Contract Administrator, the Quantity Surveyor or any Employer's Person, except to the extent caused or contributed by any default, whether by act or omission, or the Contractor or any Contractor's Person."

134) 본 저서 2.II.에서 설명하였듯이 FIDIC 계약조건 1.1.19 조는 '비용(Cost)'을 "관리비 및 유사경비를 포함하여 현장 내외에서 시공자가 합리적으로 부담한 또는 부담하여야 하는, 이윤을 제외한 모든 지출"로 정의한다.

생산성은 특정 물량을 생산하는 데 필요한 자원의 투입량으로, 흔히 '공수(man.hour 혹은 equipment.hour)'로 표현된다. 공수는 사람이나 기계가 한 일의 양의 정량화이다. 예를 들면 작업자 10명이 10시간에 걸쳐 A라는 제품을 완성하였다면 작업의 양은 10명 × 10시간, 즉 100 man.hours가 A제품을 생산하는 데 투입한 것이 된다.[136]

생산성의 저하는 동일한 물량을 시공하는 데 필요한 자원의 증가를 의미하기 때문에 필연적으로 비용의 증가로 이어진다. 예를 들어, 작업자 10명이 10시간에 걸쳐 A라는 제품을 완성하였다면 A 제품을 생산하는 데 필요한 작업의 양은 10명 × 10시간, 즉 100 man.hours가 된다. 그런데 동일한 A 제품을 작업자 10명이 11시간에 걸쳐 완성하였다면 전자보다 10 man.hours가 많은 110 man.hours가 투입된 것이다. 즉, 전자보다 생산성이 저하된 결과 추가비용이 투입된 것이다.

생산성과 비용은 이처럼 동전의 앞 뒷면과 같기 때문에, 방해(disruption) 분석 방법은 생산성에 초점을 맞추는 방법(productivity-based methods)과 비용에 초점을 맞추는 방법(cost-based methods)으로 구분되기도 한다.[137] 자세한 방해(disruption) 분석은 5.3. 방해분석(disruption analysis) 방법에서 설명한다.

2. 지연(delay)과의 차이점

공기지연(delay to completion 또는 critical delay)과 방해(disruption)는 개념상 구분됨에도 불구하고 많은 경우 동일한 사유로 인해 함께 발생하기 때문에 그 분석 과정에서 혼란이 야기되기가 쉽다.[138] 가령, 발주자 측 사유로 인해 시공자의 공사 진행이 방해를 받고, 이로 인한 결과로 전체 공기가 지연이 되는 경우가 발생할 수 있는데, 이 경우 공기지연 분석을 기반으로 비용을 클레임[139]하는 것도 가

---

135) SCL 프로토콜 핵심원칙 18.
136) 공수는 사람이나 기계가 한일의 양을 정량화한 것이다. 예를 들면 작업자 10명이 10시간에 걸쳐 A라는 제품을 완성하였다면 작업의 양은 10명 × 10시간, 즉 100man.hours가 A제품을 생산하는데 투입되었다고 한다. 작업자 2명이 50시간에 걸쳐 B라는 제품을 완성하였다면 작업의 양은 2명 × 50시간, 즉 100man.hours가 B 제품을 생산하는데 투입되었다고 한다. 이 경우 A제품을 만든 10명의 작업조와 B제품을 생산한 2명의 작업조는 동일한 생산성을 보여준다고 판단할 수 있다.
137) SCL 프로토콜 파트 B. 18.13.
138) Burr A. (2016) Delay and Disruption Construction Contracts (5th ed). London. Informa UK, First Supplement, 17－003
139) 흔히 공기연장(EOT) 일수에 프로젝트 전체의 시간 관련 비용(Project wide time-related cost)를

능하지만, 그 대신 발주자의 방해행위와 그로 인해 발생한 추가 자원과 추가 비용에 대한 클레임을 제기하는 것도 가능하다.

그러나 지연(delay)과 방해(disruption)는 클레임 분석에 있어서도 서로 구별하는 것이 타당하다. 미국 연방 클레임 법원(The Court of Federal Claims)은 *Bell v US*[140] 사건에서 "지연클레임은 공기지연과 공사를 진행할 수 없는 상태에 대한 비용에 초점을 맞추는 반면, 방해 클레임은 계획 대비 저하된 생산성에 따른 비용에 초점을 맞춘다."고 하여 양자를 구별하고 있는데, 동 판결은 지연과 방해의 차이에 관하여 가장 많이 인용되고 있다.[141]

이에 따르면 지연분석(delay analysis)과 방해분석(disruption analysis)은 동일한 사안에 대한 서로 다른 별개의 분석에 해당한다.[142] 구체적으로 지연분석은 (a) 프로젝트 완공기한 및 그에 따른 공기 연장(EOT) 클레임에 초점을 맞추며, (b) 공사가 완전히 중단된 상황에 적합한 분석으로, (c) 프로젝트 전체의 시간 관련 비용(project wide time-related cost)이 얼마나 증가했는지를 분석의 대상으로 삼는다. 반면에, 방해분석은 전체 공기를 논외로 한 채 (a) 발주자의 공사에 대한 방해나 간섭 행위의 내용, (b) 그로 인해 시공자의 당초 계획에 비해 작업의 효율성이 얼마나 저하되었는지와 (c) 시공자가 당초 계획과 비교하여 추가적으로 투입한 자원이 얼마나 되는지를 집중하여 분석한다. 다시 말해, 지연 분석은 시간에 초점을 맞추는 접근 방식(time-concentration approach)이고, 방해분석은 생산자원과 비용에 집중하는 접근 방식(resource/cost-concentration approach)이라고 볼 수 있다.

다만 발주자의 방해가 항상 공기지연으로 이어지는 것은 아니기 때문에 모든 경우에 지연분석과 방해분석이 동시에 가능한 것은 아니다.[143] 발주자의 방해가 전체 공기와 무관한 공사, 즉 주공정(critical path)에 영향을 미치지 않는 공사를 대상으로 이루어질 수도 있고, 방해로 인한 전체 공기의 지연 영향을 시공자의 추가

곱하여 산정한다.

140) Fed Cl No 03−1613C (filed 14 July 2006)

141) 원문은 다음과 같다. "[A]lthough the two claim types often arise together in the same project, a 'delay' claim captures the time and cost of not being able to work, while a 'disruption' claim captures the cost of working less efficiently than planned."

142) Keane, P.J. & Caletka, A. F. (2015) Delay Analysis in Construction Contracts (2nd ed)., Somerset: Wiley, 3.4.1

143) Burr A. (2016) Delay and Disruption Construction Contracts (5th ed). London. Informa UK, First Supplement, para. 17−003.

자원투입으로 인해 만회할 수도 있기 때문이다. 이처럼 공기지연이 실제로 발생하지 않는 경우에는, 공기지연분석이 아니라 방해분석이 이루어져야 할 것이다.

방해분석은 주로 노동 생산성 손실에 초점을 맞추고 있지만, 다양한 분야에 적용될 수 있으며 대표적으로 시공자의 추가 간접비를 분석하는 방법으로도 활용되고 있다. SCL 프로토콜 2002년판에서는 방해분석과 관련하여 간접비 손실은 언급하지 않았으나, 2017년 개정판에서는 간접비에도 방해분석의 적용이 가능함을 명기하고 있다.[144] 참고로 SCL 프로토콜 2002년판이 공기지연에 보다 중점을 두었던 반면, 2017년 개정판에서는 방해분석에 보다 많은 부분을 할애하였는데,[145] 이러한 변화는 미국을 중심으로 발전한 다양한 방해분석 방법론이[146] 영국을 포함한 다른 지역으로 확대되고 있는 점을 고려한 것으로 보인다.

이처럼 방해분석의 영역이 간접비 손실에 대한 클레임까지 확장되는 것은 건설 프로젝트의 대형화로 인해 손해배상액 입증에 있어 필수적인 인과관계 입증이 더욱 중요해졌기 때문으로 보인다. 대형 프로젝트에서는 단순히 발주자 측 사유로 인해 전체 공기가 증가한 사실만을 근거로 현장 전체의 시간 관련 간접비(project-wide time related cost)를 청구할 경우, 발주자는 인과관계가 입증되지 않았음을 이유로 시공자 청구의 기각을 주장할 수 있다.[147] 이러한 경우 방해분석이 대안이 될 수 있을 것이다. 자세한 논의는 2.V.에서 하기로 한다.

지연분석에 따른 클레임이든 방해분석에 따른 클레임이든 모두 발주자 측 사유에 따른 시공자 자원의 추가 투입에 관한 클레임이므로, 동일한 자원에 대해 두 가지 방법으로 분석하여 클레임을 제기할 경우, 클레임 금액 중 중복된 부분이 발생할 수 있음을 항상 유의해야 한다.

---

144) SCL 프로토콜 파트 B. 18.14.
145) 2002년 개정판은 방해분석(disruption analysis)보다는 지연분석(delay analysis)에 보다 집중하고 있다. Bailey, J (2014) The Society of Construction Law Delay and Disruption Protocol: A retrospective analysis SCL Paper 189
146) 지연분석과 방해분석 분야에서 영국의 권위있는 교과서인 Andrew Burr의 'Delay and Disruption Construction Contracts' 에서 방해(disruption) 관련 부분은 상당수의 미국의 판례, 저술, 연구결과를 인용하였다. 또한 AACE International Recommended Practice No. 25R-03. "Estimating lost labor productivity in construction claims."은 방해분석(disruption analysis)에 대해 포괄적인 내용을 담고 있다.
147) *Costain v Haswell* [2009] EWHC 3140 (TCC)

3. 기록 관리의 중요성

클레임에 있어서 기록 관리의 중요성은 아무리 강조해도 지나치지 않다. 그리고 특히 방해분석에서 기록 관리가 잘 되지 않을 경우에는 시공자가 발주자 측 사유에 따른 비용보상을 받을 권리를 입증하더라도, 클레임한 금액과의 인과관계 입증에 실패하여 보상을 받지 못하는 경우도 종종 나타난다. 이는 방해분석의 경우가 지연분석보다 더 많은 정보가 상당한 분량의 기록을 통해 요구되기 때문이다.[148] 다음 그림을 통해 설명해 본다.

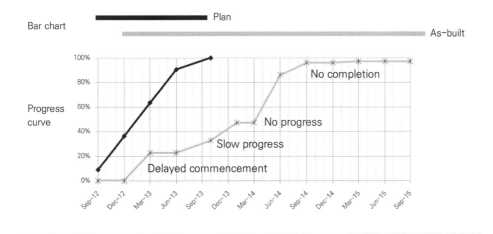

‖**그림 3**‖ Bar chart vs. 공정율 그래프(progress curve chart)

지연분석에서 주로 활용되는 현장정보는 위 그림 상단과 같은 공정 프로그램의 Bar chart 정보이다.[149] Bar chart는 당초 계획된 작업의 시작일과 종료일에 대한 정보를 제공하는데, 클레임 실무상 이를 토대로 지연분석이 이루어지는 경우가 많다.

---

148) 이는 클레임 제기 시 많이 활용되는 지연분석 방법인 시간 영향 분석(Time Impact Analysis, TIA)을 기준으로 한 것이다. 중재 사건에서는 As-Planned v As-Built Window 분석 방법, 즉 계획 공정과 실제 공정을 비교하는 방법이 일반적으로 많이 활용되는데, 이 지연분석 방법은 시간 영향 분석(TIA)에 비해 상당한 양의 기록이 필요하다.

149) 이는 클레임 시 많이 활용되는 지연분석 방법인 시간 영향 분석(TIA)을 기준으로 한 것이다.

그러나 Bar chart는 방해분석을 위해 충분한 자료는 아니다. 방해분석을 위해서는 주간 또는 월간 공정 보고서(Weekly/Monthly Progress Report) 등과 같이 실제 공정진행률을 보여주는 자료가 추가적으로 필요할 수 있다.

예컨대 위 그림 3 하단의 공정율 그래프(progress curve chart)는 방해분석을 위한 다음과 같은 정보를 제공하고 있다.

(a) 2012년 9월부터 12월까지 공정의 착수가 지연되었음.

(b) 2012년 12월 작업착수 후, 2013년 3월까지는 당초 계획 대비 유사한 공정 진행율을 보임.

(c) 2013년 3월부터 2014년 3월까지는 당초 계획 대비 저조한 공정 진행률을 보이다가 작업이 중단되는 양상을 보임.

(d) 2014년 3월부터 9월까지는 당초 계획과 유사한 공정진행율을 보였음.

(e) 2014년 9월 이후 공사는 더 이상 진행되지 않았으나 공정율이 100%에는 못미쳐 공사완료는 이루어지지 않았음.

이러한 공정율 그래프는 주간 또는 월간 공정 보고서에 포함되는데, 이를 통해 각 구간별 방해의 정도, 생산성 저하 및 추가자원 투입을 확인함으로써 방해분석을 할 수 있다.

4. 방해분석 방법

방해분석의 구체적인 방법을 살펴본다. 방해분석은 미국을 중심으로 발전해 왔는데, 미국 중심의 대표적인 협회인 AACEI의 실무 지침(Recommended Practice)은 다음과 같이 다양한 방해분석 방법들을 제시하고 있다.[150]

---

150) Recommended Practice No.25R-03 "Estimating Lost Labor Productivity in Construction Claims", AACEInternational, AACEInternational Recommended Practice, 2004.

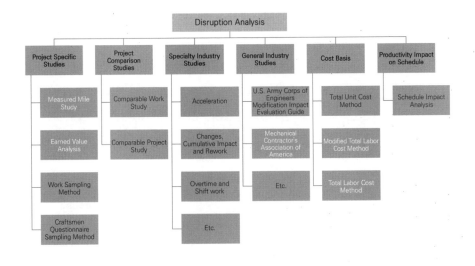

‖ 그림 4 ‖ AACEI 방해분석 (disruption analysis)

반면 영국 기반의 SCL 프로토콜은 방해분석 방법을 생산성 기반방법(productivity-based methods)과 비용기반방법(cost-based methods)의 두 가지로 구분하고 있다.[151]

Productivity-based methods	Cost-based methods
1. Project-specific studies:	1. Estimated v incurred labour
(a) Measured mile analysis	2. Estimated v used cost
(b) Earned value analysis	
(c) Programme analysis	
(d) Work or trade sampling	
(e) System dynamics modelling	
2. Project-comparison studies	
3. Industry studies	

‖ 그림 5 ‖ SCL 방해분석(disruption analysis)

---

151) SCL 프로토콜 파트 B. 18.13.

SCL 프로토콜에 따르면 방해분석은 생산성 저하가 언제 발생했는지, 방해를 받은 작업이 무슨 작업인지 확인하기 위해 시간의 경과에 따른 작업의 생산성을 검토하는 것으로부터 출발한다고 하면서, 이후 어떤 작업이 수행되었고, 언제 해당 작업이 수행되었으며, 어떤 자원이 사용되었는지에 대한 분석이 이루어진 후 실제 발생한 금전적 손실에 대한 검토가 이루어져야 하고, 따라서 정확한 프로젝트 기록을 유지하는 것은 지연분석과 마찬가지로 방해분석에 있어서도 중요하다고 설명하고 있다.152)

구체적으로 방해분석은 실무상 다음 단계에 따라 진행된다.

1단계: 발주자의 방해 내지 간섭으로 인해 생산성이 저하된 공사 또는 작업의 확인
2단계: 방해를 받은 공사 또는 작업에 실제 투입된 인력, 장비 및 생산량 자료의 수집
3단계: 기준 생산성(baseline productivity)의 결정
4단계: 기준 생산성과 실제 생산성의 비교
5단계: 기준 생산성과 실제 생산성 비교를 통해 추가 투입된 인력/장비의 공수 계산
6단계: 추가 투입된 인력/장비의 공수에 인력/장비 단가를 곱하여 방해비용 산정(multiplying the lost labour or equipment hours by hourly labour rates)

이 중 가장 중요하고 분쟁의 소지가 많은 단계는 3단계의 '기준 생산성(baseline productivity)'을 결정하는 것이다. 방해(disruption) 클레임이란 본질적으로 발주자의 방해가 없었더라면(but for the prevention or disruption by the employer) 시공자가 있

---

152) SCL 프로토콜 파트 B. 18.7. 원문은 다음과 같다. "The starting point of a disruption analysis is a review of productivity in carrying out the works over time in order to determine when lower productivity was achieved and what work activities were impacted. The analysis should then continue with development of an understanding of what works were carried out, when the works were carried out and what resources were used, followed by a review of the financial loss incurred. Maintaining accurate project records is therefore equally as important for a disruption analysis as it is for a delay analysis."

어야 할 상태가 되도록 금전적으로 보상하는 것이기 때문에, 발주자의 방해가 없었을 경우의 생산성,[153] 즉 '기준 생산성(baseline productivity, 이하 "기준 생산성")[154]을 어떻게 설정하는지에 따라 보상가액이 달라지게 되고, 이는 방해 클레임 분쟁의 가장 중요한 쟁점이 된다. 이에 따라 다양한 형태의 기준 생산성이 클레임에서 활용되고 있고, 방해분석 방법의 분류 기준이 되고 있다. 즉, Measured mile 분석은 시공자가 실제 달성한 기준 생산성을 기반으로 하며, 획득 가치 분석(earned value analysis)은 시공자의 계획 또는 예산(contractor's plan or budget)상의 생산성을, 산업표준 연구(industry studies) 방법은 산업 표준 생산성을 각각 기준 생산성으로 삼는다.

AACEI와 SCL에서 소개된 다양한 방해분석 방법 중 국제 중재 실무에서 자주 사용되는 방해분석 방법인 (i) measured mile 분석, (ii) 획득 가치 분석(earned value analysis), (iii) 산업표준 연구(industry studies), (iv) 총원가법(total cost method), (v) 수정 총원가법(modified total cost method)의 구체적 내용들을 살펴보면 다음과 같다.

가. Measured mile 분석

Measured mile 분석 방법은 미국과 영국의 법원과 실무가들에 의해 가장 신뢰받는 방해분석 방법론으로 선호된다.[155] Measured mile 분석은 방해의 영향을 받지 않은 기간(un-impacted period)과 방해 영향을 받은 기간(impacted period) 사이의 생산성과 그에 따른 비용의 차이를 비교·분석하게 된다.[156] 'measured mile'이라는 용어는 방해나 간섭의 영향을 받지 않은 기간의 생산성을 지칭한다.

그림 6에서는 measured mile 분석의 구체적인 계산방법을 예시화한 것인데, 개략적인 내용은 다음과 같다.

---

153) 손해배상의 관점에서 보면 계약 위반이 없는 경우 혹은 계약이 정상적으로 수행되었을 경우의 원고의 재정적 상태인 but-for position에 해당한다.

154) 본 저서 1.Ⅳ.에서 일반적인 손해배상의 산정방법은 (i) 계약 위반이 없는 경우(혹은 계약이 정상적으로 수행되었을 경우)의 원고의 재정적 상태(But-for position)와 (ii) 원고의 실제 재정적 상태(Actual position)를 비교하여 그 차이를 계산하는 것이라고 설명한 바 있다. 따라서 기준 생산성은 손해배상의 관점에서 보면 계약 위반이 없는 경우, 즉 계약이 정상적으로 수행되었을 경우 원고의 재정적 상태(But-for position)를 의미한다.

155) SCL 프로토콜 파트 B.18.16, Keane, P.J. & Caletka, Anthony F, (2015) Delay Analysis in Construction Contracts 2nd ed., Somerset: Wiley 3.4.5; Bell BCI v US Fed Cl No 03−1613C (filed 14 July 2006)

156) Clark Construction Group Inc (2000) VABCA No 5674, 00−1 BCA 30,870; Long. R, Carter. R, Buddemeyer. H, (2014) Cumulative Impact and Other Disruption Claims in Construction, Texas, Virtualbook.com, pp. 30−33

Description	Unit	Undisrupted	Disrupted
Volume of Concrete	m3	6,000	6,000
Actual Man.days	Man.days	12,000	20,000
Productivity	Man.days/m3	2.0	3.3
Expected Man.days based on undisrupted period:			12,000
Adtional Man.days			8,000
Average Labour Rate(USD/man.day)			80
Claimed			640,000

‖ 그림 6 ‖ measured mile 분석

- 방해를 받지 않은 구간의 경우, 6,000m³의 콘크리트 공사를 위해 12,000공수(man.day)가 투입되어서 콘크리트 1m³공사에 투입되는 공수는 2공수/m³(12,000/ 6,000)로 산정된다.

- 방해를 받은 구간은 6,000m³의 콘크리트 공사를 위해 20,000공수가 투입되어서 콘크리트 1m³공사에 투입되는 공수는 3.3공수/m³(20,000/ 6,000)로 산정된다.

- 콘크리트 1m³당 1.3공수가 추가로 발생하였고, 이를 환산하면, 6,000m³를 시공하면서, 추가 공수 8,000이 투입되었다.

- 계산의 편의를 위해 일일 80불의 인건비를 적용하면, 640,000불의 클레임 금액이 산정된다.

위의 예시는 단순히 산정방법의 예시일 뿐, 실제 분쟁에서는 사실적 인과관계에 대한 입증이 세부적인 입증자료와 함께 선행되어야 한다. 콘크리트 공사를 예로 들어 보자. 콘크리트 공사는 크게 철근공사, 거푸집 공사, 콘크리트 타설공사, 마무리 공사(하자보수 및 페인트 공사 등)로 구분할 수 있고, 이를 수행하는 인력도 철근공, 목공, 콘크리트 타설공, 마무리 공사를 수행하는 인력(하자보수 인력, 페인트공 등)으로 구분할 수 있다. 콘크리트 공사는 순차적으로 이루어지기 때문에 발주자 측 사유로 인해 콘크리트 공사 중 어느 단계의 진행이 방해를 받았는지를 따져봐야 한다. 그런데 발주자의 방해 또는 간섭에 해당하는 행위가 있다고 해서 콘크리트 공사 전체 과정이 영향을 받았다고 단정하기는 어렵다. 오히려 이러한 경우는 드물 것이다. 즉, 발주자가 제공해야 하는 레미콘 공급의 지연으로 인해 시공자의 콘크리트 타설이 방해를 받아 생산성이 저하된 경우, 레미콘 공급의 지연이 콘크리트 타설공을 제외한 철근공이나, 거푸집 공사를 수행하는 목공, 그리고 마무리 공사를 수행하는 인력의 생산성에 영향을 미치지는 않는다. 따라서 실제로 방해를 받은 특정 공사 또는 작업(콘크리트 타설 작업)이 무엇인지, 그리고 어떻게 방해를 받았는지에 대한 입증이 선행되어야 하고, 그로 인해 영향을 받은 인력(콘크리트 타설공)의 생산성이 저하되었음을 구체적으로 입증해야 한다. 이러한 구체적인 입증이 이루어지지 않은 채 방해로 인해 영향을 받지 않은 인력이 생산성 분석에 포함되어 있다면, 발주자로서는 시공자의 방해 클레임이 사실적 인과관계를 입증하지 못한 글로벌 클레임에 해당하여 받아들여질 수 없다고 주장할 수 있다.

Measured mile 분석 방법을 활용할 경우, 다음과 같은 점을 유의할 필요가 있다.

- 방해를 받은 구간과 받지 않는 구간의 각 작업 장소와 작업 종류는 서로 동일 또는 유사해야 한다.157) 이는 기본적인 사항이지만 실무상 간과되는 경우도 종종 발생한다. 예컨대 방해받은 구간에는 해상공사의 파이프 설치 작업이, 방해를 받지 않은 구간에는 육상공사의 파이프 교체 작업이 각각 진행된 경우, 서로 다른 작업임에도 불구하고 투입된 공수 차이를 비교하여 방해비용을 산정하는 경우가 있다.

- AACEI의 실무지침은 생산성 저하에 영향을 미치는 원인(cause)으로 공사변경, 돌관공사, 부지의 일부 인도, 악천후(adverse weather), 학습곡선(learning curve)158), 초과 근무 등을 열거하고 있는데, 이처럼 생산성 저하의 원인에는 여러 가지가 있기 때문에, 시공자로서는 방해 클레임에서 생산성 저하를 야기하는 방해의 원인이 무엇이고 그것이 발주자 측 사유에 해당한다는 점을 명확하게 특정해야 한다. 예를 들면 JCT 계약조건의 경우는 방해의 원인이 발주자 관련문제(Relevant Matter)에 해당해야 하며, FIDIC 계약조건의 경

---

157) SCL 프로토콜 파트 B. 18.16(a).
158) 새로운 작업 착수 시 초기에 생산성이 일반적인 생산성에 미치지 못하는 곡선구간을 의미한다.

우는 발주자 측 사유가 규정된 개별조항에 포섭되어야 한다. FIDIC 계약조 건상 부지의 일부 인도에 따른 생산성의 저하는 발주자 측 사유(2.1조)에 해 당될 수 있으므로 방해 클레임이 가능하나, 학습 곡선 구간의 생산성 저하 는 발주자 측 사유에 해당하지 않기 때문에 방해 클레임 제기가 어려울 수 있다. 또한 초과근무의 원인이 발주자 측 사유에 해당한다면 방해 클레임이 가능하겠지만 그렇지 않은 경우에는 방해 클레임을 제기할 수 없을 것이다.

- 방해 또는 간섭의 영향을 받지 않는 기간은 충분히 길어야 하며, 그 기간 동안의 생산성 편차가 적고 합리적인 수준에서 일정해야 한다.[159] 방해의 영향을 받지 않은 기간의 생산성이 충분한 기간에 걸쳐 기록되지 않고 단기 간의 생산성을 기준으로 한다면, 이는 measured mile 분석을 위한 적절한 기준 생산성으로 인정받기 어렵다. 이는 기준 생산성을 클레임 금액 산정에 유리하게 취사선택(cherry-picking)한 것에 해당할 수 있다.

- 방해를 받은 기간의 생산성은 실제 투입된 자원을 기준으로 하며, 생산성의 편차가 적고 합리적인 수준에서 일정해야 한다. 그렇지 않은 경우 생산성의 저하가 발주자 측 사유만이 아닌 시공자의 관리 소홀 등의 시공자 측 사유에 의해 발생했을 수 있다고 주장할 수 있다.

- Measured mile 분석 방법은 폭넓은 지지를 받고 있지만, 대규모의 굴착공사, 고층건물의 골조공사 또는 도로포장공사와 같은 반복적인(cyclical or repetitive) 공사 위주로 적용하는 것이 타당하다.[160] 고층건물의 골조공사는 층당 3일이 나 4일 사이클로 진행되기에 발주자의 방해로 인해 특정 층의 사이클이 변경 된다면 measured mile 분석 방법을 활용할 수 있을 것이다. 반면 골조공사의 후속 공정인 인테리어 공사는 특별한 사이클로 진행되지 않기 때문에 각 층별 생산성이 발주자의 방해행위가 없더라도 상이할 수 있고, 따라서 measured

---

159) SCL 프로토콜 파트 B. 18.16(a).

160) Burr A. (2016) Delay and Disruption Construction Contracts (5th ed). London. Informa UK, First Supplement, para. 17–128.

mile 분석 방법을 적용하는 것이 적절하지 않을 수 있다. 또한, 방해를 받지 않은 생산성과 방해를 받은 생산성 모두가 실제 투입한 자원을 기준으로 하기에 상당한 규모의 현장기록자료(Project contemporaneous record)에 대한 분석이 필요하다.[161)

나. 획득 가치 분석(Earned Value Method, "EVM")

획득 가치 분석(이하 "EVM")은 시공자의 계획 또는 예산(contractor's plan or budget)과 실제 작업 성과를 비교하는 것을 내용으로 하게 된다.[162] 이는 measured mile 분석이 시공자의 실제 작업 성과 구간, 즉 방해를 받은 구간과 방해를 받지 않은 구간 모두를 비교하는 것과 구별된다. 시공자의 계획 또는 예산은 계약금액 혹은 발주자와 합의된 공정계획(baseline programme)[163)으로부터 도출할 수 있을 것이다. 그리고 생산성 저하에 따른 추가 공수는 계획/예산 기준의 공수와 실제 공수의 비교를 통해 도출한다.[164] 그러나 시공자의 계획 또는 예산과 실제 공수의 생산성 비교가 어려운 경우, EVM은 생산성이 아닌 비용을 기준으로 할 수도 있다.[165]

아래는 EVM의 계산방법을 예시화하였다.

Description	Man-hours	Average Labor Rate (USD)	Labour Costs (USD)
Actual	14,050	40	562,000
Earned	6,200	40	248,000
Claimed	**7,850**		**314,000**

‖ **그림 7** ‖ 획득 가치 분석

---

161) SCL 프로토콜 파트 B. 18.16(a).

162) Long. R, Carter. R, Buddemeyer, H. (2014) Cumulative Impact and Other Disruption Claims in Construction, Texas, Virtualbook.com, p. 60.

163) 일반적으로 건설계약서상 시공자는 착공지시서가 발급된 날로부터 수일(FIDIC을 기준으로는 28일) 이내에 공정관리 계획을 엔지니어나 발주자에게 제출하도록 하고 있고 이러한 공정관리 계획를 흔히 Baseline Programme이라고도 지칭하고는 한다.

164) Nguyen, Long D. and Ibbs, William, "Case Law and Variations in Cumulative Impact Productivity Claims", Journal of Construction Engineering and Management, ASCE, August 2010, p. 830.

165) SCL 프로토콜 파트 B. 18.16.

- 시공자의 계획 또는 예산은 특정 공종에 6,200공수(man.day)를 투입할 계획이었고, 예산은 인건비 USD 40을 적용할 때 USD 248,000로 계산된다.
- 실제 투입 공수는 14,050공수(man.day)이고 실제 발생한 비용은 인건비[166] USD 40을 적용하면 USD 562,000로 산정된다.
- 따라서, 추가 7,850공수(man.day) 발생에 대한 추가 비용은 USD 314,000 (= USD 562,000 − USD 248,000)으로 산정된다.

EVM은 클레임을 제기하는 입장에서 실무적으로 가장 효율적인 방법에 해당하는 것으로 생각된다. 다만, EVM을 활용하기 위해서는 클레임 사안에 따라 실제로 발생한 자원/비용 및 계획된 자원/비용이 공종, 구역, 공사별로 분개(allocation)되어야 한다는 전제 조건이 충족되어야 한다. 발생비용이나 계획비용이 특정 공종/구역/공사에 분개되지 않을 경우, 프로젝트 전체 규모의 계획비용/자원을 기준 생산성으로 활용하게 되는데 이는 글로벌 클레임으로 인정되어 클레임의 기각사유가 될 수 있다.

최근 많은 해외 시공자들은 공사 초기에 Work Breakdown System("WBS")을 구축하여, 이를 기반으로 현장의 발생 자원/비용을 분개하여 기록하고 있으며, 이에 따라 모든 발생 자원/비용마다 WBS 코드가 설정된다. 이러한 관리 체계하에서는 클레임 사유가 발생할 경우, 시공자는 발주자에게 클레임 사유에 대해 통지를 하고 이후 발생비용에 클레임 관련 WBS 코드를 부여하여 추적, 관리하게 되는데, 이것이 가장 바람직한 실무로 정착되고 있다.

한편 이러한 WBS와 관련해서는 프로젝트 초기에 WBS 코드와 공정표상의 작업(activity)를 최소한 상위 레벨에서 매칭시키는 것이 권장되며, 이러한 WBS 코드와 공정표상의 작업(activity)이 연계되어 있을 경우 발주자에 의한 공기에 대한 방해와 비용에 대한 방해를 동시에 추적할 수 있을 것이다.[167] SCL 프로토콜은 이러한 방법을 'programme analysis'라고 지칭한다.[168]

---

166) 이것은 설명의 편의를 위해 임의로 적용한 평균 인건비의 금액이며 실제로 인건비 금액을 얼마로 할지도 실무상 쟁점이 된다. 일반적으로는 실제 발생한 개개 인건비를 적용하는 것이 가장 이상적일 것이나 계산상의 어려움이 있기에, 실제 발생한 평균 인건비를 적용해야 함을 주장할 수도 있을 것이다. 반면 계약상 기재된 인건비의 계약단가를 적용을 주장할 수도 있다.

167) 이에 대한 예시는 본 저서 2.V.4.을 참조하기 바란다.

168) SCL 프로토콜 파트 B. 18.16 (c).

한편 시공자의 계획 생산성(EVM의 경우 기준 생산성)이 발주자 측 사유가 없었다면 현실적으로 달성 가능했을 생산성으로 검증 작업 없이 가정해서는 안 된다. 이는 시공자의 계획 생산성 산정이 부실했을 수도 있고, 지나치게 낙관적인 가정에 기초하여 입찰을 하였을 수도 있다. 흔히 '전략적 입찰'이라 지칭되는 저가입찰의 경우 높은 생산성을 기초로 하여 입찰금액을 책정하였을 가능성이 많기에 발주자의 입장에서는 시공자의 계획 생산성에 대한 적절한 검증 없이 시공자의 계획 생산성을 발주자 측 사유가 없었다면 현실적으로 달성할 수 있었던 생산성(즉, 기준 생산성)으로 인정하는 것은 부당할 것이다. 이러한 측면에서 실제 달성한 생산성을 기준 생산성을 기반으로 하는 measured mile 방법론이 EVM보다는 폭넓은 지지를 받고 있다.

다. 산업표준 연구(industry studies) 방법을 활용하는 방법

산업표준 연구(industry studies) 방법 (이하 "산업표준 연구 방법")은 많은 비판에도 불구하고 꾸준히 활용되어 왔다. 산업표준 연구 방법은 주로 산업표준 생산성(industry productivity norms)과 실제 생산성을 비교하는 것을 내용으로 한다. SCL 프로토콜 18.18조에서 산업표준 연구 방법을 다음과 같이 설명하고 있다.[169]

> "프로젝트의 자료가 불충분하여 프로젝트를 기반으로 한 분석이 어려운 경우, (건설) 산업 전반의 연구에서 개발한 데이터를 사용한 생산성 손실 추정이 도움이 될 수 있다. 단, 이는 연구 데이터가 방해된 프로젝트의 작업조건 및 건설 유형과 관련된 경우에만 가능하다."

AACEI의 실무 지침의 부록(Appendices)에서는 다음과 같은 연구결과를 소개하고 있다.[170]

---

169) 원문은 다음과 같다: "Where there is insufficient contemporaneous documentation to support a project-specific study or project-comparison studies are not available, a productivity-loss estimate using data developed from studies based on industry-wide research may be of assistance, though only if these studies are relevant to the working conditions and types of construction that applies to the disrupted project."

170) Recommended Practice No.25R-03 "Estimating Lost Labor Productivity in Construction Claims", AACEInternational, AACEInternational Recommended Practice, 2004.

(a) 부록 A: 돌관공사와 관련된 전문 연구(Specialized Studies Related to Acceleration)

(b) 부록 B: 공사변경, 수많은 공사로 인한 누적 영향 및 재작업과 관련된 전문 연구(Specialized Studies Related to Changes, Cumulative Impact and Rework)

(c) 부록 C: 초기작업과 관련된 전문 연구(Specialized Studies Related to Learning Curve)

(d) 부록 D: 초과 근무 및 교대 근무와 관련된 전문 연구(Specialized Studies Related to Overtime and Shift Work)

(e) 부록 E: 프로젝트 특성과 관련된 전문 연구(Specialized Studies Related to Project Characteristics)

(f) 부록 F: 프로젝트 관리 요소와 관련된 전문 연구(Specialized Studies Related to Project Management Factors)

(g) 부록 G: 날씨 관련 전문 연구(Specialized Studies Related to Weather)

발주자의 방해 또는 간섭(disruption) 중 가장 많은 비중을 차지하는 것이 공사변경(Variation)이기 때문에 부록 B의 공사변경과 관련한 연구 결과171)가 유용하게 활용될 수 있다.

다만 산업표준 연구 방법은 클레임 금액을 산정하는 데 도움이 될 수 있지만, 해당 프로젝트의 데이터와 관련 연구의 연계성을 입증하지 못할 경우, 이론적인 분석이라는 비판을 피할 수 없기 때문에 주의해야 한다.172)

산업표준 연구방법이 생산성 손실에 관한 연구 자료를 활용하는 구체적인 방식은 크게 (a) 생산성 저하 관련 '공식'을 활용한 방식(formulaic approach)과 (b) 생산성 저하 관련 '지수'를 활용한 방식(factor approach173))의 두 가지로 구분할 수 있다.

---

171) 이와 관련된 대표적인 연구는 다음과 같다. Leonard, Charles A., "The Effects of Change Orders on Productivity," M.S. Thesis, Concordia University, Montreal, Quebec, 1988; Moselki, Leonard & Fazio, "Impact of Change Orders on Construction Productivity,"Canadian Journal of Civil Engineering, Volume 18, 1991; Construction Industry Institute, "The Impact of Changes on Construction Cost and Schedule," Publication 6−10, April 1990; Hester, Weston T., John A. Kuprenas, and T.C. Chang, "Construction Changes and Change Orders: Their Magnitude and Impact," Construction Industry Institute, SD66, October 1991; Project Change Management Research Team, "Quantitative Effects of Project Change", CII Publication 43−2, May 1995; Ibbs, C.W. & Walter E. Allen, "Quantitative Impacts of Project Change", CII Source Document 108, May 1995; Ibbs, W. & McEniry, G., 2008. Evaluating the Cumulative Impact of Changes on Labor Productivity−an Evolving Discussion. Cost Engineering, 50(12), pp.23−29

172) SCL 프로토콜 파트 B. 18.20.

생산성 저하 관련 '공식'을 활용한 방식(formulaic approach)에 대해 미국 법원은 *Aetna Casualty & Surety Co*[174] 사건에서 방해를 받은 것으로 주장하는 프로젝트와 공식의 관련성에 대한 입증이 필요하다고 판시하여 적극적인 활용에 회의적인 입장을 보인 바 있다.[175] 그러나 레오나드(Leonard) 공식[176]과 같이 조정(mediation), 중재(arbitration), 또는 소송 등에서 폭넓게 활용되고 있는 공식 활용방식도 있다.[177]

다음으로 생산성 저하 관련 '지수'를 활용한 방식(factor approach)의 경우 미국 법원은 신뢰할 수 있는 전문가 증인의 증언이 뒷받침되는 경우에 한해 그 활용을 허용해 왔다.[178] 미국 법원은 *Clark Construction Group*[179] 사건에서, 시공자의 손해를 판단할 때 미국 기계 시공자 협회(MCAA)[180]에서 발행한 생산성 관련 지수 (MCAA Manual Factor)를 적용하였다. 누구도 부인할 수 없는 생산성 손실이 발생한 경우에, MCAA 매뉴얼의 생산성 관련 지수는 합리적인 손실 추정치를 도출하는 방법으로 인정되었다.[181)182]

---

173) 가장 유명한 생산성 저하 관련 지수는 Mechanical Contractors Association of America ("MCAA")에서 발행한 생산성 관련 지수("MCAA Manual Factor")이다.

174) *Aetna Casualty & Surety Co. v. George Hyman Construction Co.*, U.S. Dist., LEXIS 22627 (E.D. Pa. 1998), pp. 273 – 274.

175) 판결문의 발췌본은 다음과 같다. "Formulaic approaches to proving productivity losses are viewed with skepticism by the courts. Studies, formulas and other information relied upon by experts must be shown relevant and applicable to the Project at issue. As explained in McGee Landscaping, Inc … in order for a formula, study, textual material or handbook to be used to determine lost productivity, there must be specific evidence of the applicability of the manual's underlying assumptions to the situation at hand. Where this necessary evidence is not presented, a claim will be rejected for insufficient information to calculate the loss, even if the trier of fact believes that there was some loss of productivity."

176) Leonard의 가장 대표적인 공식은 수많은 공사변경에 의한 생산성 저하에 관한 공식이다.

177) Ibbs, W. & McEniry, G., 2008. Evaluating the Cumulative Impact of Changes on Labor Productivity – an Evolving Discussion. Cost Engineering, 50(12), pp. 23 – 29.

178) Clark Construction Group, Inc., 00 – 1 BCA 30,870, VABCA No. 5674 (April 2000);Clark Concrete Contractors, Inc. v. General Services Administration, 99 – 1 BCA 30280, GSBCA No. 14340 (1999), Fire Security Systems, Inc., 91 – 2 BCA 23,743; and Stroh Corporation, GSBCA No. 11029, 96 – 1 BCA 28,265

179) *Clark Construction Group Inc* (2000) VABCA No 5674, 00 – 1 BCA 30,870

180) Mechanical Contractors Association of America

181) Clark Construction Group, Inc., 00 – 1 BCA 30,870, VABCA No. 5674 (April 2000), p. 42: 발췌문은 다음과 같다. "We will utilize the productivity factors from the MCAA Manual as the best method to arrive at the percentage estimates of…undeniable productivity losses."

182) 영국은 이와 관련한 연구나 관련 판례가 아직 많지 않은 것으로 보인다. Keith, Delay and Disruption in Construction Contracts, 3rd ed., T&F Informa (UK) Ltd., London, 2005, pp.

한편 국제 중재 사건에서 산업표준 연구(industry studies) 방법의 활용에 있어서는 생산성 손실 발생 여부에 대한 입증이 반드시 선행될 필요가 있다. 즉, 생산성 손실을 정량화하기 위한 산업표준 연구방법을 적용하기 전에, 발주자 측 사유 또는 발주자의 계약 위반에 따라 생산성 손실이 발생했는지 여부를 주로 현장자료(Contemporaneous record)와 함께 사실증인의 증언(Fact witness statement)과 기술 전문가의 증언(Technical expert witness statement) 등의 증거를 통해 입증해야 하고, 상대방은 이를 반대증거와 함께 반박해야 한다. 이후 발주자 측 사유로 인해 생산성 손실이 실제로 발생했다는 가정하에, 감정인(quantum expert)이 산업표준 연구방법을 적용하여 금액을 산정하게 된다. 예컨대 발주자 측 사유로 인해 공기지연이 예상되었고 공기지연의 책임소재가 합의되지 않은 상황에서 발주자의 공기를 준수하라는 지시(constructive acceleration)에 따라 시공자가 공기단축을 위해 초과 근무를 한 경우, 시공자로서는 1단계로서 발주자의 지시에 의해 생산성 저하 및 그에 따른 금전적 손실이 실제 발생했다는 사실관계를 입증해야 한다. 그리고 다음 단계에서 초과근무로 인한 금액을 산업표준 연구, 예컨대 초과근무시 생산성이 20% 저하된다는 등의 내용을 근거로 금액을 산정한 후 그 보상을 구해야 할 것이다. 만약 시공자가 방해행위와 생산성 손실 사이의 인과관계에 대한 입증 없이, 산업표준 연구방법을 활용하여 금액 산정에만 집중한다면 방해 클레임은 기각을 피하기 어려울 것이다.

'산업표준 연구(industry studies) 방법'은 많은 비판과 회의적인 시각에도 불구하고 국제중재에서 꾸준히 활용되고 있으나, 이러한 방법이 다른 분석방법과 마찬가지로 중재사건 등에서 성공을 거두려면, 첫 번째 단계에서 현장기록자료(Project contemporaneous record)를 기반으로 실제 시공자 입장에서 피할 수 없는 방해(disruption)가 있었다는 점과 그로 인해 손실이 실제 발생했음을 중재판정부를 상대로 설득하는 것이 중요하다. 방해로 인해 손실이 실제 발생했다는 입증에 성공할 경우, 방해 클레임이 성공할 확률을 매우 높아진다. 1.IV.에서 설명한 바와 같이 중재판정부는 시공자가 주장하는 손해배상액 산정방식에 불확실성이 존재한다는 사실만으로 손해배상 금액을 산정하지 않거나 시공자의 손해배상청구권을 부정하는 경우는 흔치 않으며, 어떻게든 공정한 평가가 이루어질 수 있는 근거를 찾

569-572, paragraph 17.118)

으려 노력하는 경향이 있기 때문에 이러한 관점에서 산업표준 연구(industry studies) 방법을 활용한 클레임을 수용될 가능성이 높다고 볼 수 있다. 다만 금액 산정을 위한 입증 단계에서는 프로젝트와의 관련성을 반드시 입증해야 한다는 점을 유의해야한다.

라. 총원가(total cost) 기준 방식

총원가(total cost) 기준 방식은 시공자의 최종 실제 비용에서 예상 비용(주로 시공자의 입찰금액)을 차감하여 추가 지불에 대한 권리를 정량화한 글로벌 클레임의 한 형태이다.[183] 총원가 클레임은 'top down claim'이나 'composite claim' 혹은 'rolled up claim'으로 지칭되기도 한다. 방해 클레임을 총원가 클레임으로 제기할 경우 클레임 금액은 시공자의 최종 실제 비용에서 예상 비용을 차감한 금액이 발주자의 방해로 인한 생산성 저하에 따라 추가로 발생한 비용으로 청구된다.

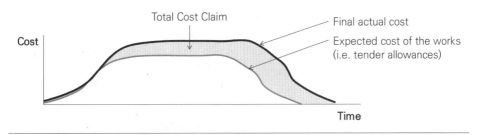

‖ **그림 8** ‖ 총원가(total cost) 기준 방식

앞서 본 바와 같이 사실적 인과관계를 입증하지 못한 클레임을 글로벌 클레임으로 부르는데, 영국에서는 전통적으로는 글로벌 클레임을 제기할 경우 클레임 전체가 부정되었으나, 최근에는 글로벌 클레임에 대해 완화된 입장들이 나타나고 있다.[184]

미국 법원은 다음의 요건이 충족되는 것을 조건으로 총원가 클레임을 허용한다.[185]

---

183) Keating, para. 9-604
184) Keating, paras. 9-065-9-066; Hudson's, para. 6-078; SCL 프로토콜 핵심원칙 17; *John Doyle Construction Ltd v Laing Management (Scotland) Ltd* (CSIH) [2004] BLR 295; *Walter Lilly v Mackay* [2012] EWHC 1773 (TCC)
185) Kelleher, T. J. and Walters, G. (2009) Common sense Construction law (4th ed). New Jersey.

- 손해를 계산하는 다른 방법이 불가능하거나 비현실적일 것
- 실제 기록된 비용이 합리적일 것
- 시공자의 입찰 또는 견적 금액이 정확할 것 그리고
- 시공자의 과실로 인해 비용이 발생하지 않았을 것

1.IV.에서 설명한 바와 같이, '총원가(total cost) 클레임'이 분쟁단계에서 법원이나 중재판정부에 의해 받아들여질지 여부는 구체적인 사실관계에 따라 정해진다. 그러나 총원가 클레임은 글로벌 클레임으로서 클레임 전체 또는 상당한 부분이 기각될 우려가 있기 때문에 가급적 지양하는 것이 바람직하다. '총원가(total cost) 클레임'을 포함한 글로벌 클레임에 대해 SCL 프로토콜은 다음과 같은 제언을 하고 있다.

여러가지 비용보상 원인들의 금전적인 결과를 구분하는 것이 불가능하거나 비현실적인 경우, 다양한 원인이 되는 사유에 대한 비용보상 금액의 정확하고 합리적인 할당은 불가능할 수도 있다. 이러한 경우에 한하여 다음과 같이 두 단계로 진행하는 것을 권장한다. (a) 발주자 측 사유와 관련해서 발생한 비용 손실의 인과관계의 성립이 가능한 클레임 항목들은 각각 개별적으로 산정하고, (b) 잔여 항목들은 합쳐서 함께 일괄보상을 청구하는 것이다.[186]

위 (b) 일괄보상 클레임(글로벌 클레임)의 경우라고 해도, 시공자는 청구원인이 된 발주자 측 사유의 상세 내용, 비용보상 청구의 상세한 내용을 제시해야 한다. 시공자는 또한 각 발주자 사건에 대한 인과관계를 모두 입증하기 위해서 어떤 조치를 취했는지, 그리고 그러한 입증이 왜 불가능하고 비현실적인지를 설명하는 내용을 비용보상 청구와 함께 제출해야 한다. 또한 시공자는 일괄보상 클레임(글로벌 클레임)에 포함된 비용 및 손실이 다른 사유로 인해서 발생하지 않았다는 것을 입증해야 한다.[187]

John Wiley & Sons, p. 465

186) SCL 프로토콜 파트 B. 17.2. 원문은 다음과 같다. "In what should only be rare cases where the financial consequences of the various causes of compensation are impossible or impracticable to distinguish, so that an accurate or reasonable allocation of the compensation claimed cannot be made between the several causative events, then in this rare situation it is acceptable to proceed in two stages: (a) quantify individually those items of the claim for which the causal link can be established between the Employer Risk Event and the resultant costs and/or loss claimed; and (b) claim compensation for the remainder as a composite whole."

187) SCL 프로토콜 파트 B. 17.3. 원문은 다음과 같다. "For the composite part of the claim (the global

마. 수정 총원가(modified total cost) 기준 방식

수정 총원가(modified total cost) 기준 방식은 수정 총원가 클레임에서 사용되는 방식이다. '총원가(total cost) 클레임'에서 일부 비용을 제외하는 클레임을 '수정 총원가(modified total cost) 클레임(이하에서는 '수정 총원가 클레임'으로 용어를 통일한다)'이라고 한다. '수정 총원가 클레임'은 최종 실제 비용과 '조정된 입찰/계약 금액'의 차이를 보상비용으로 청구한다. '조정된 입찰/계약 금액'은 기 승인된 공사변경 및 클레임 금액과 시공자 측 사유(예컨대 저가 입찰분)를 반영한다.

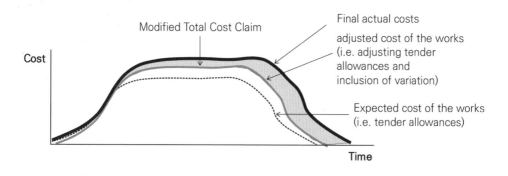

‖ **그림 9** ‖ 수정 총원가(modified total cost) 기준 방식

'수정 총원가(modified total cost) 클레임'은 '총원가(total cost) 클레임'보다는 개선된 방법이기는 하나 여전히 글로벌 클레임으로 받아들여질 수 있기에 마찬가지로 추천되는 방식은 아니다.

claim), the Contractorwill nevertheless need to set out the details of the Employer Risk Events relied on and the compensation claimed with sufficient particularity so that the Employer knows the case that is being made against it. It is also advisable for the Contractor to accompany its claim with a statement as to the steps it has taken to try fully to particularise the causal link for each Employer Risk Event in its claim, and the reasons why this has proved impossible or impracticable. The Contractor will also need to demonstrate that it would not have incurred the costs or suffered the loss included in the composite claim in any event."

바. 방해분석 관련 입스(Ibbs) 교수의 연구

미국 버클리대 입스(Ibbs) 교수는 미국의 판례 등을 다각도로 연구 분석하여 방해분석과 관련한 많은 혜안을 제공하는 연구 결과를 발표해 왔다. 그중에서 방해분석 방법 선택에 도움이 되는 연구자료가 있어 소개하고자 한다.

입스(Ibbs) 교수는 프로젝트 문서 기록 수준(Contemporaneous Project Documentation), 필요한 프로젝트 데이터의 검증 가능성, 분석 방법의 신뢰성(Result/Outcome Uncertainty), 작성 비용 및 작성을 위한 전문지식(Expertise/Cost to prepare or use)들 사이의 상호관계를 개념적으로 설명하는 다음 그래프(그림 10)를 제시한 바 있다.[188]

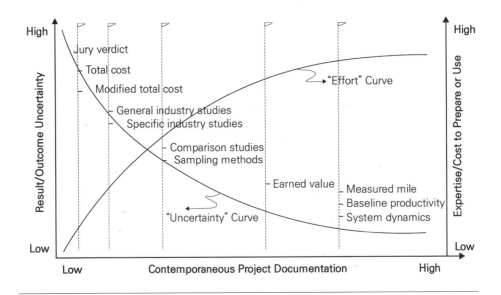

‖ 그림 10 ‖ Reliability of lost productivity quantifying methods

위 표에서 가로축은 프로젝트 데이터의 속성을 나타내며 두 개의 세로축은 생산성 손실에 대한 정량화 방법의 속성을 나타낸다. 나열된 방법은 일반적으로 그래프의 위에서 아래로 이동함에 따라 신뢰성이 증가하지만, 분석을 위해 요구되는 전문성의 수준이 높아지고 관련 비용도 늘어나게 된다.

---

188) C. W. Ibbs, Quantitative Impacts of Project Change: Size Issues, Journal of Construction Engineering and Management, Vol. 123, No. 3, 1997, pp. 308–311. doi:10.1061/(ASCE)0733 –9364(1997)123:3(308)

예를 들면 방해를 받은 구간의 생산성과 방해를 받지 않은 구간의 생산성을 비교 분석하는 measured mile 분석 방법은 가장 신뢰성이 높지만, 분석을 위해 높은 전문성이 요구되고 많은 비용이 발생하게 된다. 반면에 시공자의 최종 실제 비용에서 예상 비용(주로 시공자의 입찰금액)을 차감하여 추가 지불에 대한 권리를 정량화하는 '총원가(total cost)' 클레임 방식은 신뢰성이 가장 낮지만, 비용 산정을 위해 필요한 전문성이 높지 않고 비용도 적게 든다.

입스(Ibbs) 교수는 계약당사자가 손해를 정량화하기 위한 적절한 방해분석 방법을 선택하는 데 도움이 될 수 있는 프로세스 순서(그림 11)도 제시하였다.[189] 선택 프로세스는 주로 현장 기록의 가용성과 특성 및 분석 방법의 신뢰도를 기반으로 한다.

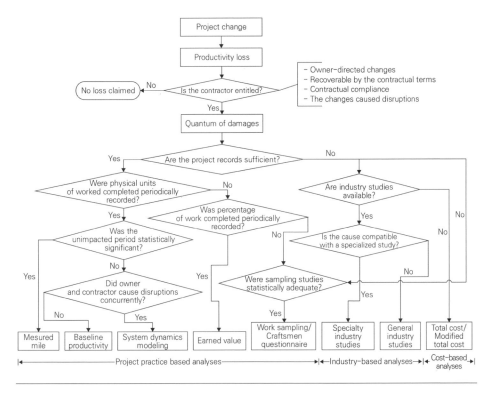

‖ 그림 11 ‖ Matching the quantifying methods and project practice

---

189) C. W. Ibbs, Quantitative Impacts of Project Change: Size Issues, Journal of Construction Engineering and Management, Vol. 123, No. 3, 1997, pp. 308–311. doi:10.1061/(ASCE)0733 -9364(1997)123:3(308).

구체적으로 입스(Ibbs) 교수는 다음의 질문에 모두 '긍정적으로 답할 수 있는 경우에 한하여 measured mile 분석 방법을 사용할 수 있다고 조언하였다.

- 프로젝트의 기록관리가 충분한가?(Are the project record sufficient?)
- 완료된 개별 공정에 대한 기록이 주기적으로 존재하는가?(Were physical units of worked completed periodically recorded?)
- 방해를 받지않은 구간이 상당히 존재하는가?(Was the unimpacted period statistically significant?)

반면 입스(Ibbs) 교수는 다음의 질문에 모두 부정적으로 답해야 하는 경우 총원가 클레임 방식이나 수정 총원가 방식을 사용할 수 있다고 조언하였다.

- 프로젝트의 기록관리가 충분한가?(Are the project record sufficient?)
- 산업표준 연구방법이 가능한가?(Are industry studies available?)

사. 방해분석 관련 일반적인 유의사항

한편 실제 방해분석에서 클레임하는 내용과 금액 산정 방법이 서로 맞지 않는 경우가 종종 있다.

예컨대 돌관공사로 인해 생산성이 저하된 것을 원인으로 클레임 하는 경우 구체적으로 돌관공사의 일환으로 초과근무(overtime)를 시행하였고 이에 따른 생산성 저하가 발생했음을 주장하게 된다. 초과근무(overtime)의 경우 일반적인 작업에 비해 생산성이 낮아지는 것이 일반적이며, 초과근무(overtime)에 따른 생산성 저하에 대한 연구자료도 존재한다. 그런데 클레임 금액 산정시 당초 공사(Original Scope)를 수행하는 대가인 기성금을 차감하지 않고 전체 초과근무(overtime) 비용을 청구하는 경우가 있다. 그러나 계약공사 수행분은 기성으로 청구하여 지급받게 되므로 이 부분까지 포함하여 초과근무(overtime) 비용 전체를 청구하는 것은 부적절하며 초과근무 비용 중 생산성 저하분에 한해 클레임 금액을 제시해야 정확한 클레임으로 인정받을 수 있다. 예컨대 산업표준 연구를 활용해 초과근무 시 생산성이 20% 저하된다는 내용을 근거로 한다면 비용 중 20%만을 청구해야 할 것이고, 초과근무 비용 전부를 클레임하는 것은 부적절하다.

또 다른 예로는 발주자가 공사현장 전체 부지를 제공해야 하는 의무를 이행하지 못한 경우, 예컨대 계약사항과 다르게 전체 부지 중 일부만 제공한 경우, 시공자가 부분 작업으로 인해 장비와 노무의 생산성이 저하되었다는 주장을 하는 경우를 들 수 있다. 이러한 경우 생산성이 저하된 요소에 국한해서 청구를 해야 함에도 불구하고 생산성 저하와 무관한 요소까지 포함시켜 클레임을 하는 경우가 의외로 많다. 예컨대 노무비와 장비비에 관한 방해 클레임에서 노무비, 장비비 및 자재비가 모두 포함된 단가(Unit Rate)에 생산성 저하 요인(Factor)을 적용하여 클레임하는 경우이다. 여기서 자재비는 클레임의 대상이 아니기 때문에 자재비를 제외한 단가에 생산성 저하 요인을 적용하는 것이 바람직할 것이다.

앞서 본 바와 같이 '총원가(total cost) 클레임'은 지양해야 하며, 시공자 작업의 비효율성이나 입찰금액의 부정확성도 방해분석에 있어서 유의해야 한다.

5. 사례 연구

중동 프로젝트 클레임 협상 과정에서 EVM을 이용한 실제 사례 소개를 통해 본 장의 이해를 돕고자 한다. 이 사례에서 시공자는 먼저 클레임 금액 산정에 있어 '수정 총원가(modified total cost) 기준 방식'을 활용하였고, 발주처의 수많은 사유로 인해 시공자 현장 전체의 굴착공사가 방해를 받았다는 주장을 하였다. 발주자는 시공자의 주장을 받아들이지 않았고 이에 시공자는 발주자와 협상 과정에서 클레임의 내용을 보다 세분화하게 되었다. 양자간 협상은 크게 두 단계에 걸쳐 이루어졌는데, 첫 번째 단계에서는 시공자가 주장하는 여러 발주자 측 사유 중 발주자가 인정할 수 있는 발주 자 측 사유를 협의하였고, 두 번째 단계에서는 발주자가 인정한 발주자 측 사유에 따른 손해의 정량화가 이루어졌다.

가. 1단계 - 발주자 측 사유로 인한 생산성 저하 여부

첫 번째 단계에서는 현장의 자료를 활용하여 현장 전체가 아닌 특정 공사(예를 들면, 아래에서 설명할 D2 지역의 우수관 굴착공사)의 공정 진행율 및 공정 진행에 영향을 미친 발주자 측 사유(주로 변경공사)에 대한 발주자와 시공자 간 협의가 진행되었다. 그림 12는 특정 기간의 공사중단 및 방해 정도를 현장 동시 기록 자료를 활용하여 나타낸 것이다.

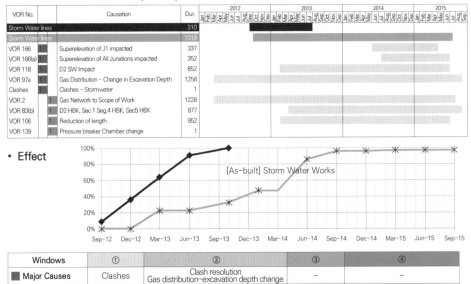

※ D2-01: Storm Water Works
 • Cause: Relevant VORs, Clash, Interface

VOR No.		Causation	Dur.
Storm Water lines			310
Storm Water lines			1019
VOR 166	1	Superelevation of J1 impacted	337
VOR 166(a)	1	Superelevation of All Junations impacted	352
VOR 118	1	D2 SW Impact	852
VOR 97a		Gas Distribution – Change in Excavation Depth	1258
Clashes	1	Clashes – Stormwater	1
VOR 2		Gas Network to Scope of Work	1228
VOR 83(b)	1	D2 HBK, Sec 1 Seg.4 HBK, Sec5 HBK	877
VOR 106	1	Reduction of length	852
VOR 139	1	Pressure breaker Chamber change	1

 • Effect   [As-built] Storm Water Works

Windows	①		②					③		④			
Major Causes	Clashes		Clash resolution Gas distribution–excavation depth change					–		–			
Secondary Causes	Additional Gas network		SW design change					–		–			
Progress Tracking(%)	0%	0%	23%	23%	33%	47%	47%	86%	96%	96%	97%	97%	97%

‖ 그림 12 ‖

시공자는 그림 12를 활용해 발주자에게 다음과 같이 주장하였다.

• ①번 구간(2012년 9월부터 12월까지)에서는 굴착공사의 착수가 지연되었고 시공자는 발주자가 제공한 도면들 상호간의 불일치 등으로 도면이 확정되지 못하여 굴착공사에 착수할 수 없었음.

• ②번 구간 중 첫 번째 구간(2012년 12월부터 2013년 3월까지)에서는 당초 계획 대비 유사한 공정진행율을 보였는데, 이는 발주자 도면 전체가 확정되지는 않았으나, 발주자가 D2 지역 우수관 공사 중 일부 구역에 대해서는 도면을 확정하여 굴착공사에 착수할 수 있었기 때문임.

- 그러나 ②번 구간 중 두 번째 구간(2013년 3월부터 2014년 1월까지)은 당초 계획 대비 저조한 공정진행율을 보이는데, 이는 시공자가 발주자 제공 도면들 간의 불일치를 해결하는 과정과 동시에 시공이 진행되었기 때문임. 즉, 도면 확정 후 시공하기로 했던 당초 계획에 차질이 생기는 바람에 공정진행율이 저하되었음.
- ②번 구간 중 세 번째 구간(2014년 1월부터 2014년 3월)에서는 발주자의 도면 미확정으로 인해 공사 진행이 불가능하여 작업이 완전히 중단되었음.
- ③번과 ④번 구간에서는 발주자 측 사유가 발견되지 않았음.

나. 2단계 – 손해의 정량화

두 번째 단계에서는 손해액의 정량화를 위해 각각의 구간에서 당초 계획된 자원과 실제 발생된 자원의 차이와 관련하여 발주자와 시공자 간 협의가 이루어졌다. 당초 D2 지역의 우수관 굴착공사를 위해 투입이 계획된 자원은 시공자의 입찰자료 및 계약단가를 통해 입증이 이루어졌으며, D2 지역의 우수관 굴착공사에서 실제 발생한 자원에 관한 자료 또한 발주자에게 제공하였다. 아래 그림 13은 각각의 구간에 계획된 자원과 실제 자원을 비교하여 보여주는 그래프이다. 실제 협상에서는 자원량에 관한 보다 상세한 정보가 제출되었다.

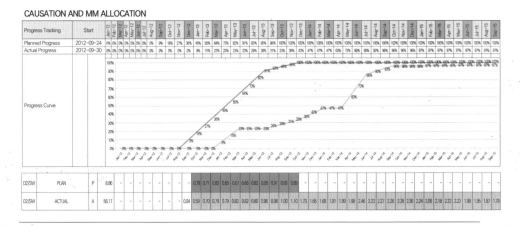

‖ 그림 13 ‖

구체적으로 다음과 같은 시공자의 주장에 대하여 발주자와 협상이 이루어졌다. 협상 과정에서는 각 구간에 대한 시공자의 계획된 자원과 실제 자원의 차이, 그리고 발주자 측 사유에 따른 자원 증가와 시공자 측 사유에 따른 자원 증가에 대한 논의가 이루어졌다.

- ①번 구간(2012년 9월부터 12월까지)은 발주자 도면 미확정으로 인해 작업이 완전히 중단된 상태였으므로, 시공자는 모든 추가 자원에 대해 보상을 주장함.
- ②번 구간 중 첫 번째 구간(2012년 12월부터 2013년 3월까지)은 당초 계획 대비 유사한 공정진행율을 보였기 때문에 클레임 금액을 산정하지 않음.
- ②번 구간 중 두 번째 구간(2013년 3월부터 2014년 1월)은 당초 계획 대비 저조한 공정 진행률을 보인 구간으로, 생산성 저하 부분을 산정하여 협상을 진행함.
- ②번 구간 중 세 번째 구간(2014년 1월부터 2014년 3월)은 더 이상 진행할 수 있는 작업구간이 없어 작업이 완전히 중단되었기 때문에 시공자는 모든 추가 자원에 대해 보상을 주장함.
- ③번 구간과 ④번 구간은 발주자 측 사유를 발견할 수 없었기에 클레임 대상에서 제외함.

다. 시사점(lesson learned)

64개의 세부공정에 대해 앞서 설명한 방식에 따라 발주자와 시공자 간 협상이 진행되어 최종적으로 양자 간 합의에 이르게 되었다. 당초의 '수정 총원가(modified total cost) 기준 방식'을 활용하였을 경우와 64개의 세부공정에 EVM을 활용한 경우를 비교하면 다음과 같다.

- '수정 총원가(modified total cost) 기준 방식'에 비해 EVM을 활용하는 경우 비교하기 힘들 정도의 많은 문서와 분석작업이 추가적으로 필요하였다. 전체 발생 비용을 64개의 세부공정 및 시기별로 분배하고 발주자 측 사유와 연계하여야 했기에 상당한 수준의 노력이 필요했다.

- 현장의 비용 상승은 크게 발주자 측 사유에 따른 비용, 불가항력에 따른 비용, 프로젝트 수행 과정 중 시공자 측 사유에 따른 비용, 입찰금액의 부정확성에 따른 비용으로 구분할 수 있는데, '수정 총원가(modified total cost) 클레임 방식'은 톱다운(top down) 방식이기에 전체 추가 비용 중 명확히 발주자 측 사유가 아니라고 판단되는 비용만 차감하는 반면, EVM 방식은 바텀업(bottom up) 방식이기 때문에 명확히 발주자 측 사유라고 판단되는 비용만을 산정하게 되었다.

- 클레임 협상에 따라 타결된 합의 금액은 '수정 총원가(modified total cost) 기준 방식'에 따라 청구된 금액의 절반 수준이었다. 이는 발주자 측 사유와 금액 간의 인과관계를 설명하기 힘든 부분, 즉 시공자 작업의 비효율성이나 입찰금액의 부정확성, 그리고 불가항력에 따른 비용이 차감되었기 때문이다.

V. 현장간접비 클레임[190]

본장에서는 현장간접비 클레임과 관련하여 영국의 주요 판례인 *Costain v Haswell*[191] 사건과 *Walter Lilly v Mackay*[192]사건을 중심으로 다루고자 한다.

현장간접비 클레임은 공사변경에 따른 추가적으로 투입되는 간접비(thickened overhead)와 공기연장에 따른 추가 간접비(extended 혹은 prolonged overhead)를 클레임하는 것이 가장 대표적이다. 자세한 논의를 하기 전에 먼저 유념해야 할 것은 공사변경과 공기연장에 대한 시공자의 권리가 인정되더라도 추가 간접비의 금전적인 보상에 대한 권리가 자동적으로 주어지는 것은 아니라는 점이다. 시공자로서는 간접비를 보상받기 위해서 사실관계에 대한 주장·입증 외에 계약적 및 법적 검토를 통해 보상청구권이 있음을 주장·입증해야 한다.

1. 현장간접비 개요와 현장간접비 클레임의 법적 쟁점

먼저 현장간접비 클레임에 대한 논의에 앞서 현장간접비가 무엇인지 살펴보고자 한다. 프로젝트의 공사비는 크게 직접비와 간접비로 구분된다. 직접비는 공사 목적물에 직접적으로 배분되는 비용이며, 일반적으로 재료비, 노무비, 외주비, 장비비로 세분된다. 프로젝트별로 상이하나, 개략적으로 전체 프로젝트 금액 중 70% 내외를 차지한다고 볼 수 있다. 간접비란 직접비에 대응하는 개념으로서, 비용의 발생이 일정 단위의 제품 생산에 관하여 간접적으로 인식되는 비용 요소이다. 건설공사에서 간접비는 개략적으로 전체 프로젝트 금액 중 30% 내외를 차지하며, 다시 현장간접비와 본사 간접비(이윤 및 예비비 포함)로 크게 나눌 수 있다. 현장간접비는 간접비 중 약 65%를 차지하는데, 이는 전체 프로젝트 금액 기준으로는 약 20%에 해당한다.

---

190) Kim J.B & Han Mino, "Is It time for English law to consider disruption analysis for site-overhead claims? The Contrast of Costain v Haswell and Walter Lilly v Mackay", International Construction Law Journal, [2021] I.C.L.R. 446, October 2021의 내용을 국문으로 번역 및 보완한 것이다.

191) *Costain v Haswell* [2009] EWHC 3140 (TCC)

192) *Walter Lilly v Mackay* [2012] EWHC 1773 (TCC)

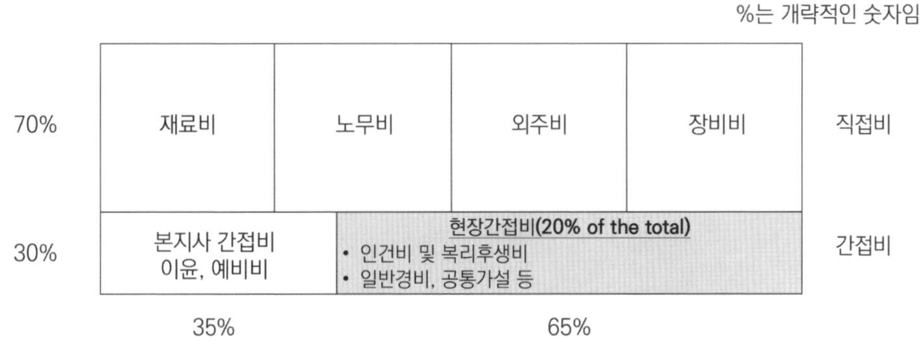

70%	재료비	노무비	외주비	장비비	직접비
30%	본지사 간접비 이윤, 예비비	현장간접비(20% of the total) • 인건비 및 복리후생비 • 일반경비, 공통가설 등			간접비
	35%	65%			

‖ 그림 14 ‖

현장간접비는 고정비과 변동비로 다시 구분할 수 있는데, 고정비는 현장가설 사무소 건설 및 해체 비용을 포함하며, 변동비는 공사물량이나 공기의 변동에 따라 변동되는 항목으로 다음과 같은 세부항목으로 구성될 수 있다.

(a) 간접인력 인건비 및 복리후생: 현장간접비 중, 가장 많은 부분을 차지 (50~70%)하고 있으며, 급여 외 각종 복리후생비를 포함한다.

(b) 현장가설 사무소 운영비: 가설사무실 유지비, 전기세, 수도세, 사무용품 등

(c) 현장숙소 운영비

(d) 노동자 숙소 운영비

(e) 금융비용: 본드 비용, 유보금, 보험

(f) 발주처 제공 물품 및 엔지니어 사무실

(g) 공통가설장비: 발전기, 안전용구, 공도구, 공용장비, 현장운행 차량, 유류대 및 유지관리 비용, 폐기물 처리비용, 현장 가설도로 정비비

아래 그림 15에서는 실제 중동 프로젝트에서의 변동비를 보여준다. 이 프로젝트의 경우 가장 큰 항목은 인건비 및 복리후생비로서 60% 정도를 차지했으며, 프로젝트마다 비율 차이는 있으나 인건비 및 복리후생비(이하 "현장 간접 인력비")가 현장간접비 중 가장 큰 비중을 차지한다.

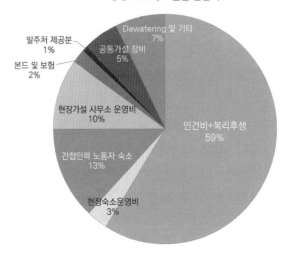

○○ 프로젝트 일일 간접비

‖ 그림 15 ‖

현장간접비는 어디까지나 간접비이므로 일반적으로 특정 작업에 할당되지 않는다. 전통적으로 고정비용(fixed cost), 시간 관련 비용(time related cost)의 두 가지로 구분하며, 이러한 구분은 2개 그룹 분류(two-group categorisation)방식으로 지칭된다. 고정비용은 시간이 증가하여도 증가하지 않는 일회성 비용을, 시간 관련 비용은 시간에 연동되어 증가하는 비용을 의미한다. 예를 들면, 현장사무실 건설 및 해체비용이 고정비용에 해당되며, 현장사무실 운영비용은 일반적으로 시간 관련 비용으로 인식된다.

한편 현장간접비를 3개 그룹으로 분류하는 방식도 있다. 이에 따르면 2개 그룹 분류 방식에서의 시간 관련 비용은 시간 관련 비용과 작업 관련 비용으로 다시 나뉜다. 즉, 현장간접비는 (i) 고정비용(fixed cost), (ii) 시간 관련 비용(time related cost) 및 (iii) 작업 관련 비용(volume related cost 혹은 task related cost)의 세 가지 그룹으로 분류된다(three-group categorisation).[193] 여기서 작업 관련 비용은 작업량에 연동되어 증가하는 비용으로, 예컨대 공사변경으로 추가 공사물량으로 인해 증가

---

193) Atkin Chambers, (2020) Hudson's Building and Engineering Contracts (14th Edition), London, Sweet & Maxwell ("Hudson"), para. 5－057

되는 간접비를 의미한다.

이 같은 개념상의 비용 구분에도 불구하고, 실무적으로 어떤 비용이 고정비용, 시간 관련 비용, 작업 관련 비용의 각각에 해당하는지가 항상 명확하게 구분되는 것은 아니다. 예컨대 본드 연장비용은 일반적으로 시간 관련 비용으로 인정받을 수 있으나, 본드 연장비용이 공사변경으로 인한 공사비 증액분을 반영하여 증가하였다면 시간 관련 비용과 작업 관련 비용이 혼재하게 된다. 또한 현장 인력에 대한 비용도 경우에 따라 시간 관련 비용이나 작업 관련 비용으로 인식될 수 있다. 즉, 현장안전관리자의 경우 작업량과 상관 없이 반드시 전체 공사기간 동안 현장에 배치할 필요가 있으나, 현장의 작업량이 많을 경우 일시적으로 추가 현장안전관리자의 투입이 요구될 수도 있다. 이러한 경우 최초 1인의 현장안전관리자는 시간 관련 인력으로, 추가된 현장안전관리자는 작업 관련 인력으로 평가될 수 있다. 전기세, 수도세, 금융비용도 경우에 따라 시간 관련 비용과 작업 관련 비용 중 어느 하나 또는 둘 모두로 인정될 수 있다.

한편 중동 및 미국의 대형 프로젝트의 경우 계약 내용에 따라 특정 작업/영역/구간/단계(activities/areas/sections/phases)에 현장간접비를 배분할 것이 요구되는 경우도 있다. 또한 계약적으로 요구되지 않더라도 현장간접비의 배분은 프로젝트 공사비의 상당한 부분을 차지하는 현장간접비를 보다 체계적으로 관리하기 위한 차원에서 필요하기도 하다.

클레임 관리 측면에서도 현장간접비를 어떻게 분류하느냐는 그에 따라 현장간접비 클레임 산정방법이 달라지기 때문에 중요한 문제에 해당한다. 예를 들면, 현장간접비를 2개 그룹(고정비용 및 시간 관련 비용)으로 구분할 경우, 고정비용을 제외한 시간 관련 간접비를 집계한 후 일일 시간 관련 간접비에 공기 연장 일수를 곱하여 공기 연장에 따른 현장 추가 간접비를 산정하게 된다. 반면 현장간접비를 3개 그룹(고정비용, 시간 관련 비용 및 작업 관련 비용)으로 구분할 경우 고정비용과 작업 관련 비용을 제외한 시간 관련 간접비를 집계한 후, 일일 시간 관련 간접비에 공기 연장 일수를 곱하여 공기 연장에 따른 현장 추가 간접비를 산정하게 된다. 즉, 3개 그룹으로 구분하는 경우 작업 관련 비용도 추가적으로 빠지기 때문에 클레임 금액이 줄어들게 된다. 위에서 예시로 든 현장안전관리자의 경우도 2개 그룹 분류를 따르면 추가 투입된 현장안전관리자까지 총 2명이 시간 관련 비용이 클레임에 포함될 것이나 3개 그룹 분류 시에는 당초 투입된 현장안전관리자 1명만이 시간 관련 비용으로 클레임에 포함되게 된다. 한편 간접비를 특정 구역에 배분하여 관리를 하였다면 앞서 말한 두 가지 경우와 다르게 특정 구역에 대한 클레임을 제기할 수 있는데, 이에 대해서는 2장 V.3.에서 다시 논한다.

시공자 입장에서 현장간접비 클레임은 현장간접비가 특정 작업에 할당되지 않는 간접적인 성격을 가지기 때문에 발주자 측 사유와 실제 발생한 손해 사이의 인과관계 입증에 있어서 어려운 부분이 있다. 따라서 발주자는 이러한 시공자의 입증상 어려움을 이용하여 발주자 측 사유로 직접 영향을 받은 작업과 후속 작업에 대한 금액만을 보상할 의무가 있는데, 시공자가 발주자 측 사유와 작업에 대한 영향 사이의 인과관계를 입증하지 못했음을 이유로 보상의무가 없다는 주장을 하게 된다.

구체적인 예시로서, 발주자는 (i) 글로벌 클레임(Global claim)과 관련하여, 시공자의 청구금액은 발주자 측 사유로 인해 영향을 받지 않은 작업 또는 공사에 관한 간접비가 포함되어 있기 때문에 시공자는 사실적 인과관계 입증에 실패했으므로 보상의무가 없다는 주장, (ii) 동시지연(concurrent delay)과 관련하여 발주자와 시공자가 모두 공기연장을 야기한 이상 발주자 측 사유가 없었더라도 시공자의 비용은 증가할 수 밖에 없었기 때문에 시공자가 인과관계 입증에 실패했고 이에 현장간접비를 보상할 수 없다는 주장, (iii) 중복보상(double recovery 혹은 duplication)과 관련하여, 클레임 금액은 발주자의 지연으로 인한 실제 추가 비용만을 포함한 것이 아니라 원공사에서 발생하는 비용(계약금액을 통해 보상되는 비용), 별도의 클레임에서 보상받은 비용 및 공사변경으로 인한 추가 비용도 포함되므로 중복해서 보상할 수 없다는 주장[194] 등을 할 수 있다.

이상과 같은 발주자의 주장은 구체적인 사실관계와 상황에 따라 법원이나 중재판정부에 의해 채택될 수 있으며, 결과적으로 시공자의 클레임이 기각되거나 클레임 금액이 삭감되는 결과로 이어지기도 한다. 결국 현장간접비 청구에 있어서 가장 중요한 핵심은 인과관계의 입증으로, 시공자는 실제 비용의 발생과 금액을 입증해야 할 뿐만 아니라, 클레임의 대상인 현장간접비가 발주자 측 사유로 인해 발생한 비용에 해당함을 입증해야만 한다.

---

194) Mastrandrea, F, The Evaluation of Preliminaries (or Site Overheads) in Construction Prolongation Claims, [2009] ICLR 428

2. 일일간접비 기반 방법(daily overhead rate based method)

현장의 공기지연으로 인해 발생한 간접비를 클레임 하는 것을 흔히 'prolongation claim(이하 '공기연장에 대한 간접비 클레임')'이라고 한다. 공기연장에 대한 간접비 클레임은 일반적으로 현장간접비 클레임과 본사 간접비 및 이윤·일실손해 클레임을 포함하는데, 본 장에서는 현장간접비를 먼저 다루고, 2.Ⅵ.에서 본사 간접비 및 이윤·일실손해에 대하여 보도록 한다.

여러 클레임 산정방법 중 클레임 실무에서 가장 일반적으로 사용되는 방법은 일일간접비 기반 방법(daily overhead rate based method)이다. 이는 공기연장(EOT)을 비용과 연계한 산정 방법[195]으로서, 시공자는 현장간접비를 고정비용(fixed cost)과 시간 관련 비용(time related cost)으로만 구분하여 관리한 경우 다음의 단계를 통해 금액을 산정한다.

1단계: 회계 시스템(예컨대 SAP 상의 원가대장)에서 전체 발생비용 추출. 전체 발생비용은 프로젝트에 따라 적게는 수만, 많게는 수백만 항목(entry)으로 구성됨
2단계: 비용 분류를 위해 원가대장의 원가코드(ledger code)를 활용하여 각각의 비용 항목을 직접비와 간접비로 분류
3단계: 개별 간접비 항목을 시간 관련 간접비와 고정비용으로 구분
4단계: 고정비용을 제외한 간접비를 집계한 후, 일일 시간 관련 간접비 계산
5단계: 일일 시간 관련 간접비와 공기 연장 일수를 곱하여 공기 연장에 따른 현장 추가 간접비 산정

이상과 같은 일일간접비 기반 방법 활용 시의 유의사항을 살펴보면 다음과 같다.

가. 시간 관련 비용과 작업 관련 비용의 구분

공기연장에 따른 현장간접비 클레임에서는 시간 관련 비용(time related cost)만이 클레임의 대상이 되기 때문에 보상을 구하는 비용이 시간 관련 비용이라는 점을 입

---

195) 이는 공기연장과 비용 간에 인과관계가 있음을 가정한 산정방식으로 인과관계가 있음은 별도로 입증해야 한다.

증하는 것이 핵심일 것이다. 그런데 앞서 본 바와 같이 현장간접비를 고정비용과 시간 관련 비용의 두 가지로 구분할 경우, 작업 관련 비용이 시간 관련 비용으로 포함된다. 실무상 소형 프로젝트의 경우 현장간접비는 고정비용(fixed cost), 시간 관련 비용(time related cost), 즉 2개 그룹으로 분류하여도 큰 문제가 되지는 않지만, 대형 프로젝트의 경우 현장간접비는 고정비용, 시간 관련 비용과 작업 관련 비용의 3개 그룹으로 분류하는 것이 타당하고, 이것이 일반적인 실무로 받아들여지고 있다. 특히, 간접비 중 가장 많은 부분(50~70%)을 차지하는 현장 간접 인력비는 개별 인력 비용에 대해 시간 관련 비용인지 또는 작업 관련 비용인지를 구분하는 분석 없이 현장 간접 인력비 전체를 시간 관련 비용(time related cost)으로 취급하여 클레임 하는 경우, 즉 2개 그룹 분류를 활용할 경우, 발주자로서는 클레임에 포함되지 말았어야 할 인력이 포함되었음을 근거로 글로벌 클레임을 주장할 수 있을 것이다.

따라서, 2개 그룹 분류에 기초한 일일 간접비 기반 방법은 소규모 프로젝트나 발주자 측 사유로 현장 전체의 작업이 중단된 경우에 국한되어 활용이 권장된다. 물론 3개 그룹 분류가 보다 더 정확하겠지만 3개 그룹 분류는 2개 그룹 분류보다 많은 시간과 비용이 소모되기 때문에, 현장의 규모나 클레임의 규모 그리고 지연의 성격(예컨대 현장 전체가 중단된 경우)에 따라서는 2개 그룹 분류도 법원이나 중재재판부에 의해 받아들여질 수 있을 것이다.

대규모 프로젝트의 경우 3개 그룹 분류에 기초한 일일 간접비 기반 방법이 권장되며 현장 인력이 시간 관련 인력인지 작업 관련 인력인지를 분석하는 것이 특히 중요한 과제이다. 대규모 프로젝트의 경우 각 조직의 팀장, 즉 공사팀장(construction manager)이나 현장소장(project manager)은 주로 현장 개설부터 현장 마무리까지 상주해야 하는 경우가 많기에 시간 관련 인력으로 판단할 여지가 많다. 계약상 특정 인력(예를 들자면 현장소장, 공사팀장 등)은 현장 전체 기간에 걸쳐 상주해야 한다고 규정하는 경우도 적지 않은데, 이 경우 해당 인력들은 시간 관련 인력으로 볼 수 있을 것이다. 각 조직의 팀장(manager)을 제외한 인력들은 프로젝트의 실제 운영 측면에서 시간 관련 인력인지 작업 관련 인력인지 개별적으로 판단해야 할 것이다. 예를 들자면, 1명의 측량사는 작업의 많고 적음을 떠나서 현장 전체기간 동안에 반드시 필요할 것이나, 현장의 작업 상황에 따라 추가의 측량사를 투입하는 경우도 있을 수 있다. 이러한 경우 1명의 측량사는 시간 관련 인력으로, 추가의 측량사는 작업 관련 인력으로 판단할 수 있을 것이다. 모든 프로젝트는 개별적인 특성이 있기에 실제 프로젝트 운영 상황의 구체적인 내용을 검토하여 판단하여야 한다. 현장의 운영을 입증할 수 있는 자료는 월별 현장 인력 조직도(staff organisation chart)나 월별 현장 인력 현황자료가 있다.

나. 공기지연이 발생한 기간과 프로젝트가 연장된 기간의 구분

일일 간접비 기반 방법을 활용할 경우 공기지연이 발생한 기간(period when delay occurs)과 프로젝트가 연장된 기간(overrun period) 중 무엇을 기준으로 해야 하는지도 중요한 쟁점에 해당한다. 영국의 경우 공기지연이 발생한 기간을 기준으로 하는 방법이 채택되고 있다.[196] 아래 그림 16은 시간에 따라 발생하는 간접비를 도식화한 것으로, 실선은 계획비용을 나타내며 점선은 현장 전체의 중단에 따른 실제 초과비용을 나타낸다.

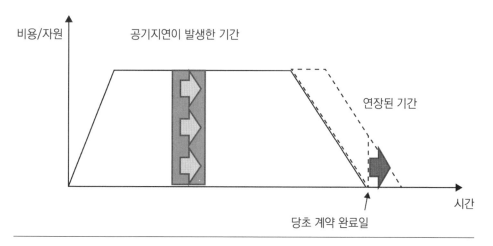

∥ 그림 16 ∥

현장 전체가 중단된 경우 최종 프로젝트 연장 기간 동안 발생한 간접비(편의상 화살표 1개로 표시된 영역)는 공기지연 당시에 발생(accrual)한 간접비(편의상 화살표 3개

---

196) Knowles, R. (2012) 200 Contractual Problems and their solutions (Thirded.). Oxford, Wiley-Blackwell 10.10; Champion, R. (2011) Prolongation costs: Where now after Costain v Haswell? SCL paper 170

로 표시된 영역)에 미치지 못하기 때문에 지연이 발생한 당시 기간 동안의(period when delay occurs) 시간 관련 간접비가 보상되어야 할 현장간접비로 판단할 수 있다. 즉, 공기지연이 발생한 기간 동안은 시공자의 손해가 발생하였음에도 원 공사 기간 동안에 발생한 간접비이므로 계약 기성금으로 먼저 보상(credit)을 받게 된다. 프로젝트가 완료된 시점에서 보상(credit)을 받지 못하는 부분은 점선으로 표시된 영역인데 상당 부분은 원공사기간 안에 존재하므로 프로젝트가 연장된 기간을 기준으로 최종 보상이 된다면 축소된 보상이 될 것이다.

한국의 경우 영국과는 차이를 보인다. 관급공사에 적용되는 기획재정부 계약예규인 정부 입찰·계약 집행기준 제73조는 "공사이행기간의 공사변경에 따른 실비산정"이라는 표제하에 프로젝트가 연장된 기간을 기준으로 간접비 산정방식을 규정하고 있다.

다. 가치/가격 평가 방식과 비용 보상 방식의 구분

물량산출서(bill of quantities)의 1번 항목은 주로 간접비 관련 항목으로 구성되는데, 시공자는 물량산출서에서 일일간접비를 추출하여 공기연장(EOT) 기간에 적용하는 것을 선호해 왔다. 이처럼 현장간접비 클레임시 계약서상의 단가와 가격을 활용하는 가치/가격 평가 방식(value-based method or price-based method)과 실제 발생한 비용을 활용하는 비용 보상 방식(cost-based approach) 중 어느 것을 채택해야 하는지에 대해서 논쟁이 있어 왔다.[197]

이와 관련하여 키팅(Keating)에서는 계약에서 계약단가나 가격을 기준으로 하여야 한다고 정하고 있는 경우를 제외하면,[198] 실제 발생한 비용을 기반으로 하는 비용 보상방식에 따라 간접비를 산정해야 한다고 하고 있다.[199] 영국의 *Ascon Contracting v Alfred McAlpine Construction Isle of Man*[200] 사건과 미국의

---

197) Battersby, J., Charlton, M., Molloy, J. (2004) Prolongation Claims in Construction Contracts—Cost or Value? Hongkong SCL paper 28

198) 예를 들면 Singapore Institute of Architects 계약조건이 있다.

199) Keating, para. 9-050. 원문은 다음과 같다. "Claims for increased preliminaries are frequently made and for convenience allowed upon a calculation which uses amounts in the contract bills proportioned to the length of the delay compared with the original contract period. For a claim under the contract, such a calculation may be justified by the terms of the contract. It is suggested that for a damages claim it would be wrong in principle, although sometimes not perhaps seriously so in practice. For damages, the calculation should be of the actual additional costs."

200) (1999) 66 Con LR 119, (2000) 16 Const LJ 316 (TCC)

Dawco Constr. v United States[201]) 사건에서도 영국과 미국 법원은 계약단가를 활용하는 방식 대신 비용 보상 방식으로 현장간접비를 산정해야 한다고 판시한 바 있다. 또한 FIDC[202])과 JCT[203]) 계약조건의 경우 2.II.에서 설명한 바와 같이 '시공자 클레임'은 비용 보상을 근거로 하고 있으므로, 비용 보상을 기반으로 클레임 금액을 산정하는 것이 타당할 것이다.

키팅(Keating)은 또한 계약조건에 가치/가격 평가 방식과 실제 비용을 이용한 비용 기반 방법 중 어떤 것을 활용해야 하는지에 대한 구체적인 규정이 없는 경우라면 손해배상 일반원칙에 근거하여 비용 보상 방법으로 클레임 하는 것이 타당하다고 설명하고 있다.[204]) 이러한 쟁점에 대해서 SCL 프로토콜도 계약서에 달리 명시되지 않는 한 연장기간에 대한 보상비용 산정은 완성된 작업, 실제 소비된 시간 또는 실제 손실액/비용에 근거한다고 하면서, '공사변경으로 인한 클레임'의 경우를 제외하면 비용 보상 방식을 추천하고 있다.[205])

공사변경으로 인해 공기지연이 발생하고 그로 인해 발생된 손해의 경우, JCT 계약조건은 2.III.에서 설명한 바와 같이 손실 및 지출(loss and/or expense)을 기준으로 보상이 이루어져야 함을 요구하고 있다. 하지만 대부분의 건설계약에서는 이에 대해 명시적으로 규정하지 않는 경우가 많다. 따라서 구체적인 계약의 해석상, 공사변경으로 인한 공기지연에 따라 추가적으로 발생한 비용이 공사변경의 범위에 해당한다고 볼 수 있다면 계약 단가나 가격을 기준으로 간접비를 산정하고, 반대로 공기지연으로 인해 발생한 비용이 공사 범위에 해당하지 않고 단지 시공자의 손해에 해당하는 것으로 본다면 손해배상의 일반원칙에 따라 비용을 보상하는 것이 타당할 것이다.

---

201) 930 F.2d 872, 880, 882 (1991). 382
202) FIDIC Red Book 2017년판 계약조건 20조 참고.
203) JCT SBC/Q 2016년판 계약조건 4.20,1조
204) Keating, para. 9-050. 원문은 다음과 같다. "It is suggested that for a damages claim it would be wrong in principle, although sometimes not perhaps seriously so in practice. For damages, the calculation should be of the actual additional costs."
205) SCL 프로토콜 핵심원칙 20. 원문은 다음과 같다. "Unless expressly provided for otherwise in the contract, compensation for prolongation should not be paid for anything other than work actually done, time actually taken up or loss and/or expense actually suffered. In other words, the compensation for prolongation caused other than by variations is based on the actual additional cost incurred by the Contractor. The objective is to put the Contractor in the same financial position it would have been if the Employer Risk Event had not occurred."

라. 공사완료일에 영향을 미치지 않는 지연(non-critical delay)

발주자 측 사유로 계약완료일에 영향을 미치는 현장작업이 방해받는 상황은 흔히 발생하며, 이는 계약완료일 지연(delay to completion) 혹은 공기지연(critical delay)[206]으로 표현하기도 하고, 보다 구체적으로 공사완료의 연장과 관련이 있는 작업 지연 혹은 주경로(critical path)[207]에 있는 작업지연(delay to critical activity/path)으로 표현하기도 한다. 반면 발주자 측 사유로 계약완료일에 영향을 미치지 않는 현장작업이 방해받는 상황은 흔히 발생하며, 이를 방해(disruption) 또는 공사완료일에 영향을 미치지 않는 작업 지연(delay to non-critical activity/path)으로 표현된다. 이러한 경우, 실제 발주자 측 사유로 인한 공기연장이 없기 때문에 공기연장(EOT) 권리를 근거로 금액을 산정하는 일일 간접비 기반 방법의 적용은 어려워 보인다. 달리 표현하자면 일일 간접비 기반 방법은 공기연장 권리가 있음을 가정한 산정방법이기에 산정방법에 내재된 가정을 충족하지 못하는 것이다.

다만, 이러한 경우에도 시공자가 방해(disruption) 클레임을 제기하는 것은 가능하다. 방해 클레임은 흔히 직접비 클레임(노무비, 장비비 등)에 적용된다고 생각하지만, 현장간접비 클레임에도 적용될 수 있다.[208] 간단히 말해 계획된 간접 자원 혹은 비용 대비 증가된 간접 자원 혹은 비용을 발주자 측 사유와 직접 연계하여 클레임 하는 것이다. 예를 들자면, 시공자는 특정공사 구역의 현장안전 관리자를 12개월 고용할 계획이었으나 발주자 측 사유로 인해 15개월을 연장하여 고용하게 되었는데 발주자 측 사유로 전체 공기지연이 야기되지 않은 경우를 가정해 보자.

---

206) 건설계약에서의 critical delay는 프로젝트 준공기일에 영향을 주는 지연으로 번역하는 것이 타당하다. critical delay를 중요한 지연, 중대한 지연, 상당한 지연 혹은 주요 지연이라고 번역하기도 하지만 이는 오해의 소지가 있다.

207) SCL 프로토콜 부록 A: Criticcal path는 공사완료까지 전체 프로젝트 네트워크 상에 가장 긴 단위 작업의 순서로, 그 작업기간의 합이 전체 프로젝트 기간을 결정한다. 작업논리에 따라 한 개 이상의 주경로가 있을 수 있다. 주경로상의 어떤 단위 작업 지연은 돌관작업이나 순서를 조정하지 않는다면 전체 프로젝트가 연장될 수 있으며 '공기지연(critical delay)'으로 지칭된다.

208) SCL 프로토콜 파트 B. 18.14. 원문은 다음과 같다. "The primary focus of a disruption analysis will be on the direct labour and task—specific plant resources said to have been disrupted. However, there may also be an impact on indirect resources, such as supervision staff or standing plant (i.e. where such resources are increased rather than merely extended), leading to additional costs. In demonstrating that the disruption events also caused additional costs for indirect resources, the Contractor will need to demonstrate the correlation between those costs and the loss of productivity in the direct resources."

이 경우 공기지연이 없었기 때문에 공기연장은 청구할 수 없을 것이고 더불어 공기연장에 따른 간접비도 청구할 수 없을 것이다. 반면에 계약조건에 따라서는 3개월에 해당하는 현장안전 관리자 비용을 방해비용으로서 공기연장과 무관하게 발주자 측 사유에 따른 손실비용으로 클레임할 수도 있을 것이다.

마. 의제적 돌관의 원칙(doctrine of constructive acceleration)

발주자는 시공자의 공기 연장(extension of time)의 권리(entitlement)가 결정되지 않은 상황에서, 계약상 준공예정일을 지키기 위해 시공자에게 추가 자원을 요청하는 등의 상당한 압박을 가하는 경우가 많다.[209] 이러한 상황은 발주자가 공정단축조치, 즉 돌관(acceleration)을 묵시적 지시하는 것으로 해석될 수 있으며, 미국에서는 의제적 돌관 원칙(construction acceleration doctrine)으로 명칭된다. 미국에서는 일반적으로 발주자가 명시적으로 지시한 돌관(directed acceleration)과 의제적인 돌관(constructive acceleration)을 구분한다.[210] 미국의 *Fru-Con Construction v US*[211] 사건에서 밀러(Miller) 판사는 의제적 돌관 클레임의 5가지 구성요건으로, (1) 계약상 대자가 공기연장을 받을 수 있는 발주자 측 사유에 의한 지연, (2) 공기 연장에 대한 계약상 시기의 적절한 통지, (3) 발주자 또는 계약 관리자의 정당한 공기 연장 요청 거부, (4) 발주자나 계약관리자의 당초 계약준공일 내 공사완료 요구, (5) 실제 돌관 시행 및 추가 비용 발생을 제시하였다. 영국에서는 *Motherwell Bridge Construction v Micafil Vacuumtechnik*[212] 사건에서 의제적 돌관과 유사한 사유로 보상이 인정되었으나,[213] 영국의 법률가들 사이에서는 미국의 의제적 돌관 원칙에 근거한 주장이 영국법에서도 성공할 것인지에 대해 의견이 엇갈린다.

공기 연장에 대한 권리는 명목상의 공기지연이 아닌, 실제 공기지연이 발생했을 경우 인정될 수 있는데, 의제적 돌관으로 인해 실질적인 공기 연장이 없는 경우에는, 공기연장(EOT) 클레임에 대한 권리 대신 의제적 돌관 클레임의 권리가 인정될 수 있다. 따라서 공기연장에 대한 간접비 클레임에서 적용되는 일일 간접비 기반

---

209) Champion, R. (2005) Acceleration in construction and engineering contracts PhD Thesis
210) ibid
211) (1999) No. 97 43 Fed Cl. 306
212) [2002] All E. R. (D) 159
213) Champion, R. (2005) Acceleration in construction and engineering contracts PhD Thesis

방법(daily overhead rate-based method)이 의제적 돌관 클레임에도 인정될 수 있는지 의문이 있을 수 있다. 아래의 그림에서 (1)번 영역은 일일간접비 기반 방법 클레임의 산정액을 형상화한 것이고 (2)번 영역은 돌관공사비 클레임의 산정액을 형상화한 것이다. 그림에서 보이듯이 두가지 영역의 연관성은 크게 보이지 않는다. 따라서 일일 간접비 기반 방법을 적용하기는 어렵고 실제로 발생된 비용, 즉 (2)번 영역을 기준으로 클레임을 하는 것이 타당할 것이다.

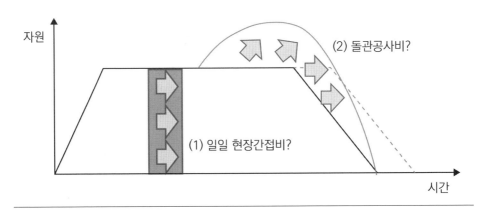

‖ 그림 17 ‖

바. 부분 지연

부분 지연(localised delay 혹은 partial delay)이란 발주자 측 사유로 일부의 공정이 지연(delay to the critical activity)되어 전체 공사의 준공이 지연(critical delay)되었음에도, 발주자 측 사유와 무관하게 진행된 공정이 있는 경우이다.[214] 부분 지연은 특히 대형 프로젝트에서 자주 발생한다. 대형 프로젝트의 경우 중앙 프로젝트 관리팀 이외에 각 하위 프로젝트 또는 구역에 할당된 별도의 관리사무실 및 시설이 있는 경우가 많다.[215] 따라서 발주자 측 사유로 일부 공정이 지연되었을 경우 그와 무관한 하위 프로젝트나 구역의 현장간접비는 특별한 사정이 없는 경우 보상

---

214) Ibbs, W. & Nguyen, L. (2007) Alternative for Quantifying Field-Overhead Damages. Journal of Construction Engineering and Management, (10), pp. 736-742.

215) Ennis, C. (2018) Entitlement to Time - Related Costs in Prolongation Claims - What needs to be considered? SCL paper D216.

의 대상에 포함될 수 없다.

부분 지연의 경우도 구조적으로 현장의 전체 간접비를 대상으로 하는 일일 간접비 기반 방법(daily overhead rate-based method) 방식으로 클레임 금액을 산정 가능한지는 쟁점이 된다.

영국 주요 판례인 *Costain v Haswell*[216) 사건에서 영국 법원은 부분 지연의 경우 일일 간접비 기반 방법 방식이 적용 가능한지에 대해 다룬 바 있다. 이 사건에서 10개의 빌딩 건설 중 2개의 빌딩 건설이 발주자 측 사유로 인해 공기가 지연되었고, 결과적으로 전체 준공이 지연되었다. 법원은 이러한 경우, 현장 전체 간접비(site wide overheads 혹은 project wide overheads)를 청구하는 것은 적절치 않고 2개의 빌딩과 관련된 비용만을 청구하는 것이 적절하다고 판시하였다.[217) 즉 법원은 현장 전체 간접비를 클레임의 대상으로 하는 일일 간접비 기반 방법은 부분 지연에 대하여 적용하는 것이 타당하지 않다고 판단하였다.

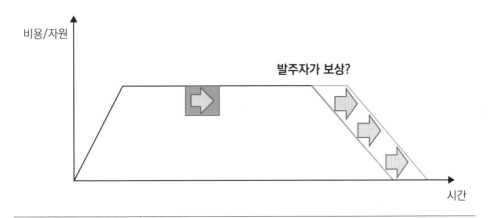

‖ 그림 18 ‖

---

216) *Costain v Haswell* [2009] EWHC 3140 (TCC)

217) *Costain v Haswell* [2009] EWHC 3140 (TCC) at [236]. 판결문은 다음과 같다. "Since Costain is seeking to recover thetotality of its site costs during the period October 2002 – January 2003, in my judgment, it follows that this claim must fail in the absence of evidence showing that, during that period, all the activities on the site were being delayed by delays to the RGF and IW. In the absence of that evidence, the only proper basis of claim left to Costain would be to show what were the prolonged site and overhead costs referable only to the RGF and IW buildings which had been incurred over the period of delay. That would be a perfectly legitimate basis of claim." at [236]

또한, 일일 간접비 기반 방법(daily overhead rate-based method)은 공기연장 청구권을 근거로 하는데, 공기연장에 대한 권리가 반드시 지연 손해 배상을 보장하는 것은 아니라는 점에 유의해야 한다.[218] *Costain v Haswell*[219] 사건에서 법원은 공기연장 클레임과 공기지연에 따른 손해배상 클레임을 구별하여 다음과 같이 설명하였다.[220]

> "공기지연에 따른 손해배상 클레임과 지연으로 인한 프로젝트 완료일의 연장 청구에 따른 공기연장 클레임은 서로 구분할 필요가 있다. 프로젝트 완료 날짜의 연장이 청구될 때 시공자는 주경로선(Critical Path)의 활동에 대한 지연이 특정 날짜 또는 몇 주 동안 발생했으며 그 지연이 실제로 프로젝트 완료 날짜를 연기했음을 입증해야 한다. 시공자가 프로젝트 완료가 발주자의 지연 사유로 인해 지연되었음을 입증할 시, 그는 발주자 지연 사유로 인해 실제로 지연되지 않은 모든 활동을 포함하여 전체 프로젝트 완료를 위한 공기 연장을 받을 자격이 있다.
>
> 그러나 공사지연으로 인한 손해배상 청구는 사정이 다르다. 손해를 회복하기 위해 시공자로서는 해당 활동의 연장으로 인해 발생한 손실을 보여줘야 한다. 이러한 손실에는

---

218) SCL 프로토콜 핵심원칙 12.

219) *Costain v Haswell* [2009] EWHC 3140 (TCC)

220) *Costain v Haswell* [2009] EWHC 3140 (TCC) at [183] − [184]: 해당 판시내용은 다음과 같다. "In order to understand and resolve this submission it is necessary to draw a distinction between a claim for damages for delay and a claim for an extension of time of the completion date on account of delay. When an extension of time of the project completion date is claimed, the contractor needs to establish that a delay to an activity on the critical path has occurred of a certain number of days or weeks and that that delay has in fact pushed out the completion date at the end of the project by a given number of days or weeks, after taking account of any mitigation or acceleration measures. If the contractor establishes those facts, he is entitled to an extension of time for completion of the whole project including, of course all those activities which were not in fact delayed by the delaying events at all, i.e. they were not on the critical path. But a claim for damages on account of delays to construction work is rather different. There, in order to recover substantial damages, the contractor needs to show what losses he has incurred as a result of the prolongation of the activity in question. Those losses will include the increased and additional costs of carrying out the delayed activity itself as well as the additional costs caused to other site activities as a result of the delaying event. But the contractor will not recover the general site overheads of carrying out all the activities on site as a matter of course unless he can establish that the delaying event to one activity in fact impacted on all the other site activities. Simply because the delaying event itself is on the critical path does not mean that in point of fact it impacted on any other site activity save for those immediately following and dependent upon the activities in question."

지연된 활동 자체를 수행하는 데 추가적으로 발생한 비용과 지연 사유의 결과로 다른 현장 활동에 발생하는 추가 비용이 포함된다. 그러나 시공자는 하나의 활동에 대한 지연 사유가 실제로 다른 모든 현장 작업에 영향을 미쳤음을 입증할 수 없는 경우에는 당연히 현장에서 모든 활동을 수행하는 일반적인 현장간접비를 회수할 수 없다."

공기연장 클레임은 공사완료와 관련된 주경로(critical path)만을 문제 삼고 발주자 측 사유로 인해 전체 공사 기간이 지연되었을 경우에 공기연장 청구권이 인정되는 반면, 공사지연으로 인한 손해배상청구는 단순히 발주자 측 사유로 전체 공사 기간이 지연되었다는 사실만으로는 부족하고 발주자 측 사유와 인과관계가 인정된 손해 부분에 대해서만 인용될 수 있는 것이다.

공기연장 클레임과 현장 간접 클레임에 대해 SCL 프로토콜도 다음과 같이 유사한 입장을 취하고 있다.[221]

"공기연장에 대한 권리는 비용보상에 대한 권리를 보장하지 않는다(반대로 비용보상에 대한 권리도 공기연장에 대한 권리를 보장하지 않는다).

건설 산업에서는 시공자가 공기연장 권리를 인정받은 경우, 계약 완료를 위해 추가적으로 소요된 시간에 대한 비용보상 권리도 가진다고 오해되는 경우가 많다.

대부분의 표준계약에 의하면 시공자는 공기연장과 연장비용 보상에 대해 각각 별개의 조항에 따라 청구권을 행사할 것이 요구된다. 또한, 불리한 기후조건과 같이 비용보상의 권리가 인정되지 않는 지연 사유도 있다. 이러한 사건들을 종종 중립사유(neutral

---

221) SCL 프로토콜 핵심원칙 12. 원문은 다음과 같다. "Entitlement to an EOT does not automatically lead to entitlement to compensation (and vice versa).It is a common misconception in the construction industry that if the Contractor is entitled to an EOT, then it is also automatically entitled to be compensated for the additional time that it has taken to complete the contract.Under the common standard forms of contract, the Contractor is nearly always required to claim its entitlement to an EOT under one provision of the contract and its entitlement to compensation for that prolongationunder another provision. Further, some kinds of delay events which are at the risk of the Employer so far as time for completion is concerned carry no entitlement to compensation for prolongation; delay resulting from adverse weather conditions being the most common example. They are sometimes misleadingly called 'neutral events'; in fact, they are only neutral in the sense that one party bears the time risk and the other party bears the cost risk. The Protocol calls them 'non-compensable Employer Risk Events'. There is thus no absolute linkage between entitlement to an EOT and the entitlement to compensation for the additional time spent on completing the contract.

events)로 잘못 표현하기도 하지만, 사실 한 당사자가 시간에 따른 리스크를 부담하고 다른 당사자가 비용에 따른 리스크를 감당하는 의미에서만 중립적이다. SCL 프로토콜에서는 이러한 사건들을 '비용보상 없는 발주자 측 사유(non-compensable Employer Risk Events)'라고 부른다. 따라서 공기연장 권리와 계약 완료를 위해 추가적으로 소요되는 기간에 대한 비용 보상 권리는 필연적인 관계에 있지는 않다."

이처럼 공기연장 클레임과 현장 간접 클레임에 대해서는 SCL 프로토콜과 *Costain v Haswell*[222] 판례의 입장이 다르지 않다. 따라서 발주자 측 사유로 인해 발생한 간접비와 발주자 측 사유와 무관하게 발생한 간접비를 구별하지 않고 공기연장 권리에 연동하여 현장 전체 간접비를 클레임의 대상으로 하는 일일 간접비 기반 방법을 부분 지연의 경우에 적용하는 것은 적절하지 않다.

하지만 그렇다고 해서 부분 지연의 경우 현장간접비를 클레임할 수 없는 것은 아니다. 영국 판례인 *Walter Lilly v Mackay*[223] 사건의 경우, 3개동(Units A to C)의 맨션 건설 중, 1개동(Unit C)의 맨션 건설이 *Mackay* 측 사유로 인해 지연되었고 Walter Lilly는 Unit C에 해당하는 간접비만을 청구하여 승소하였다. *Walter Lilly v Mackay*[224] 사건은 2.V.3.에서 자세히 다루도록 한다.

사. 동시지연

동시지연이란 발주자와 시공자가 동시에 준공을 지연시킨 상태를 의미한다. 동시지연의 경우 영국법은 흔히 'time-but-no-money' 방식, 즉 공기연장만 인정하고 비용보상은 부정하는 방식을 지지하며, 그 외에 스코틀랜드, 미국, 홍콩, 캐나다 등은 책임배분(apportionment) 방식을 따르고 있다.[225] 영국법에서는 동시지연 시 공기연장은 인정하지만 발주자 측 사유와 손해 사이의 인과관계를 별도로 입증하지 못하는 한 보상청구권은 부정된다는 입장이며, 다른 법체계는 발주자와 시공자의 책임 정도에 따라 보상금액을 정하는 방식이다.[226]

---

222) *Costain v Haswell* [2009] EWHC 3140 (TCC)

223) *Walter Lilly v Mackay* [2012] EWHC 1773 (TCC)

224) *Walter Lilly v Mackay* [2012] EWHC 1773 (TCC)

225) Kim JB, (2020) Concurrent delay: unliquidated damages by employer and disruption claim by contractor Construction Law International Vol 15 No 4, December 2020.

226) 동시지연에 대한 'time-but-no-money' 접근법과 책임배분(apportionment) 접근법의 근거와 장·

영국법상 'time-but-no-money' 방식의 논리적 근거는 다음과 같다.

첫째는 공기연장(EOT) 조항은 발주자 측 사유가 있을 경우 시공자의 공기연장 권리를 규정하는데, 시공자 측 사유를 고려한다는 명확한 문구는 없기 때문에, 영국법에서 채택하는 계약의 해석 원칙상[227] 발주자 측 사유만 고려해야 한다는 것이다.[228]

두번째 근거는 영국 계약법상의 방해이론(prevention principle)이다.[229] 이 원칙은 1.III.에서 설명한 바와 같이 계약 당사자가 상대방의 의무 이행을 방해하였을 경우에 상대방에게 계약적 의무를 이행하도록 강제할 수 없다는 영국 계약법상의 원칙이다. 이는 계약당사자가 자신의 잘못으로부터 이득을 얻을 수 없다는 내용으로 발전하였는데, 이를 건설계약에 적용하면 발주자의 방해가 있을 경우 발주자는 지체상금을 부과할 계약적 권리를 상실하게 되며, 이는 시공자 측 사유로 인한 손해배상을 청구할 권리로 대체된다. 반면에 시공자는 시공자 측 사유가 포함된 금액을 보상받을 수는 없으며, 시공자 지연으로 인해 초래된 금액을 배제하는 경우, 즉 발주자 지연으로 인해 발생한 금액을 청구하는 경우에만 보상을 받을 수 있다.

셋째는 책임배분(apportionment)의 불확실성이다. 지연분석(delay analysis)은 흔히 과학이 아니고 예술이라고 표현될 만큼 지연분석 방법(delay analysis methodology)에 따라, 그리고 지연분석가(delay expert)의 경험과 주관에 따라 지연분석 결과가 달라질 수 있다.[230] 따라서 공기지연에 대한 책임의 유무를 판단하는 것을 넘어

단점에 대한 자세한 내용에 대해서는 Kim JB, (2020) Concurrent delay: unliquidated damages by employer and disruption claim by contractor Construction Law International Vol 15 No 4, December 2020 참조하기 바란다.

227) 영국법상 계약해석과 관련하여서는 *Arnold v. Britton* [2015] UKSC 36, [2015] A.C. 1619, at [15] 및 *Chartbrook Ltd v. Persimmon Homes Ltd* [2009] A.C. 1101, para. 14를 참조하기 바란다.

228) 반면 계약상 공기연장과 관련하여 시공자 측 사유를 고려한다는 문구가 있다면 계약적 합의에 따라 동시지연을 고려하여 판단해야 할 것이다. *North Midland Building Ltd v Cyden Homes* [2018] EWCA Civ 1744에서는 계약상 공기연장과 관련하여 시공자 측 사유를 고려한다는 문구가 법적 효력을 가진다고 판시하였다.

229) 방해이론(prevention principle)이란 계약 당사자가 상대방의 의무 이행을 방해하였을 경우에 상대방에게 계약적 의무를 이행하도록 강제할 수 없다는 영국 계약법상의 원칙이다. 이 원칙은 계약당사자가 자신의 잘못으로부터 이득을 얻을 수 없다는 원칙으로 발전하였다. 이 원칙은 과실주의 및 동시이행의 항변권이 인정되는 대륙법계에서는 불필요하나, 무과실주의와 동시이행의 항변권이 인정되지 않는 영국법상 방해(prevention)를 받은 계약당사자를 보호하기 위해 발달하였다.

230) Barry, D, (2009) Beware the Dark Arts! Delay Analysis and the Problems with Reliance on Technology, SCL paper D095; Farrow, T, (2001) Delay Analysis – Methodology and Mythology, SCL paper 98.

서 공기지연에 대한 책임배분(apportionment)을 하는 것은 영국법에서 중시하는 법적 확실성에 반한다는 것이다.

다음으로 대륙법계에서 택하는 책임배분(apportionment) 방식의 경우 첫 번째 근거로는 기여과실(contributory negligence)의 법리가 제시된다. 이는 원고의 기여과실(contributory negligence)이 있는 경우 책임을 배분하는 법리로서 주로 불법행위(tort)에 적용되는데, 이를 건설계약에서 발생하는 동시지연 상황에 적용한 것이다. 두 번째는 대륙법계에서 판사의 재량권이 보다 폭넓게 인정되는 부분이다. 1.IV.에서 설명한 바와 같이 대륙법계의 법원은 손해배상액의 산정과 관련하여 영미법계에 비해 보다 폭넓은 재량권을 갖는다. 즉, 대륙법계에서 법원은 계약 문언을 그대로 해석하는 데 그치지 않고 재량권을 발동하여 당사자 형평의 관점에서 합리적인 결론을 달성하려는 입장을 취하는 경우가 있다. 따라서 동시지연 상황에서도 계약당사자 중 일방에게 일방적으로 유리하거나 불리한 태도를 취하기 보다는 양자의 책임을 배분(apportionment)하여 비록 불확실할지라도 공정한 결과를 추구하는 경향이 있다.

1.IV.과 앞에서 설명한 바와 같이, 영국법상 동시지연에 따른 공기연장 여부의 판단에 있어서는 'reverse but for test'가 적용되지만, 공기지연에 따른 시공자의 간접비 클레임에 대해서는 여전히 'but for test'가 적용된다. 즉, 전체 프로젝트에서 발생한 추가 간접비 전체가 보상되는 것이 아니고 발주자 측 사유로 인해 발생된 간접비만이 인정된다.

동시지연에 대한 영국법의 입장은 SCL 프로토콜 핵심원칙 10항(공기연장 관련)과 핵심원칙 14항(시공자의 공기지연에 따른 손해 관련)에서 다음과 같이 확인할 수 있다.

[10항] 진정한 의미의 동시지연(true concurrent delay)은 두 개 또는 그 이상의 지연사건이 동시에 발생하는 상황인데, 하나는 발주자 측 사유로, 다른 하나는 시공자 측 사유로 각 사건의 영향이 동시에 인식되는 것이다. 동시지연이 인정되려면, 발주자 측 사유와 시공자 측 사유가 각각 완료일에 지연을 발생시키는 유효한 원인(effective cause)에 해당해야 한다(즉 각 지연이 모두 주경로(critical path)에 영향을 미쳐야 한다). 공사완료일에 대한 시공자 지연이 발주자 지연과 동시에 발생하거나 또는 동시에 영향을 미치는 경우, 시공자의 동시지연은 시공자의 공기연장 권리를 제한하지 않는다.[231]

[14항] 공사완료일에 대한 발주자 지연과 시공자 지연이 동시에 발생하고, 그 결과 시공자가 추가적인 비용을 부담하는 경우, 시공자는 발주자 지연으로 인해 초래된 추가 비용을 시공자 지연으로 인해 초래된 추가 비용과 분리할 수 있는 경우에만 보상을 받을 수 있다. 시공자 지연의 결과로 시공자의 추가적인 비용이 어느 경우에나(in any event) 발생할 수밖에 없었던 경우, 시공자는 그러한 추가 비용을 보상받을 수 있는 권리를 인정받을 수 없다.[232]

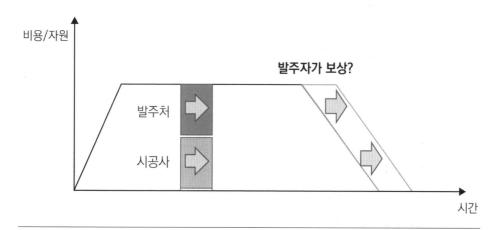

‖ 그림 19 ‖

이처럼 *Costain v Haswell*[233] 사건과 SCL 프로토콜에 따르면, 영국법에서 동시지연의 경우 현장 전체 간접비 중 시공자 측 사유로 인한 비용을 제거하지 않는

---

231) 원문은 다음과 같다. True concurrent delay is the occurrence of two or more delay events at the same time, one an Employer Risk Event, the other a Contractor Risk Event, and the effects of which are felt at the same time. For concurrent delay to exist, each of the Employer Risk Event and the Contractor Risk Event must be an effective cause of Delay to Completion (i.e. the delays must both affect the critical path). Where Contractor Delay to Completion occurs or has an effect concurrently with Employer Delay to Completion, the Contractor's concurrent delay should not reduce any EOT due.

232) 원문은 다음과 같다. Where Employer Delay to Completion and Contractor Delay to Completion are concurrent and, as a result of that delay the Contractor incurs additional costs, then the Contractor should only recover compensation if it is able to separate the additional costs caused by the Employer Delay from those caused by the Contractor Delay. If it would have incurred the additional costs in any event as a result of Contractor Delay, the Contractor will not be entitled to recover those additional costs.

233) *Costain v Haswell* [2009] EWHC 3140 (TCC).

한 일일 간접비 기반 방법으로 산정한 금액을 보상받기는 힘들 것으로 보인다.[234] 이는 일일 간접비에는 발주자 측 사유로 인한 비용만이 아닌 시공자 측 사유로 인한 비용도 방법론상 포함되기 때문이다.

책임배분(apportionment) 방식을 지지하는 법 체계에서도 역시 현장 전체 간접비 중 시공자 측 사유로 인한 비용을 공제하지 않는 한 일일 간접비 기반 방법을 적용하여 보상을 받기는 힘들 것이다.[235] 다만 판사의 재량권에 의해 부분적으로 보상받는 것은 가능할 것으로 보이나 어떠한 방법을 통해 책임배분을 할지는 미지수이다.

그렇다고 하여 동시지연에서 현장간접비 클레임 자체가 부정되는 것은 아니다. 영미법과 대륙법에서 모두 동시지연으로 인한 현장간접비가 발주자 측 사유에 의해 발생했다는 인과관계를 입증할 수 있는 경우라면, 즉 시공자 측 사유로 인해 발생한 비용을 따로 분리한 후 공제할 수 있다면 보상청구권이 긍정될 수 있다. 이를 위해서는 개별 간접 자원·비용을 발주자 측 사유와 직접 연계하여 산정할 필요가 있는데, 그 구체적인 방법에 대해서는 2장 V.3에서 자세히 설명한다.

아. 중복보상

클레임을 제기하는 원고로서는 복수의 피고 측 사유에 따라 발생한 손해에 대한 보상을 개별적으로 청구하게 된다. 여기서 당연하지만 간과하기 쉬운 부분은 실제로 발생한 손해보다 더 많은 손해를 보상받을 수 있는 것은 아니라는 점이다. 즉, 피고 측 사유가 2가지가 있을 경우, 하나의 사유로 인해 발생한 손해와 또 다른 사유로 인해 발생한 손해가 중복된다면, 이를 중복으로 보상받을 수는 없다. 예컨대 발주자 측 사유로 인한 공기지연에 따른 금전보상 클레임과, 발주자의 방해행위로 인해 시공자의 생산성이 저하되었음을 이유로 한 방해클레임을 함께 제기하는 것이 가능하며 실제 많은 경우에 두 클레임이 동시에 제기되는데, 이 경우 중복보상의 문제가 제기된다. 이에 대해 SCL 프로토콜에서는 다음과 같은 입장을 제시하고 있다.[236]

---

234) Kim JB, (2020) Concurrent delay: unliquidated damages by employer and disruption claim by contractor Construction Law International Vol 15 No 4, December 2020

235) ibid

236) SCL 프로토콜 파트 A. 원문은 다음과 같다. "Delay and disruption are inherently interrelated. A loss of productivity (i.e. disruption) can lead to delay and, if the impacted activities are on the critical path, that can be critical delay. Hence, the Contractor may rely upon a disruption

"지연과 방해는 본질적으로 상호 연관되어 있다. 생산성 손실은 작업의 지연으로 이어질 수 있으며, 영향을 받은 작업이 주경로(critical path)에 있는 경우 이는 전체 프로젝트의 공기지연(critical delay)이 될 수 있다… 작업이 방해를 받는 상황에서 여전히 전체 프로젝트는 계약완료일 이전에 완료될 수도 있다. 이러한 상황에서 시공자는 공기연장에 대한 클레임(claim for an EOT)을 제기할 수 없지만, 생산성 손실 비용에 대한 클레임은 제기가 가능하다.

마찬가지로 작업의 지연은 방해를 초래할 수 있다. 만약 시공자가 단위작업을 수행할 시간이 줄어들었을 경우(주경로 작업에 대한 공기연장을 제외하고) 돌관조치(acceleration)가 이행될 수 있는데, 이러한 돌관조치로 인해 시공자의 계획보다 생산성이 낮게 수행될 수 있고 이는 더 많은 비용을 야기할 수 있다.

지연과 방해의 비용적인 영향도 중복될 수 있다. 예를 들어, 전체 프로젝트의 공기지연(critical delay)을 방지하기 위해 돌관 조치를 취하지만 그것이 생산성의 손실로 이어진다면, 이러한 조치의 비용은 두 가지 클레임(지연 클레임, 방해 클레임)하에서 동시에 보상될 수 없다. 일반적으로 두 가지 클레임은 모두 제기되지만, 첫 번째 클레임에서 보상이 이루어 졌다면 두 번째 클레임에서는 첫 번째 클레임에서 보상(Credit)이 이루어 졌음을 인식해야 한다. 시공자는 지연 및 방해에 대한 권리를 동시에 주장할 때 중복보상을 방지하기 위해 노력해야 한다."

일일 간접비 기반 방법을 활용할 경우 중복보상을 피하기 위해서는 일일 발생 간접비에 일반적으로 발주자의 지연으로 인한 실제 추가 비용뿐만 아니라 (i) 원공사를 수행하는 비용(즉, 기성으로 보상이 되는 비용)과 (ii) 공사변경으로 인해 보상

---

analysis to support a critical delay claim in addition to its delay analysis. It is possible for work to be disrupted and yet for the works still to be completed by the contract completion date. In this situation, the Contractor will not have a claim for an EOT, but it may have a claim for the cost of the lost productivity. Equally, delay can lead to disruption. If the Contractor has less time in which to carry out work activities (absent an EOT for the critical path activities), it is possible that acceleration measures implemented will lead to those tasks being carried out with a lower productivity than planned and hence at greater cost. The monetary consequences of delay and disruption can also overlap. For example, again, if acceleration measures are taken to overcome critical delay but which lead to a loss of productivity, the costs of those steps cannot be recovered under both the delay and disruption heads of claim. Typically, both claims will be advanced, but it must be recognised in the second claim that a credit has to be given for any recovery in the first claim. It is important for the Contractor to be diligent in avoiding duplication in claimed entitlement for delay and disruption."

받은 추가 비용 및 (iii) 다른 클레임에서 보상받은 비용도 포함됨을 반드시 유념하여 클레임 금액을 산정해야 한다.[237]

2.III. 쟁점 7.1과 쟁점 7.2에서 설명한 바와 같이, 공사변경(variation)으로 인해 발생하는 추가 현장간접비와 공사변경으로 인해 야기되는 공기연장에 대한 현장간접비는 JCT 계약조건 하에서 별도로 보상되어야 한다. 더불어 공사변경(variation)으로 인한 추가 현장간접비는 가격 기반 방식(value-based approach or price-based approach)으로 평가되는 반면, 공기연장에 따른 현장간접비는 지연이 발생한 기간의 비용을 근거로 보상이 이루어진다. 이러한 두 가지의 평가방식으로 인해 일일 간접비 기반 방식은 중복보상의 문제로부터 자유롭기 힘들다. 공사지연 기간 동안의 일일 발생 간접비에는 일반적으로 공사변경으로 인한 추가 현장간접비 보상분[238]이 포함되기 때문이다. 이러한 중복보상을 방지하기 위해 NEC 계약조건은 공사변경으로 인한 현장간접비 보상에 대해 클레임과 공사변경을 포괄한 보상사유(Compensation Events)로 두 가지를 동시에 다룬다.[239] 중복보상을 방지하기 위한 또 다른 대안으로는 공사변경으로 인한 공기연장시 프로젝트가 연장된 기간(overrun period)을 기준으로 공기연장 간접비를 산정한 후 보상하는 것이다.[240]

자. 일일간접비 산정시 유의사항

2.II.에서 언급한 바와 같이 프로젝트의 원가대장은 간접비 클레임의 기초자료 중 하나에 해당한다. 실무상 클레임 제기 단계에서는 프로젝트 원가대장만을 활용하여 금액을 산정하는 경우가 일반적이나, 중재 단계에서는 프로젝트 원가대장 전체와 원가대장상의 비용의 적정성을 검증하기 위한 추가 증빙자료의 제출이 요구된다. 프로젝트의 원가대장을 활용하여 일일간접비(daily overhead rate)를 산정함에 있어서는 다음과 같은 점을 유의해야 한다.

---

237) Mastrandrea, F, The Evaluation of Preliminaries (or Site Overheads) in Construction Prolongation Claims, [2009] ICLR 428

238) 이는 가치평가를 기반으로 하기에 정확한 보상비용은 평가되지 않는다.

239) Kim JB (2022), Practical questions in valuing variations, Construction Law Journal 2022, 38(2), 58−74

240) Kim JB (2022), Practical questions in valuing variations, Construction Law Journal 2022, 38(2), 58−74

① 한국 직원 급여는 일반적으로 비용대장에 직원 그룹으로 반영되는 점

해외 건설 현장에 파견된 한국 직원 급여는 일반적으로 본사에서 지급하며 그 룹화하여 하나의 비용 항목으로 원가대장에 금액을 기재하는 경우가 많다. 해외 건설회사에서도 이러한 경우는 드물지 않다. 이러한 경우 개개인의 급여내역은 원가대장만으로는 파악하기 힘들 수 있는데, 문제는 하나의 비용 항목에 포함되어 있는 인원 전체가 클레임의 대상이 아닌 경우 발생한다. 앞에서 설명한 바와 같이 공기연장에 대한 현장간접비 클레임시 시간 관련 비용만 클레임이 가능한데, 현장 인력이 시간 관련 인력(공기연장에 영향을 받는 인력)인지 아니면 작업 관련 인력인지 여부에 대한 분석이 필요할 수 있다. 즉 원가대장에 기재된 하나의 항목에 대한 추가 분석이 필요하다. 그룹화하여 하나의 항목에 포함된 인력이 '시간 관련 인력'인지 작업 관련 인력인지 분석을 위해서는 인력 조직도(Organogram), 월별 인력 운영 현황의 분석이 필요하다. 어떻게 분석하는지는 본 저서에서는 다루지 않으나 이러한 자료의 분석을 통해 확인된 시간 관련 인력에 대해서는 개개인의 급여내역을 통해 개개인의 비용을 확정할 수 있을 것이다. 이와 더불어 직원의 급여항목 전체가 시간과 관련된 비용으로 인정되지는 않을 수 있다는 점도 유념해야 한다. 예컨대 특별상여는 일회성 비용으로 인정되기 때문에 시간 관련 비용으로 인정될 수 없을 것이다. 따라서 클레임하는 직원 '급여항목'이 사실적 인과관계의 입증 측면에서 시간과 관련된 비용임을 구체적으로 입증할 필요성이 있을 수 있다.

② 원가대장의 비용이 발생한 시기가 정확히 반영되지 않을 수 있는 점

앞에서 설명한 바와 같이 비용의 발생시점이 중요한 쟁점이 되는 경우가 있는데 원가대장의 비용이 기록된 시점이 실제 발생시점과 무관할 수 있다는 점에 유의해야 한다. 예를 들면 수도세 및 전기세는 매일 발생을 하지만, 수개월이 지난 시점에 송장이 몇 개월 단위로 청구가 될 수 있고, 지불 시점은 당연히 청구시점보다도 뒤가 될 것이다. 이러한 경우 송장이 청구되기 이전 시점의 수도세 및 전기세 비용은 원가대장상 기록되지 않기 때문에 상황에 따라서는 클레임에서 누락될 여지가 있다.

③ 원가대장상 금액이 실제 지불금액과 상이할 수 있는 점

건설계약의 간접비도 외주로 수행되는 경우가 있을 수 있다. 예컨대 컨설팅 업체나 인력 제공업체의 인력파견(secondment)을 통해 현장관리를 부분적으로 외주화하는 경우이다. 원가대장금액은 발생주의 회계에 근거하여 비용이 실제 지불되기 이전에는 계약금액으로 작성되는 경우가 많은데, 이는 실제 지불금액과 차이가 발생할 경우가 많기 때문이다. 실제 지불이 발생한 경우는 실제 발생한 금액으로 원가대장 금액을 조정해야 하는데 장부상 기록(booking)된 금액(accrual)은 유지한 채 추가로 증감(이를 reversal이라고 지칭하기도 한다)을 시켜 최종 지불금액으로 조정하는 경우가 있다. 따라서 실제 지출이 발생하지 않은 시점의 원가대장 금액은 실제 지불금액과 상당히 차이가 날 수 있다.

④ 원가대장 금액과 증빙자료 금액의 불일치

위와 유사한 맥락으로 원가대장 금액과 증빙자료 금액간에 차이가 있을 수 있다. 예컨대 원고가 원가대장상의 실측계약(remeasurement)금액을 기준으로 기록된 장부가 금액(accrual) 항목을 근거로 클레임 금액을 산정했는데(원고는 reversal 항목은 제출하지 않았다), 검증 과정에서 송장비용 및 은행 이체금액과 현격한 차이가 드러나는 경우가 있다.

3. 발주자 측 사유 직접 연계 방법(resource-by-resource analysis)

앞에서 살펴본 일일 시간 관련 간접비와 공기연장(EOT) 일수를 연계하는 방법과는 달리, 당초 계획대비 증가된 개별 간접 자원을 발주자 측 사유와 직접 연계하여 클레임 하는 방법(resource by resource analysis, 이하 '발주자 측 사유 직접 연계 방법')도 최근 대형 프로젝트를 중심으로 많이 활용되고 있다. 이는 방해분석(disruption analysis) 방법을 현장간접비 분석에 접목한 것이다.

위에서 서술한 바와 같이 현장간접비는 전통적으로 특정 공사목적물에 할당되지 않는다. 하지만 근래 들어 간접비를 공사 목적물에 배분하는 기법[241]이 발달

---

241) 이러한 기법은 Activity Based Cost Accounting Method으로 지칭되며 관리회계(cost accounting)의 한 분야에 해당한다.

되었으며, 이러한 기법에 따라 현장간접비 혹은 간접자원을 특정 공사 목적물에, 더 나아가 클레임 항목에 배분하는 것이 가능해졌다.

이러한 관리기법 중 비용을 공정관리 프로그램과 연동하여 관리하는 방법인 프로그램 분석방법(Programme Analysis)242)이 프로젝트 및 클레임 관리에 있어서 가장 바람직한 방법으로 여겨지고 있다. 이러한 프로그램 분석방법을 통해 비용을 적절한 수준에서 프로그램상의 역무(Activity)에 배분한 후 공정진행과 비용투입을 동시에 관리할 수 있다.

또한 프로그램 분석방법을 사용할 경우 발주자 측에 의해 지연된 공정에 관한 비용이 추적·관리되기 때문에, 동시지연의 경우에도 시공자는 발주자 측 사유로 인한 현장간접비 증가분을 클레임할 수 있을 것으로 판단된다.243)

대규모 국제건설 프로젝트에서는 계약에서 프로그램 분석방법을 통한 프로젝트 관리를 요구하는 경우가 적지 않다. 이처럼 계약상 프로그램 분석방법의 사용이 요구될 경우, 프로그램 분석방법을 활용하지 않은 클레임, 예컨대 일일 간접비를 기반으로 한 클레임은 기각될 가능성이 높을 것이다.

발주자 측 사유 직접 연계 방법(resource-by-resource analysis)에 대한 구체적인 내용은 영국의 *Walter Lilly v Mackay*244) 사건에서 확인할 수 있다. 이 사건에서 Walter Lilly & Company Limited("WLC")는 발주자인 DMW Developments Ltd("DMW")에 의해 시공자로 선정되었다. WLC는 DMW와의 계약에 따라 Unit A, B 및 C로 알려진 각각에 대한 건축 작업을 수행할 의무를 부담하였는데, 그중 Unit C는 Mackay 부부의 소유였다. 원고 WLC는 피고 Mackay 부부에게 추가 현장간접비를 청구함에 있어 WLC의 비용 회계 시스템(COINS 시스템이라고 함)에 동시(contemporary)기록된 비용 데이터를 활용하여 Unit C에 해당하는 간접비를 청구하였다. WLC가 증거로서 현장간접비의 분개를 제출하였는데, 이에 따르면 매월 직원이 어느 유닛에서 일을 하였는지 기록되어 있었다. 피고는 원고의 클레임이 사실적 인과관계를 입증하지 못한 글로벌 클레임에 해당하여 기각되어야 한다

---

242) SCL 프로토콜에서는 이러한 기법을 Programme Analysis로 지칭하고 있으며 (SCL 프로토콜 파트 B. 18.16.) 미국에서는 주로 'resource loaded CPM programme analysis'로 지칭되고 있다.

243) Kim JB (2020), Concurrent delay: unliquidated damages by employer and disruption claim by contractor, Construction Law International, Vol 15 No 4, December 2020

244) *Walter Lilly v Mackay* [2012] EWHC 1773 (TCC)

고 주장하였으나, Akenhead 판사는 발주자 측 사유로 인해 Unit C에 45주 동안 추가로 투입된 현장감독자를 확인할 수 있는 등, 제출된 자료를 통해 법원이 발주자 측 사유로 인해 추가로 발생한 자원을 확인할 수 있다고 하였고, 그 결과 피고의 글로벌 클레임 주장을 배척하였다.[245]

Walter Lilly 판결을 통해 현장간접비 클레임에서는 사실적 인과관계(Causation in fact)에 대한 입증이 무엇보다 중요하며, 이를 위해서는 비용을 발주자 측 사유와 연계하여 산정하는 것이 중요하다는 점을 확인할 수 있다.

4. 일일간접비 기반 방법과 발주자 측 사유 직접 연계 방법의 비교

일일간접비 기반 방법과 개별 간접 자원/비용을 발주자 측 사유 직접 연계하는 방법의 구체적인 차이에 대한 이해를 돕기 위해 사례를 통해 양자를 비교해 보고자 한다. 사례의 사실관계는 다음과 같다.

- 프로젝트는 Unit 1 과 Unit 2로 구성되어 있으며, Unit 1 과 2의 착공일은 동일하고 모두 100일의 공사기간으로 계획되었다.
- Unit 1은 발주자 측 사유로 50일이 지연되었다.
- Unit 2는 시공자 측 사유로 30일이 지연되었다.

---

245) Walter Lilly v Mackay [2012] EWHC 1773 (TCC) at [491]. 판시내용은 다음과 같다. "… What WLC has sought to identify the specific additional or extended resources and to link them to the events upon which they rely as having caused or given rise to their need for additional or extended resources. It has made allocations in respect of such resources to Unit C. DMW suggests that those allocations might be wrong; however, the Court can determine with relative ease from the evidence whether such allocations are reliable or not… The cost is determinable from the COINS system …One can take an example, say a site supervisor on Unit C who is on site for an additional 45 weeks by reason of Clause 26 factors; if he spent 100% or 50% of his time on Unit C during this period, the loss or expense incurred by WLC is his salary cost for that additional 45 weeks (in full or half of it as the case may be). Even if one considers the "thickening" preliminary costs, this is not "total" or "global". All that WLC's case and evidence goes to show is that during certain periods as a result of alleged events it had to or did apply a greater level of resource than originally allowed for; again, if the linkage between the relevant event and the need to provide a greater resource is established, the costing of it is established by showing how many man weeks were consequently necessary and how much the salary cost was for those man weeks."

- 총 공사기간은 50일이 추가되어 총 150일로 지연되었다.
- 동시지연 처리에 관한 영국법의 time-but-no-money 방식에 따를 경우에는 50일, 책임배분(apportionment) 방식을 따를 경우에는 20일[246]의 공기연장 청구권이 발생한다고 가정한다.

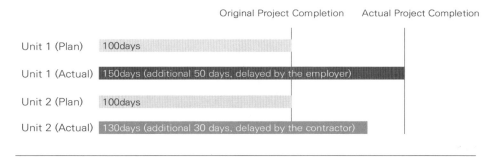

‖ 그림 20 ‖

150일 동안의 프로젝트 전체의 시간관련 간접비는 £69,250가 발생한 것으로 확인되었다. 따라서 일일 간접비는 £462(£69,250/150 days)로 계산되며, 일일간접비 기반 방법을 적용할 경우 산정 금액은 다음과 같다.

- Option 1(50일 기준): £462 per day × 50 days = £23,100[247)
- Option 2(20일 기준): £462 per day × 20 days = £9,240

반면 개별 간접 자원/비용을 발주자 측 사유 직접 연계 방법(resource-by-resource analysis)을 적용한 경우에는 분석 결과가 다음과 같았다.

- Unit 1 수행 계획시, 간접인력 5 man.months(£15,000), 현장운영비는 £2,000로 책정되었다.
- Unit 1의 실제 발생비용은 간접인력 6 man.months(£18,000), 현장운영비는 £3,000로 확인되었다.

---

246) 50일의 공기지연 중 시공자 측 사유가 있는 30일을 공제한다.
247) 이는 계산의 예시로서 영국법상 reverse but-for test에 따라 50일의 공기연장 청구권이 있더라도 금전 클레임에는 but-for test가 적용되기 때문에 50일 기준으로 계산한 £23,100을 보상받을 수는 없다.

- Unit 2 수행 계획시, 간접인력 8 man.months(£24,000), 현장운영비는 £2,500 로 책정되었다.
- Unit 2의 실제 발생비용은 간접인력 15 man.months(£45,000), 현장운영비는 £3,250로 확인되었다.

‖ 그림 21 ‖

위 내용을 표로 정리하면 다음과 같다.

표 3

	Plan (£)	Actual (£)	Variance (£)
Staff (unit 1)	15,000	18,000	3,000
Site Expense (Unit 1)	2,000	3,000	1,000
Unit 1	17,000	21,000	4,000
Staff (unit 2)	24,000	45,000	21,000
Site Expense (Unit 2)	2,500	3,250	750
Unit 2	26,500	48,250	21,750
Total (Project-Wide)	43,500	69,250	25,750

위 분석에 따르면 클레임의 적정한 금액은 발주자 측 사유가 있는 Unit 1의 실제 발생한 비용에서 예산액을 차감한 금액인 £4,000로 계산된다.[248]

---

248) 이러한 산정방법은 획득가치분석과 유사하다.

이 같은 개별 간접 자원/비용을 발주자 측 사유와 직접 연계하여 산정하는 방법과 구별되는 일일간접비 기반 방법의 가장 큰 특징은 공기연장일수에 따라 금액이 달라진다는 점이다. 즉 클레임 금액 산정의 상당 부분이 공기연장일수에 영향을 받게 된다. 반면에 개별 간접 자원/비용을 발주자 측 사유 직접 연계하는 방법은 공기연장일수와 무관하지는 않지만 공기연장일수 자체보다는 실제 비용이 어디에서(Unit 1에서) 어떻게(추가간접인력 비용과 현장운영비로), 왜(발주자 측 사유로) 사용되었는지에 대한 분석을 필요로 한다. 이러한 분석은 분명 일일간접비 기반 방법보다 복잡할 수 있으나 효과적으로 인과관계를 입증할 수 있다는 점에서 유용하다.

국제중재 실무에서는 현장간접인력에 대한 클레임과 현장운영비 클레임에 서로 다른 방법론을 적용하는 경우가 있다. 즉 현장간접인력에 대해서는 개별 간접 자원/비용을 발주자 측 사유와 연계하여 산정(resource-by-resource analysis)하는 방법을 적용하고, 현장운영비에 대해서는 일일 간접비 기반 방법을 활용하는 것이다. 이는 현장운영비의 경우 발주자 측 사유에 대한 분개가 현실적으로 어려운 데서 기인한다. 가령 수도세 및 전기세는 어떤 유닛에서 발생했는지 파악하기 어려울 수 있다. 이와 같은 혼합된 방법을 활용할 경우, 현장 간접 인력비용은 £3,000이고, 현장 운영비는 다음과 같이 산정될 수 있다.

- Option 1 (50일 기준): £2,083 = (£3,000 + £3,250) / 150 days × 50 days
- Option 2 (20일 기준): £833 = (£3,000 + £3,250) / 150 days × 20 days

결국 발주자 측 사유 직접 연계 방법과 일일간접비 기반 방법을 모두 활용한 클레임 산정액은 £5,083 또는 £3,833이 된다.

5. 소결

공기연장 청구권은 추가 현장간접비 청구와 관련될 수 있지만, 공기연장 청구권이 인정된다고 해서 금전적 청구에 해당하는 간접비에 대한 권리가 반드시 인정되는 것은 아니다.[249]

---

249) SCL 프로토콜 핵심원칙 12.

현장간접비는 어디까지나 간접비이므로 일반적으로 특정 활동에 배분되지는 않고, 고정비용, 시간 관련 비용 또는 작업 관련 비용으로 분류된다. 그러나 대규모 프로젝트의 경우 Walter Lilly 판례의 경우와 같이 특정 활동/영역/구간/단계 (activities/areas/sections/phases)에 간접비의 배분이 필요한 경우가 있을 수 있다.

일일간접비 기반 방법(공기연장 일수 × 일일 시간 관련 간접비)은 가장 일반적으로 많이 사용되는 현장간접비 산정방법이나, 이는 인과관계에 대한 입증실패 등을 이유로 법원이나 중재판정부에 의해 적정한 산정방법으로 인정되지 않을 가능성이 있다. 요컨대 2그룹 분류를 활용한 일일간접비 기반 방법은 소규모 프로젝트나 현장 전체가 중단된 경우에 국한되어 사용되어야 한다고 생각된다. 대규모 프로젝트의 경우이거나 현장 전체가 중단된 경우가 아닌 경우는 3그룹 분류를 활용한 일일간접비 기반 방법을 활용할 수 있으나, 클레임한 금액이 발주자 측 사유에 따른 공기연장에 따라 증가할 수밖에 없는 시간관련 비용만이 청구대상이라는 점을 입증해야 한다.

개별 간접 자원/비용을 발주자 측 사유와 연계하여 산정하는 방법(resource-by-resource analysis)은 일일간접비 기반 방법의 대안이 될 수 있다. 특히, 발주자 측 사유 직접 연계 방법은 (1) 부분지연, (2) 공기지연이 없는 방해 (3) 의제적 돌관(constructive acceleration), (4) 동시지연의 경우의 산정방법으로서 중요하게 고려될 수 있다.

간접비 중 가장 많은 부분(50~70%)을 차지하는 항목은 현장 간접 인력비용이기에, 이에 대한 관리의 중요성은 아무리 강조해도 지나치지 않다. 현장 간접 인력비용의 효과적인 관리는 프로젝트 관리의 측면에서는 프로젝트 개설시에 계획된 인력과 실제 투입인력의 차이를 추적 관리하여 간접비의 증가를 파악하여 대응할 수 있는 점에서, 클레임 관리 측면에서는 인력의 증가가 발주자 측 사유로 인한 것일 경우 해당 인력에 대해 클레임할 수 있는 근거를 제공한다는 점에서 도움이 된다.

VI. 본사 간접비 및 이윤·일실손해 클레임

1. 개관

본 장에서는 본사 간접비 및 이윤·일실손해 클레임을 살펴본다.[250]

먼저 본사 간접비는 Overheads, Off Site Overheads, Head Office Overheads,[251] 또는 Home-Office Overheads[252]라고 흔히 지칭되며 일반적으로 본사 건물 및 본사 직원을 운영하는 비용 및 본사에서 처리하는 각종 부대비용과 관련이 있다.[253]

시공자의 본사 간접비 클레임은 (i) 변경공사에 대한 본사 간접비 클레임과 (ii) 발주자 측 사유에 대한 계약조항에 근거한 본사 간접비 클레임[254] (iii) 공기지연에 따른 본사 간접비 클레임으로 구분할 수 있다.[255]

변경공사에 대한 본사 간접비 클레임은 시공자가 보상을 받을 계약적 권리가 있다면 실무적으로 계약서상에서 명기된, 혹은 입찰서류에 명기된 본사 간접비 백분율을 활용하는 것이 계약상 규정되어 있거나 그렇지 않더라도 실무적으로 활

---

250) 건설 프로젝트에서 본사 간접비 및 이윤·일실손해는 상호 의존적인 개념으로서 건설계약에서 클레임 분석 시 함께 고려된다. 먼저 본사 간접비는 일반적으로 본사 건물 및 본사 직원을 운영하는 비용 및 본사에서 처리하는 각종 부대비용과 관련이 있다. 일실손해는 여러 종류가 있는데 그중 건설계약에서 대표적인 경우가 공기지연으로 인해 타 공사에서 얻을 수 있는 이익 손실이다. 본사 간접비와 공기지연으로 인해 타 공사에서 얻을 수 있는 이익 손실은 상호 연관성이 있는 개념이다. 일반적으로 일실손해가 발생하면 건설 기업은 다른 프로젝트에 본사 간접비를 더 많이 사용해야 한다. 따라서, 본사 간접비와 일실손해를 함께 고려하면 시공자에게 발생한 손해를 보다 정확하게 계산할 수 있다.

251) 영국식 표기이다.

252) 미국식 표기이다.

253) SCL 프로토콜, 부록 A: 용어 정의. 원문은 다음과 같다: "Head office overheads are the incidental costs of running the Contractor's business as a whole and include indirect costs which cannotbe directly allocated to production, as opposed to direct costs which are the costs of production. Amongst other things, these overheads may include such things as rent, rates, directors'salaries, pension fund contributions and auditors' fees. In accountancy terms, head office overheads are generally referred to as administrative expenses, whereas the direct costs of production are referred to as costs of sales."

254) FIDIC Yello Book 2017년판 계약조건 2.1조에서 발주가가 부지인도에 대한 의무를 다하지 못했고 그로 인해 시공자의 손해가 발생했을 시, 시공자는 비용 및 이윤을 클레임 할 수 있다. FIDIC 계약조건 상 시공자의 비용은 본사 간접비를 포함하기에 시공자는 본사간접비를 청구할 수 있을 것이다.

255) 계약조건에 따라 공기지연에 따른 본사간접비 클레임은 계약조항에 근거해 이루어질 수도 있고, 손해배상 항목으로 클레임할 수도 있다.

용되는 경우가 많다.256)

계약조항에 근거한 본사 간접비 클레임의 경우 보상방법과 관련하여 실제 발생한 비용으로 입증하는 대신 직접비 및 현장간접비에 대한 비율(%)을 적용하는 방법이 가능한지가 문제된다. FIDIC Silver Book 1998년 개정판 2.1조에서는 발주가가 부지 인도에 대한 의무를 다하지 못했고 그로 인해 시공자의 손해가 발생했을 경우, 시공자는 비용 및 이윤을 클레임 할 수 있다고 규정하고 있다. FIDIC 계약조건 상 시공자의 비용은 본사 간접비를 포함하기 때문에 시공자는 본사간접비를 청구할 수 있을 것이나 실제 발생 비용으로 입증해야 하는지와 직접비 및 현장간접비에 비율(%)을 적용하는 방법(*ad valorem* basis)이 가능한지에 대해서는 명확히 규정하고 있지 않다. 이러한 쟁점에 대해 터키법을 준거법으로 하고 FIDIC Silver Book 1998년 개정판이 계약조건인 중재 사건에서 해당 중재판정부는 비율(%)을 적용하는 방법(*ad valorem* basis)이 터키법상 가능하다고 판정한 바 있다.257) 다만 준거법이 바뀌어도 같은 결론이 나올지는 보다 많은 연구가 필요하다.

다음으로 공기지연에 따른 본사 간접비 클레임은 다시 두 종류의 클레임으로 구분될 수 있다. 이는 본사 간접비 자체가 dedicated overheads(상세한 기록을 통해서 특정 발주자 지연과 연계할 수 있는 본사 간접비)와 unabsorbed overheads(사무실 임대비 및 본사 직원 급여 등 공사 규모와 관계없이 시공자에게 발생하는 관리비)로 구분되는 데서 기인한다.258) Dedicated overheads와 unabsorbed overheads를 배분 가능 관리비와 배분 불가능 관리비로 번역하기도 하지만, unabsorbed overheads도 본사에서 발생한 전체비용을 클레임이나 분쟁의 대상인 특정 현장과 관련이 있는 비용으로 배분해야 하는 경우(본 저서 2.V.의 논의와 유사하게)가 발생할 수 있기 때문에, 이하에서는 'dedicated overheads'는 '배분 가능 관리비'로 'unabsorbed overheads'는 '고정 관리비'로 번역한다.

다음으로 이윤 클레임 또는 일실손해 클레임은 실제를 입증할 수 없는 명목상의 혹은 장래 기대이익에 관한 클레임이다. 본 저서에서 '이윤(profit)'은 돌관공사나 추가 공사 또는 생산성 저하에 따른 추가 자원 투입에 대한 공사 마진의 개념

---

256) FIDIC 계약조건에서 3단계 평가는 비용 및 이윤에 대한 평가이므로 이는 비용을 기준으로 평가해야 한다.
257) 중재판정부는 구체적인 근거는 판정문에 적시하지 않았다.
258) SCL 프로토콜 파트 C. 2.3.

으로 사용하고 이에 대한 클레임을 이윤 클레임으로 정의한다. '이익(profit)'은 다른 계약에서 얻을 수 있는 이득, 공사변경으로 삭제된 공사에서 누렸을 이득 혹은 계약 해지가 없었다면 발생했을 이득을 의미한다. 더불어 일실손해 또는 일실이익의 손실(loss of profit)은 발주자 측 사유로 인하여 시공자가 얻을 수 있었으나 얻지 못한 이득을 의미하며 이에 대한 클레임을 일실손해 클레임으로 정의한다.

이윤 클레임 또는 일실손해 클레임은 계약조항 또는 계약위반으로 인한 손해배상 청구권을 근거로 한다. 이윤 클레임을 규정한 계약조항은 FIDIC 계약조건에서도 확인할 수 있다. FIDIC Yellow Book 2017년판은 2.III.에서 살펴본 바와 같이 공사변경 금액 산정의 3단계로서 비용과 이윤을 보상하도록 규정하고 있다. 계약위반으로 인한 손해배상의 경우는 계약이 정상적으로 이행되었더라면, 즉 계약위반이 없었더라면(but for the breach) 원고가 취했을 일실이익의 손실을 클레임하는 것이다.

계약조항에 근거한 경우와 계약위반으로 인한 손해배상을 청구하는 경우 모두 시공자는 다음의 경우에 주로 이윤 또는 이익에 대한 클레임을 제기한다.

① 추가 공사에 대한 이윤

② 계약조항에 근거한 이윤 클레임

예를 들어 FIDIC Yellow Book 2017년판 계약조건 2.1조에서 발주자가 부지인도에 대한 의무를 다하지 못했고 그로 인해 시공자에게 비용이 발생했을 경우, 시공자는 비용 및 이윤을 클레임 할 수 있다. 계약조건 1.1.20조에서 이윤은 계약서 별첨자료(Contract Data)에 포함된 이윤을 기준으로 산정하거나 계약서 별첨자료(Contract Data)에 이윤이 규정되어 있지 않을 경우 5%라고 규정한다.

③ 공기지연으로 인해 타 공사에서 얻을 수 있는 일실손해(loss of opportunity to earn profit because of delays)

④ 삭제 공사에 대한 일실손해(loss of profit on omitted work)

이는 총액확정계약(lump sum) 공사에서 공사변경으로 인해 공사 물량이 감소함에 따른 시공자의 일실이익에 대한 클레임이다.[259]

---

259) *Amec Building Company Limited v Cadmus Investment Company Limited* (1996) 51 Con. LR 105 설계사가 시공자의 역무 중에서 일부 업무 생략 지시하였고, 그 이후 생략 지시된 업무가 다

⑤ **계약 해지로 인한 일실손해**(loss of profit arising from termination of contract)

계약 해지에 따라 수행하지 못하는 작업에 의해 발생했을 이익에 대한 클레임이다. 발주자가 잘못된 계약해지나 발주자 임의에 따른 계약 해지에 적용되며, 차감된 작업에 대한 일실이익의 손실에 대한 클레임과 유사하다.

본 장에서는 본사 간접비 및 이윤, 일실손해를 산정하는 방법에 대해 상세히 다룬다. 다만 산정방법을 검토하기 전에 법적 권원의 유무와 별개로 클레임의 대상이 계약에서 규정한 보상의 범위에 포함되는지에 대한 계약적, 법적 검토가 반드시 필요하다. 예를 들어, 공기지연으로 인해 타 공사에서 얻을 수 있는 이익의 상실은 일반적으로 계약상 추가공사비 청구로는 불가능하고 계약위반에 따른 손해배상청구로만 가능할 수 있다.260) 계약상 추가공사비 청구와 계약위반에 따른 손해배상 청구간의 관계는 1.II.에서 설명한 바와 같이 계약서에서 명확한 문언으로 달리 규정하지 않는 이상 계약상 명기된 보상 청구권이 계약위반에 따른 손해배상 청구권을 대체하는 것이 아니라는 것이 일반적인 견해이므로, 시공자로서는 클레임 제기시 계약상 추가공사비 청구와 계약위반에 따른 손해배상 청구 모두를 검토해야 한다.

또한 건설계약에서 간접손해에 대한 배상을 배제하거나 제한하는 조항이 있는 경우가 많기 때문에, 클레임 대상이 직접손해인지 간접손해인지에 따라 배상이 제한될 수도 있다. 특히 공기지연에 따라 발생하는 추가 본사간접비는 일반적으로 직접손해로 볼 여지가 많고, 공기지연으로 인해 타 공사에서 얻을 수 있는 일실손해(lost profits)는 간접손해로 볼 여지가 많다.261) 물론 이는 준거법과 계약조건에 따라 다르게 적용될 것이다.262)

른 시공자에게 수여된 경우 기존 시공자가 이익 손실(loss of profit) 청구한 사건 에서 기존 시공자는 생략 지시된 업무 부분의 이익 손실(loss of profit) 청구 가능하다고 판단한 중재 판정이 정당하다고 판시하였다.

260) SCL 프로토콜 파트 C. 2.4.

261) 실제 중재사건을 예로 들면, 간접손해에 대한 배상을 배제하는 조항(면책조항)이 있었고 간접손해의 예시로 일실손해(loss of profit)이 포함되어 있었다. 피신청인은 공사변경에 따른 이익의 상실은 간접손해로 봐야 하기에 보상되지 않아야 한다고 주장하였으나 중재판정부는 공사변경에 따른 이익의 손실은 공사물량의 변경으로 통상적으로 발생하기에 직접손해로 보아야 하므로 면책조항이 적용되지 않는다고 판정하였다.

262) 직접손해와 간접손해에 대한 논의는 1.IV.을 참조하기 바란다.

더불어 공기지연으로 인해 타 공사에서 얻을 수 있는 일실이익을 손해배상으로 청구할 경우 그러한 손해가 실제 발생했을 수 있었음을 별도로 원고가 입증해야만 할 수 있다.[263] 즉 그러한 실제 손해에 대한 입증이 없이는 산정방법(주로 공식을 활용)이 적정하더라도 보상 받기는 힘들 것이다.[264]

이하에서는 본사 간접비 및 이윤·일실손해 클레임을 영국의 주요 판례 *Walter Lilly v Mackay*[265]를 중심으로 다루고자 한다.

2. 공기지연에 따른 본사 간접비 클레임

공기지연으로 인한 본사 간접비 클레임은 다음과 같이 구분할 수 있다.[266]

- 공기지연으로 인해 타 공사에서 이익을 얻을 기회의 상실(lost opportunity/unabsorbed overheads) 클레임
- 분쟁 중인 프로젝트의 클레임 지원을 위해 실질적으로 발생된 간접비용(additional overheads/increased cost) 클레임

이러한 구분이 중요한 이유는 각각의 경우에 다른 원칙이 적용되기 때문이며 이하에서 각각에 적용되는 원칙 및 쟁점에 대해 살펴보도록 하겠다.

가. 공기지연으로 인해 타 공사에서 이익을 얻을 기회의 상실에 대한 클레임

공기지연으로 인해 타 공사에서 이익을 얻을 기회의 상실(lost opportunity/un-absorbed overheads)에 대한 클레임은 현장의 공기지연으로 인해 다른 계약이나 프로젝트를 수행할 수 있는 기회의 상실로 인한 손실을 클레임의 대상으로 한다. 이는 공기지연으로 인해 현장 관리 팀과 간접자원이 당초 계획보다 오랜 기간 현장에 유지(retain)됨으로 인해 다른 계약/프로젝트에 기여하여 이익을 창출할 기회를 상실했다는 점을 이론적인 근거로 한다.[267]

---

263) *Walter Lilly v Mackay* [2012] EWHC 1773 (TCC)
264) *Walter Lilly v Mackay* [2012] EWHC 1773 (TCC) at [540] to [554]
265) *Walter Lilly v Mackay* [2012] EWHC 1773 (TCC)
266) *Walter Lilly v Mackay* [2012] EWHC 1773 (TCC at [540] and [554]

금액 산정을 위해 일반적으로 Hudson Formula, Emden Formula 또는 Eichleay Formula와 같은 공식이 활용되나, 공식의 활용은 손해를 정량화하는 방법일 뿐이며 실제 손해가 발생했음을 입증하지 않는다는 점에 유의해야 한다.[268] 즉, 손해가 실제 발생했음은 위 공식 활용과는 별도로 원고가 입증해야만 한다.

(a) 공식 활용 시 유의 사항

국제 중재 실무상 시공자는 공식을 활용하기 위해 공기지연으로 인해 타 공사에서 이익을 얻었을 기회의 상실(lost opportunity/unabsorbed overheads)이 보상의 범위에 해당하는지와 실제 손해가 발생했음을 먼저 입증(liability and actual loss hurdles)해야 할 필요가 있다.

이와 관련하여 Walter Lilly 사건은 다음과 같은 가이드라인을 제공하였다. 본 사건에서 Walter Lilly는 발주자 측 사유로 인해 타공사에서 참여할 기회의 상실로 인해 £250,000가 초과하는 손해(본사 간접비와 일실이익)가 발생하였다고 주장하였다. 이에 대해 법원은 다음과 같은 견해를 밝혔다. (1) 시공자는 JCT 계약조건에서 발주자의 관련사유(Relevant Matter)로 인해 발생한 지연의 결과로 야기된 본사 간접비 기여의 상실 및/또는 손실된 이익을 계약적으로 규정된 손실 및/또는 지출(loss and/or expense)에 대한 클레임을 통해 보상받을 수 있다.[269] (2) 시공자는 지연이 발생하지 않았더라면 본사 간접비 기여 및/또는 이익으로 이어졌을 작업을 확보했을 것이라는 점을 민사소송의 입증기준(standard of proof)인 개연성의 비교형량(balance of probabilities)에 따라 입증하여야 한다. (3) Emden 또는 Hudson과 같은 공식을 사용하는 것은 손실된 이익 및 본사간접비의 가치를 확정하는 합법적이고 유용한 방법이다.

한편, SCL 프로토콜에서는 이 문제에 대해 "시공자는 발주자 지연이 없었다면, 시공

---

267) *Walter Lilly v Mackay* [2012] EWHC 1773 (TCC) at [541]
268) *Walter Lilly v Mackay* [2012] EWHC 1773 (TCC) at [540] and [554]
269) 본 저서 2.II.에서 설명한 바와 같이 JCT 계약조건에서 손실 및/또는 지출(loss and/or expense)은 손해배상의 범위와 같기에 JCT 계약조건에서는 타 공사에서 이익을 얻을 기회의 상실(lost opportunity/ unabsorbed overheads)이 보상이 가능할 것이다. 반면에 FIDIC 계약조건은 발주자 측 사유에 대해 비용 및/또는 이윤(Cost Plus Profit)을 보상하며 일실손해(lost profit)는 FIDIC Red Book 1999년판 계약조건 17.6조 면책조항에 의해 따르면 보상되지 않기에 FIDIC 계약조건에서도 보상의 범위에 있지 않다고 판단된다. 다만 FIDIC 계약조건에서도 손해배상으로의 청구는 준거법에 따라 고려할 수 있을 것이다.

자가 수주할 수 있었고 이익을 획득할 수 있는 다른 프로젝트가 있었다는 것을 반드시 입증해야한다."라고 조언하고 있다.

Walter Lilly 사건의 판결과 SCL 프로토콜에 비추어 볼때 시공자는 일반적으로 다음을 증명해야 한다.[270]

- 타 공사에서 이익을 얻을 기회의 상실(lost opportunity/unabsorbed overheads)은 보상 범위에 해당하는 점
- 기여를 할 수 있는 다른 프로젝트가 실제로 존재한 점
- 기회의 상실이 실제로 있었다는 점
- 다른 사유가 아닌 분쟁 대상 프로젝트 지연으로 인해 취소된 다른 작업이 있었다는 점

하나의 프로젝트를 연이어 수행하는 소규모 하도사 혹은 전문 시공자의 경우 위의 요건을 증명하는 데는 큰 문제가 없을 것으로 보인다. 예를 들면, Tunnel Boring Machine(TBM) 전문 업체가 공기지연으로 인해 타 공사에 참여할 수 없었다는 점을 입증하는 것은 상대적으로 용이할 수 있다.[271] 즉, 공기가 지연된 기간 동안에 시공자에게 다른 프로젝트의 입찰 참여 기회가 있었는데 현재 공사로 인해 입찰 참여를 거부 내지 포기한 사실의 기록을 법원에 증거로 제출하면, 법원은 기회의 상실이 실제 있었다는 사실을 인정할 수 있다.[272] 또 현재 프로젝트 진행 도중 다른 프로젝트의 입찰에 성공하였고, 현재 프로젝트가 정상적으로 종료되었다면 다른 프로젝트의 공사를 수행하는 데 문제가 없었는데, 현재 프로젝트의 지연으로 다른 프로젝트의 공사를 수행하지 못했다는 점을 입증할 수도 있다.

반면에, 한국 건설회사와 같은 대형 시공자는 여러 프로젝트를 동시에 진행하

---

270) *Walter Lilly v Mackay* [2012] EWHC 1773 (TCC at [541] and [543]

271) Champion R. (2021) The Hudson formula: Death by Footnote?, SCL Paper 230

272) *Walter Lilly v Mackay* [2012] EWHC 1773 (TCC at [543]. 판결문은 다음과 같다. "Between January 2006 and September 2008 WLC's tender success rate was in the order of 1 in 4 (explained in evidence to be based on tenders submitted). During that period WLC had to and did decline a number of tendering opportunities: that was not said vaguely, or in a vacuum of support: the opportunities received and declined were precisely detailed on a comprehensive schedule attached to Mr Corless' statement."

고 있어 입증이 어려울 수 있다. 대형 시공자가 특정 프로젝트의 지연으로 다른 프로젝트의 참여 기회(입찰기회 혹은 공사수행 기회)를 상실한 사례는 찾아보기 힘들 것이다. 더욱이 한국 시공자는 많은 부분의 공사를 외주화하고 있어 특정 프로젝트의 지연이 본사간접비에 미치는 영향이 없거나 미미할 수 있기에, 실제 손해가 발생하였음을 입증하기 어려운 측면이 있다.

(b) 공식의 적용

SCL 프로토콜에서는 본사 간접비 및 이익을 계산하는 Hudson, Emden 및 Eichleay 공식을 소개한다. 더불어, Society of Construction Law 홈페이지는[273] 공식을 사용하여 본사 간접비와 이익을 계산하는 데 도움이 되는 Excel 프로그램을 제공하는데, 그 내용은 다음과 같다.

Hudson formula

$$\frac{\text{입찰서상 혹은 입찰시의 본사관리비와 이윤 비율}}{100} \times \frac{\text{계약금액} \times \text{공기연장기간}}{\text{계약기간}}$$

Emden formula

$$\frac{\text{실제 본사관리비와 이윤 비율}}{100} \times \frac{\text{계약금액} \times \text{공기연장기간}}{\text{계약기간}}$$

Eichleay formula
- Step 1: 계약적으로 본사 관리비 비용은 다음과 같이 정한다. 먼저 계약금액(본사 관리비 클레임 금액은 제외)을 전사 매출액으로 나눈다. 그리고 계약을 수행했던 실제 기간 동안에 발생한 전사 본사 관리비 비용을 곱한다.
- Step 2: Step 1의 결과로 산정된 금액을 실제 계약을 수행했던 기간으로 나눈다. 나눈 기간의 단위가 일(day)인 경우에 계산된 금액이 일당 본사 관리비 비용에 해당한다.
- Step 3: Step 2의 결과로 산정된 금액에 보상 가능한 기간을 곱한다.

---

273) https://www.scl.org.uk/resources/delay−disruption−protocol

Hudson과 Emden의 차이는 입찰서상 혹은 입찰 시의 비율(percentage in tender)과 실제 비율(actual percentage)의 사용 유무이다. Hudson 공식에 사용될 비율은 발주자에게 제출된 입찰서, 입찰시 내부결재 서류, 계약가격 내역을 근거로 입증할 수 있을 것이다. Emden 공식에 활용될 실제 비율은 프로젝트의 수행한 부분에서 확인될 수 있는 비율 혹은 재무제표상 기재된 회사 전체의 비율이 입증의 근거가 되는 경우가 많다. 최근에는 입찰 비율의 사용보다 실제 비율의 활용이 지지를 받고 있는 것으로 판단된다.274) 이에 대해 SCL 프로토콜은 "Hudson 공식의 사용은 권장되지 않는다. 그 이유는, 이 공식은 입찰가의 적절성에 의존하고 계산의 근거가 되는 숫자 자체에 본사 관리비 및 이윤이 포함되어 있어서 중복 계산이 되기 때문이다275)"라고 하고 있다.

이러한 입찰 비율과 실제 비율의 차이는 작게는 1% 미만에서 크게는 10% 안팎까지 차이가 나는 경우가 많다. 계약상 활용할 수 있는 비율이 없을 경우, 중재 실무적으로는 사용할 수 있는 비율을 모두 활용하여 계산함으로써 클레임 금액을 여러 가지로 산정하는 경우도 많다.

나. 분쟁 대상 프로젝트를 지원하기 위해 실질적으로 발생된 간접비용에 대한 클레임

분쟁 대응을 지원하기 위해 실질적으로 발생된 간접비용(additional overheads/increased cost)은 타 공사에서 이익을 얻을 기회의 상실(lost opportunity/unabsorbed overheads) 클레임과 별도로 청구할 수 있다.276) 분쟁 지원을 위해 발생한 간접비용은 실제로 지원된 본사 인력의 급여와 각종 부대비용이 주를 이룬다. 그 입증을 위해서는 공식 활용이 아니라 실제 발생한 비용(급여 비용 및/또는 송장 비용)을 직접 입증해야 하며, 비용 발생과 발주자 측 사유간의 인과관계도 입증해야 한다.277) 입증 자료로 작업일지(timesheet)가 많이 활용되나, 특정 프로젝트와 연계

---

274) SCL 프로토콜 파트 C. 2.10; Champion R. (2021) The Hudson formula: Death by Footnote?, SCL Paper 230

275) SCL 프로토콜 파트 C. 2.10. 원문은 다음과 같다. "The use of the Hudson formula is not supported. This is because it is dependent on the adequacy or otherwise of the tender in question, and because the calculation is derived from a number which in itself contains an element of head office overheads and profit, so there is double counting."

276) *Walter Lilly v Mackay* [2012] EWHC 1773 (TCC) at [541]

277) *Alfred McAlpine Homes North Ltd v Property and Land Contractors Ltd* (1995) 76 BLR, at [70]–[71]; *Walter Lilly v Mackay* [2012] EWHC 1773 (TCC) at [541]

한 비용임을 입증하기에 불충분한 경우가 많다. 건설사 본사 직원의 경우 평상시에 작업일지를 작성하지 않는 경우가 대부분이고, 작업일지(timesheet)를 작성하더라도 특정 프로젝트에 대한 명시를 하지 않은 채 작업내용만을 기술하는 경우가 많기 때문이다. 한편 분쟁을 위해 사후에 작성된 작업일지(timesheet)는 동시기록이 아니기 때문에 증거로서의 가치가 떨어진다.

3. 이윤 · 일실손해 클레임 종류와 클레임의 근거 및 산정

위에서 설명했듯이 이윤 · 일실손해 클레임은 추가 공사에 대한 이윤, 특정 발주자 측 사유에 대해 계약상 규정된 이윤, 공기지연으로 인해 타 공사에서 얻을 수 있는 일실손해, 공사변경으로 삭제된 공사에 대한 일실손해 및 계약 해지로 인한 일실손해 등과 관련이 있다.

앞서 1.II.에서 계약위반에 따른 손해배상(damages for breach of a contract) 청구권과 계약상 명시된 보상 청구권(compensation under or in relation to a contract)은 원칙적으로 구별되어야 한다고 설명하였다. 따라서 일실이익에 대한 클레임을 준비할 때도 계약상 명시된 보상 청구권에 따른 것인지 아니면 계약위반에 따른 손해배상 클레임을 청구하는 것인지 면밀히 검토해 보아야 한다. 공기연장으로 인한 이익 획득 기회의 상실(the lost opportunity to earn profit)과[278] 관련하여 SCL 프로토콜은 "이익 획득 기회의 상실은 표준계약서상 일반적으로 보상이 불가능한 경우가 많다. 대신, 시공자는 계약위반에 따른 손해배상 클레임으로서 이익 획득 기회의 상실에 대한 클레임을 제기한다."[279]라고 설명하였다.

국제적으로 널리 인정되는 손해배상액 산정 원칙은 계약위반 행위가 발생하지 않았더라면 피해 당사자가 처했을 상태로 되돌릴 수 있는 금액을 계약위반 당사자가 보상하는 것을 내용으로 하며, 이는 '계약위반의 모든 결과를 제거하는 것'[280]

---

278) 이에 대해서는 본 저서 2.VI.에서 자세히 다루고자 한다.

279) SCL 프로토콜 파트 C. 2.4. 원문은 다음과 같다. "Regarding the lost opportunity to earn profit, this is generally not recoverable under the standard forms. Instead, Contractors typically frame their claim for the lost opportunity to earn profit as a claim for damages for breach of contract."

280) Factory at Chorzow (Germany v Poland), Merits, 1928 PCIJ (Ser.A) No.17 (13 September) at [125]: "wipe out all the consequences of the illegal act and re-establish the situation which would, in all probability, have existed if that act had not been committed."

(to wipe out all the consequences of the breach)이라고 표현되기도 한다.[281] 따라서 계약위반의 결과로 발생한 이익 획득 기회의 상실(lost opportunity to earn profit)도 일반적으로 클레임 대상이 될 수 있다.

이윤 클레임이나 일실손해 클레임은 실제 발생을 입증할 수 없는 명목상의 클레임이므로 국제 중재 실무상, 중재 재판부가 이윤이나 일실손해를 평가·보상해야 한다고 결정할 경우, 대부분 이익율을 활용하여 금액을 계산하게 된다. 여기서데 어떤 이윤율을 적용해야 하는지가 중요한 쟁점이 될 수 있다. 이윤율을 결정하는 데 있어서는 다음의 이윤율 유형을 고려해 볼 수 있다.

- 변경시 적용하기로 계약적으로 합의된 이윤율(Profit agreed on the use for variations)
- 입찰/계약 가격 내역의 이윤율(Profit in the tender/contract price breakdown)
- 기 수행한 부분에서 확인될 수 있는 실제 프로젝트의 이윤율(Profit on actual project)
- 재무제표상 기재된 회사 전체의 이윤율(Company wide profit in the company accounts)

여러 종류의 이윤율 중 어떤 이윤율이 적합한지는 계약조항 및 클레임 유형에따라 다를 수 있다.

- 많은 계약에서 '공사변경에 따른 클레임' 시, 실제 발생비용을 기반으로 평가할 경우(FIDIC 평가기준 Stage 3)를 대비해 공사변경시 적용할 이윤율을 계약적으로 합의하는 경우[282]가 많은데, 이런 경우는 합의된 이윤율을 사용하는 것이 타당할 것이다.
- 이윤은 계약단가나 가격에 포함된 경우가 많다. 흔히 단가나 가격에 녹아 있다고 표현한다. 혹은 별도로 개별 계약단가에는 포함되지 않고 별도로 명기되기도 한다. 이윤이 계약서 상에 어떤 방식으로든 명기될 경우, '시공자 클레임' 및

---

281) Wöss, para. 2.01; Keating, para. 9−002.
282) FIDIC 계약의 경우 5% 적용한다.

'변경에 따른 클레임'에서 활용될 여지가 많기 때문에 주의해서 작성할 필요성이 있다. 일례로, 국제중재건에서 계약조건은 1.6%의 낮은 이윤율이 입찰서에 명기되었고, 계약조건상 입찰서의 이윤은 '시공자 클레임' 및 '변경에 따른 클레임' 보상 시 기준이 되었다. 시공자는 증인 진술시 입찰과정에서 입찰경쟁력을 위해 이윤율을 낮게 책정했기 때문에 클레임에 적용되야 하는 이윤율은 현실적으로 이보다 높아야 한다고 주장하였으나, 중재 재판부는 받아들이지 않았다.

- 삭제 공사에 대한 일실이익의 경우 어떠한 이윤율을 활용해야 하는지는 계약조건에 따라 달라질 수 있을 것이다. 삭제변경에 대비해 별도의 이윤율을 계약적으로 합의하는 경우도 종종 있다.

- 지연으로 인한 클레임에서는 공식을 활용하는 것이 일반적이다. Hudson 공식을 활용하여 본사간접비와 이익을 클레임할 경우에는 입찰/계약 가격 내역의 이윤율을 사용하며, Edem 공식을 활용할 경우에는 기 수행한 부분에서 확인될 수 있는 실제 프로젝트에 대한 이윤율을 활용하게 된다. SCL 프로토콜은 "적절한 이윤율은 발주자 측 사유와 가장 가까운 직전 3년간의 회계기간에 대한 시공자의 회계감사보고서로부터 도출될 수 있다"[283]라고 제언하고 있다.

- 계약 해지로 인한 클레임에서 어떠한 이윤율을 활용해야 하는지는 클레임 사유의 구체적인 내용 및 계약조건에 따라 달라질 것이다.

4. 소결

본사 간접비 클레임은 (1) 지연으로 인해 타 공사에서 이익을 얻을 기회의 상실 클레임(lost opportunity/unabsorbed overheads)과 (2) 분쟁 중인 프로젝트를 지원하기 위해 실질적으로 발생된 간접비용 클레임(additional overheads/increased cost)으로 구분할 수 있다.

기회상실 클레임의 경우 공식의 활용이 도움이 될 수 있으나, 실제 기회의 상실이 있었음을 먼저 입증해야 한다. 분쟁 중인 프로젝트를 지원하기 위해 실질적으로

---

283) SCL 프로토콜 파트 C. 2.4.원문은 다음과 같다. "An appropriate rate may be arrived at from the Contractor's audited accounts for the three previous financial years closest to the Employer Risk Events for which audited accounts have been published."

발생된 간접비용(additional overheads/increased cost) 클레임은 실제 발생 비용을 근거로 하여야 하며 실제 발생비용과 발주자 측 사유간의 인과관계를 입증하여야 한다.

　이윤·일실손해 클레임은 (1) 추가공사에 대한 이윤, (2) 삭제 공사에 대한 일실이익의 손실, (3) 공기지연으로 인해 타 공사에서 이익을 얻을 기회의 상실, 그리고 (4) 계약 해지로 인한 일실이익의 손실의 경우를 대상으로 할 수 있다.

　이윤·일실손해는 실제로 발생을 입증할 수 없는 명목상의 클레임이므로 어떠한 이윤율을 활용하여 계산을 하는지가 중요하며, 적절한 이윤율은 계약조항 및 클레임 유형에 따라 다를 수 있다.

VII. 하자 클레임 중 백차지(Back Charge) 클레임[284]

본 장에서는 하자에 따른 클레임 중 백차지(back charge) 클레임에 대해서 설명하고자 한다.

1. 백차지(back charge)의 개념

시공자가 하도사나 공급업체(vendor)와 아무런 문제 없이 건설 공사를 무사히 완료하는 경우는 극히 드물다. 하도사나 공급업체로 인해 문제가 발생할 경우 공사의 적기 완료를 위해 혹은 다른 여러 사유로 인해 시공자는 하도사·공급업체 대신 문제를 해결하고, 그로 인해 발생하는 비용에 대해 하도사·공급업체에 청구할 메커니즘, 즉 백차지(back charge)가 필요하게 된다. 백차지(back charge)는 'contra charge'나 'recharge'로도 표현되는데, 마땅히 번역할 한글용어가 없어 이하에서 백차지로 번역없이 사용한다.

백차지(back charge)는 기본적으로 하도사로 인해 발생한 시공자의 예상치 못한 비용을 하도사에게 클레임하는 것으로, 시공자가 하도사의 업무와 관련하여 시공자가 부담해야 하는 비용을 처리하기 위해 하도사에게 관련 비용을 청구하는 것이다.[285] 백차지(back charge)의 개념은 발주자와 시공자의 관계에서도 적용될 수 있으나, 여기서는 실무상 주로 문제되는 시공자의 하도사에 대한 백차지를 중심으로 검토한다.

일반적으로 계약 상대방이 계약상 의무를 이행하지 않을 경우 손해배상을 청구할 권리가 있다. 앞서 1.IV.에서 설명한 바와 같이 계약상 손해배상액 산정에 대해서는 일반적으로 기대이익(이행이익) 배상의 원칙이 적용된다.[286] 기대이익 배상의 원칙은 계약이 이행된 것과 같은 상태로 피해당사자를 회복시키기 위해 금전으로 손해배상하는 것을 내용으로 하는데,[287] 이는 백차지(back charge)에도 그대로 적용된다.

---

284) JB Kim, D Yun (2021) "Back charges in construction practice", Construction Law International, Vol 16 Issue 1, March 2021의 내용을 국문으로 번역 및 보완한 것이다.

285) Glossary of Common Construction Contract Terms Published by American Subcontractors Association ("ASA"); FIDIC Yellow Book 2017년판 계약조건 11.4조.

286) Keating, para. 9－004.

287) Keating, para. 9－004.

백차지(back charge)는 다음과 같은 경우에 주로 발생한다.

① **하자/결함있는 작업 또는 자재(defective work/materials)**

하자 수리비용에 대한 클레임을 대상으로 함.

② **작업의 지연**

③ **작업장 손상:** 수리 비용

④ **현장유지비용(clean-up)의 발생**

작업자 안전을 유지하거나 산업보건, 안전 및 환경 규정을 준수하기 위해 발생하는 비용을 클레임의 대상으로 함.

저자의 경험에 따르면, 백차지는 하자있는 작업(defective works)으로 인해 발생하는 경우가 가장 많다. 건설법에 관한 권위있는 교과서인 Hudson은 하자있는 작업(defective works)에 대해 "하자있는 작업(defective works)은 계약의 요구 사항을 준수하지 않은 작업이므로 계약을 위반하는 것이다. 대규모 건설 또는 엔지니어링 계약의 경우 명시적인 요구 사항(도면, 시방서를 포함) 및 품질, 기술, 성능 또는 디자인에 관한 묵시적 의무(implied terms)에 대한 준수도 포함한다."[288]라고 기술하고 있다.

영국법에 따르면, 일반적으로 시공자의 자재의 품질, 시공 및 디자인에 대한 묵시적 의무는 목적적합성 부합의무(fit for purpose obligations)에 해당하며, 엔지니어 등 건설 전문가의 책임은 합리적인 기술 및 관리 의무(reasonable skill and care obligations)에 해당한다.[289] 이와 관련된 광범위한 법적 논의는 본서에서는 논외로 한다.

많은 건설 표준 계약(FIDIC 포함)은 하자있는 작업(defective works)에 대한 정의 규정을 두고 있지 않으나, NEC 표준계약과 같이 하자를 정의하는 경우도 있다.[290] 하자있는 작업(defective works)이 발생했는지의 여부는 계약조건 외에도

---

288) Hudson, para. 4-075. 원문은 다음과 같다. "Defective work is work which fails to comply with the requirements of the contract and so is a breach of contract. For large construction or engineering contracts, this will mean work which does not conform to express descriptions or requirements, including any drawings or specifications, together with any implied terms as to its quality, workmanship, performance or design."

289) ibid

준거법 및 현지 실무(practice)에 의해 영향을 받을 수 있으므로, 프로젝트가 소재한 국가에 따라 판단이 달라질 수 있다.[291]

2. 백차지(back charge)를 위한 4가지 요건 - 캐나다 판례를 중심으로

시공자의 입장에서는 하도사의 하자있는 작업(defective works) 및 하도사 사유의 공사 지연으로 인한 비용을 백차지를 통해 하도사로부터 상환받을 필요성이 있으나, 하도사의 입장에서는 무분별한 백차지 행사는 부당할 수 있다. 대표적으로 다음과 같은 경우에 백차지 행사가 부당하다는 비판이 제기될 수 있다.

- 하자에 대한 시공자의 사전 통지가 없는 경우
- 하자 여부를 조사할 시간이 주어지지 않는 경우
- 하도사가 하자보수할 시간이 주어지지 않는 경우
- 시공자의 백차지 금액이 적절하다는 근거가 부족한 경우
- 시공자의 백차지 금액이 하도사의 하자 있는 작업으로 인해 발생했다는 점을 증빙할 수 있는 어떠한 문서도 없는 경우

따라서 당사자의 형평 측면에서 백차지의 인용을 위한 요건을 설정할 필요성이 있는데, 이와 관련하여 캐나다 법원(Court of Queen's Bench of Alberta in Canada)은 *Impact Painting Ltd v Man-Shield (Alta) Construction Inc*, 2017 ABQB 743 (CanLII) 사건에서 백차지의 요건과 관련한 중요한 쟁점들을 판시하고 있다. 이 사건에서 피고 Man-Shield는 Canada Edmonton의 은퇴자 커뮤니티 건설 프로젝트의 시공자였고, 원고인 Impact Painting 은 Man-Shield의 도색 및 벽지 설치 하도사였는데, Impact는 Man-Shield에게 '추가공사'에 대해 클레임을 청구하였고, Man-Shield는 카운터 클레임(counterclaim)으로 12개의 백차지 항목에 관해 개략 CAD $209,000을 청구하였다.

---

290) NEC 계약조건에서는 하자에 대해 다음과 같이 규정한다. "A Defect is a part of the Works which is not in accordance with the Scope or a part of the works designed by the Contractor which is not in accordance with the applicable law or the Contractor's design which the Project Manager has accepted."

291) Hudson, para. 4-076.

이 사건에서 법원은 백차지(back charge)를 위해 시공자가 증명해야 할 4가지 요건을 제시하였다.[292]

① 백차지는 당사자가 실제로, 필연적으로, 합리적으로 발생시킨 지출(expense)에 대한 것일 것
② 하도 계약 조건 또는 당사자 간의 기타 계약에 따라 백차지는 하도사가 책임을 지는 작업 또는 일부 작업과 관련될 것
③ 백차지 금액은 하도사의 계약위반에 따라 발생한 시공자의 지출에 해당할 것.
④ 백차지 금액이 발생하기 전에 시공자는 하도사에 계약위반과 이를 시정할 합리적인 기회를 통지할 것

위 백차지의 4가지 요건을 차례대로 분석해 보면 다음과 같다.

가. 요건 1: 백차지는 당사자가 실제로, 필연적으로, 합리적으로 발생시킨 지출에 대한 것일 것[293]

미국법에 따르면 하도사의 역무에 하자가 발생할 경우, 시공자는 손해배상의 일반 원칙에 입각해 손해배상을 청구할 수 있고,[294] 손실 및 지출(loss and expense)은 계약 위반으로 인해 발생한 손해에 해당한다.[295] Impact 판례의 1단계 요건에서 '실제로, 필연적이며 합리적으로 발생한 지출(expense)'을 언급하고 있지만, 이는

---

292) *Impact Painting Ltd v Man-Shield (Alta) Construction Inc* 2017 ABQB 743 (CanLII), para.28, 원문은 다음과 같다. "In my view, the onus is on the party claiming a back charge to prove that:
1. The back charge is for an expense actually, necessarily and reasonably incurred by the party claiming the back charge.
2. By the terms of the subcontract, or by some other agreement between the parties, the charge is one, or is in relation to some task, for which the subcontractor undertook responsibility.
3. The general contractor incurred the expense because the subcontractor defaulted on the responsibility to which the charge relates.
4. Prior to incurring the charge, the general contractor gave notice to the subcontractor of its default and a reasonable opportunity to cure it."
293) 원문은 다음과 같다: "The back charge is for an expense actually, necessarily and reasonably incurred by the party claiming the back charge."
294) ABA Model Jury Instructions, chapter. 10.03
295) *Wraight Ltd v PH&T. (Holdings) Ltd* (1968) 13 BLR 29

이 사건에서 피고가 지출만을 대상으로 상환을 청구하였기 때문인 것으로 보인다.

또한 미국법에 따르면 하도사의 역무에 하자가 있을 경우, 시공자는 일실이익·사용 손실·임대료 손실과 같은 결과적 손해를 청구할 수 있으며, 다음을 증명해야 한다.[296]

- 계약 당사자들이 계약을 체결할 당시 계약 위반의 결과 해당 손해가 발생할 것으로 예상하였거나 예상할 수 있었다는 점
- 해당 손해는 실제로 하도사의 결함·불완전한 공사로 인해 발생한 점
- 손해배상액의 구체적인 액수

이 중 마지막인 손해배상액의 입증과 관련하여 손해배상액 산정의 기준으로서 (1) 하자 보수 비용(the cost of cure)과 (2) 가치의 감소(diminution in value)[297]가 제시되고 있는데, 그 구체적인 내용은 다음과 같다.

(a) 하자 보수 비용(the cost of cure)

하자와 관련된 손해배상액 산정은 하자보수 비용(the cost of curing the defective condition)을 기준으로 산정하는 것이 일반적이다.[298] 이는 앞에서 설명한 바와 같이, 계약이 하자 없이 이행되었다면 발생하지 않았을 비용을 하도사가 책임지는 차원이다. 이 원칙은 수리 비용 대비 얻을 수 있는 결과가 크게 불균형하거나 불합리한 경제적 낭비를 수반하지 않는 이상 적용되며, 그렇지 않을 경우에는 가치의 감소(diminution in value)를 기준으로 한 비용 산정방법이 적용된다.[299]

Nichols Const. Corp. v. Virginia Machine Tool Co., LLC, 276 Va. 81 (Supreme Court of Virginia June 6, 2008) 사건에서 미국 버지니아 주 법원은, 결함이 있는 지붕을 제거하고 교체한 결과 발생한 배상액 산정에 대해 하자 보수 비용(cost of cure)과 가치의 감소(diminution in value)를 기준으로 한 배상액 산정방법을 적용한 바 있다. 여기서 하자 보수 비용(cost of cure)은 "시공 또는 설계상의 하자를 수리하여 계약조건에 부합하게 하는 비용"을 말하며, 가치의 감소(diminution in value)는 "계약에 따라 적절하게 완성

---

296) ABA Model Jury Instructions, chapter. 10.06
297) ABA Model Jury Instructions, chapter. 10.03
298) ABA Model Jury Instructions, chapter. 10.04
299) ABA Model Jury Instructions, chapter. 10.03 to 10.05

된 건축물의 가치와 하자 있는 건축물의 가치 차액"이라고 설시하였다. 버지니아 법원은 일반적으로 "불합리한 경제적 낭비(unreasonable economic waste)"를 초래하지 않는 이상 하자 보수 비용(cost of cure)이 가치의 감소(diminution in value) 보다 배상액 산정 기준으로서 우선한다고 보았다. 이 사건에서 지붕의 원래 계약 가격은 $140,000이었음에도 법원이 판결한 손해액은 $450,842로서 계약금액을 훨씬 상회했다. 법원은 (a) 결함이 있는 지붕의 수리가 실행 가능한 옵션이 아니었기 때문에 지붕을 교체해야 했으며, (b) 지붕 시공자가 발주자의 비용 추정치를 반박하는 증거를 제공하지 않았다는 점을 근거로, 발주자에게 유리한 판결을 선고하였다.

(b) 가치의 감소(diminution in value)

미국법에서는 하도사의 작업이 계약 조건을 충족시키지 못한 경우라고 하더라도, 기수행된 작업을 제거하고 교체하기 위해서는 지나친 낭비가 발생하는 경우에는 가치의 감소(diminution in value)를 기준으로 한 배상액 산정방법이 보다 적합하다고 보고 있다.[300] 구체적으로 다음의 상황에서 가치의 감소(diminution in value)를 기준으로 한 산정방법이 적용될 수 있다.[301]

- 계약상대방이 계약조건을 엄격히 준수하여 작업을 수행하지는 못하였으나,
- 계약상대방이 수행한 작업의 결과 유용한 프로젝트(usable project)가 건설되었고,
- 이미 완료된 계약상대방의 작업을 제거하고 계약에서 요구하는 형태로 교체하는 비용이 불필요한 낭비에 해당하거나 매우 높은 비용을 발생시키는 경우

이러한 경우 배상액은 계약금액에서 실제로 수행된 작업의 가치를 차감한 금액으로 산정된다.[302] 따라서 가치의 감소를 기준으로 한 산정방식은 계약금액의 삭감(abatement) 방식에 해당하기 때문에 계약금액을 초과할 수 없다. 반면 앞서 본 하자 보수 비용(the cost of cure) 기준 방식은 계약금액을 초과하는 경우도 있을 수 있다.

---

300) ABA Model Jury Instructions, chapter. 10.05
301) ABA Model Jury Instructions, chapter. 10.05
302) ABA Model Jury Instructions, chapter. 10.05

이와 관련하여 영국 대법원은 *Ruxley Electronics and Construction Ltd v Forsyth*[303] 사건에서 '복구 비용(cost of cure)'과 '시설의 손실(loss of amenity)' 가운데 어느 것을 기준으로 손해배상액을 산정하는 것이 타당한지에 대해 판시한 바 있다. 이 사건에서 Ruxley는 Forsyth의 정원에 수영장을 설치하는 내용의 계약을 체결하였는데, 계약조건상 수영장은 7피트 6인치 깊이의 다이빙 구역을 가질 것이 요구되었다. 그런데 시공의 결과 다이빙 구역은 깊이가 6피트에 불과하여 계약조건을 달성하지 못하였다. 6피트의 수심도 여전히 다이빙을 위해 안전한 수심에 해당하였지만, Forsyth는 계약위반에 따른 손해배상책임을 주장하면서 수영장을 철거하고 재건설하는 비용(cost of cure)인 총 £21,540을 청구하였다.

1심 법원은 이 사건의 사실관계에 비추어 볼 때 복구비용(cost of cure)을 기준으로 배상액을 산정하는 것은 부당하다고 보고, 시설의 손실(loss of amenity)에 해당하는 £2,500를 배상액으로 인정하였다. 그러나 항소법원은 Forsyth를 계약이 이행된 결과와 동일한 상태에 위치시키는 데 필요한 금액이 손해배상액이 되어야 한다는 이유로 철거 및 재건 비용에 해당하는 £21,540를 손해배상액으로 인정하였다. 이에 Ruxley는 상고하였는데, 대법원은 1심 법원의 판단과 동일한 결론을 채택하면서 최종적으로 £2,500를 배상액으로 인정하였다. 대법원 판결에서 Lord Lloyd 판사는 손해배상의 기본원칙은 피고를 처벌하는 것이 아니라 원고에게 보상하는 것을 기본으로 한다고 판시하였으며,[304] Lord Mustill 판사는 재건설하는 비용이 원고가 입은 손실에 비해 지나치게 과다한 경우, 배상액 산정에 있어서 합리성(Reasonableness)의 요소가 결정적으로 고려되어야 함을 설시하였다.[305]

한편 건설표준 계약인 FIDIC Yellow Book 1999년 계약조건 제11.4조는 발주자가 위 두 가지 산정방식을 선택할 수 있는 권리를 규정하고 있다.[306]

---

303) Ruxley Electronics and Construction Ltd v Forsyth [1995] UKHL 8
304) 판결문은 다음과 같다. "Does Mr Forsyth's undertaking to spend any damages which he mayreceive on rebuilding the pool make any difference? Clearly not. He cannot be allowed to create a loss which does not exist in order to punish the defendants for their breach of contract. The basic rule of damages, to which exemplary damages are the only exception, is that they are compensatory not punitive."
305) 판결문은 다음과 같다. "[t]he test of reasonableness plays a central part in determining the basis of recovery and will indeed be decisive in a case such as the present when the cost of reinstatement would bewholly disproportionate to the non-monetary loss suffered by the employer."
306) FIDIC Yellow Book 1999년판 계약조건 11.4조:

나. 요건 2: 하도 계약 조건 또는 당사자 간의 기타 계약에 따라 백차지는 하도사가 책임을 지는 작업 또는 일부 작업과 관련될 것[307]) 및 요건 3: 백차지 비용은 하도사의 계약위반에 따라 발생한 시공자의 비용일 것[308])

Impact 판례에서 제시된 2번과 3번 요건은 인과관계의 입증과 관련된 것이다. 인과관계에 대한 일반원칙[309])을 고려할 때, 이 요건들과 관련하여서는 시공자의 보수 작업과 관련 비용이 해당 하도사에 의한 하자로 인해서 발생하였음을 입증할 수 있는 충분한 증거를 제시하는 것이 매우 중요하다. 그러나 최종 결과물이 여러 하도사의 작업이 반영된 것임을 감안하면 그 입증에는 기술적인 어려움이 있을 수 있다. 이와 관련하여 미국 법원은 *Great Western v Role Construction*[310]) 사건에서 하도사의 결함 있는 작업이 실제로 시공자가 지출한 비용과 인과관계가 있음을 입증하는 것은 시공자의 책임이라는 입장을 취하였다.

하자 있는 작업에 대한 문서화는 시공자와 하도사 입장에서 모두 필수적이다. 구체적으로 하자의 책임 소재를 가리기 위해서는 부적합 보고서(Non-Conformation Report, "NCR"), 검사 보고서(Inspection Report, "IR") 및 품질 테스트 결과와 같이 하도사의 하자를 입증할 자료를 축척하는 것이 중요하다. 또한 하도사로서는 하자 보수 조치를 취하기로 결정한 경우에는 하자 보수 진행 상황을 사진이나 비디오로 남겨둘 필요가 있다. 하도사는 스스로 수행한 작업의 모든 단계를 문서화하는 것이 중요하다. 하도사가 하자 보수를 시행하지 않는 경우, 시공자는 하자 보

"If the Contractor fails to remedy the defect or damage by this notified date and this remedial work was to be executed at the cost of the Contractor under Sub-Clause 11.2 [Cost of Remedying Defects], the Employer may (at his option):

carry out the work himself or by others, in a reasonable manner and at the Contractor's cost, but the Contractor shall have no responsibility for this work; and the Contractor shall subject to Sub-Clause 2.5 [Employer's Claims] pay to the Employer the costs reasonably incurred by the Employer in remedying the defect or damage;

require the Engineer to agree or determine a reasonable reduction in the Contract Price in accordance with Sub-Clause 3.5 [Determinations]; or"

307) 원문은 다음과 같다. "The charge is one, or is in relation to some task, for which the subcontractor undertook responsibility."

308) 원문은 다음과 같다. "The general contractor incurred the expense because the subcontractor defaulted on the responsibility to which the charge relates)."

309) 인과관계에 대한 일반적인 원칙은 본 저서 1.IV.을 참고하기 바란다.

310) *Great Western Drywalls vs Roel Construction* 166 Cal.App.4th 761 (2008)

수 완료시 개별 하자에 대한 송장과 작업일지(timesheet)를 하도사에 제공할 수 있도록 별도로 보관할 필요가 있다. 이를 위해 회계 시스템에 관련 비용을 입력하면서 하자 보수 계정을 별도로 만드는 것도 좋은 방법이다.

이상과 같은 입증자료가 없는 경우 시공자 입장에서는 다수의 관련 하도사 중 어느 하도사에게 하자에 대한 책임이 귀속하는지를 확인하는 것이 불가능하거나 비현실적일 수 있다. 이와 관련하여 *Great Western Drywalls v Roel Construction*[311] 사건에서 미국 법원은 다수의 하도사가 연관된 청소 비용이 문제된 사안에서, 시공자가 특정 하도사에게 부과할 청소 비용을 평가할 수 있는 권리를 인정하였으나, 해당 비용을 각 하도사에 계약금액에 비례하여 배분하는 계산방법은 받아들일 수 없다고 하면서, 시공자로서는 청소비용에 대한 각 하도사의 책임을 구체적으로 구분하여 입증해야 한다고 판시하였다.

다. 요건 4: 백차지 비용이 발생하기 전에 시공자는 하도사에 계약위반과 이를 시정할 합리적인 기회를 통지할 것[312]

이 요건은 백차지를 행사하기 위한 절차적 선행 요건에 해당한다. 이와 관련하여, FIDIC Yellow Book 1999년판 계약조건 11.4조는 "만약 시공자가 하자 또는 손상을 합리적인 기한 내에 보수하는데 실패하게 되면, 하자 또는 손상이 보수되어야 하는 일자 또는 기한이 발주자(또는 발주자를 대리하는 자)에 의해 확정될 수 있다. 시공자에게는 해당 일자에 대한 합리적인 통지서가 발급되어야 한다."라고 규정하고 있다.

하도사 입장에서 FIDIC 계약조건과 같이 하도급 계약서(subcontract)에서 합리적인 통지 관련 조항을 규정하는 것은 대단히 중요하다. 즉, 시공자가 결함이 있는 작업을 발견하면 하도사에게 이를 통지하고 수정, 수리 또는 정리할 수 있는 적정한 유예기간을 부여해야 한다. 적정한 기간이 어느 정도인지는 구체적인 사실관계에 따라 달라질 것이다. 물론 하도급 계약서에 명시적으로 통지의무와 관련된 모든 백차지 조항을 규정하는 것이 가장 이상적이다.[313]

---

311) *Great Western Drywalls vs Roel Construction* 166 Cal.App.4th 761 (2008)

312) 원문은 다음과 같다: "Prior to incurring the charge, the general contractor gave notice to the subcontractor of its default and a reasonable opportunity to cure it."

313) FIDIC Yellow Book 2017년판 계약조건 11.4조는 다음과 같이 규정하고 있다. "If the Contractor fails to remedy any defect or damage within a reasonable time, a date may be fixed by (or on behalf of) the Employer, on or by which the defect or damage is to be remedied. The

미국의 Associated Schools of Construction("ASC"), Associated General Contractors("AGC") 및 American Subcontractors Association("ASA")는 백차지와 관련된 접근방식, 지침, 표준 하도급계약 양식을 제공하고 있다. 이 중 표준 하도급계약에 따르면 일반적으로 시공자가 백차지 비용을 지출하기 전에 미리 하도사에게 그 사실을 서면으로 통지해야 하고, 직접 하자보수를 완료한 후 7일 내에 다시 그 사실을 서면 통지해야 하며, 마지막으로 다음 달 15일까지 발생한 금액의 집계를 서면으로 하도사에게 제공할 것을 규정하고 있다.[314]

시공자의 통지의무 미준수 및 하도사에 대한 하자보수 기회 미제공에 따른 결과 백차지의 권리가 부정되는지, 백차지 금액이 감소되어야 하는지가 문제될 수 있다. 이와 관련하여 *Impact* 판결에서는 분명하게 제시되어 있지는 않으나, 미국 테네시 주 항소 법원은[315] "법이 하자와 관련하여 통지의무를 정하는 것은 하자에 책임이 있는 당사자가 결함 있는 작업을 수리하고, 손상을 줄이며, 추가 결함을 방지하고, 성능을 개선하며, 추가로 분쟁을 줄이는 데 있다"고 천명하면서, 피고의 통지의무 미준수의 결과 원고가 하자를 보수할 수 있는 기회를 상실하였음을 이유로 피고의 백차지 청구를 기각한 바 있다. 실제 미국의 많은 주에서는 하자에 책임이 있는 당사자가 하자에 대해 조치를 취할 수 있는 권리(right to cure)를 법으로 명시하고 있다.[316]

백차지와 직접 관련은 없지만 시공자 통지의 미준수 및 하도사에 대한 하자보수 기회의 미제공의 법적 효과와 관련해서는 앞서 여러번 언급했던 영국의 *Energy Works (Hull) LTD v MW High Tech Projects UK LTD & Ors*[317] 사건도

Contractor shall be given reasonable notice of this date."

314) ASA recommendations 의 계약조건은 다음과 같다. "No back charge or claim of customer for services shall be valid except by an agreement in writing by subcontractor before the work is executed, except in the case of subcontractor's failure to meet any requirement of the subcontract.In such event, customer shall notify subcontractor of such default, in writing, and allow subcontractor reasonable time to correct any deficiency before incurring any costs chargeable to subcontractor. No back charge shall be valid unless billing is rendered no later than the 15th day of the month following the charge being incurred. Furthermore, any payments withheld under a claim of subcontractor default shall be reasonably calculated to recover the anticipated liability and all remaining payment amounts not in dispute shall be promptly paid."

315) *Bates v. Benedetti*, E2010−01379−COA−R3−CV, 2011 WL 978195, at 7 (Tenn. Ct. App. Mar. 21, 2011)

316) ABA Model Jury Instructions, chapter. 10.02

317) [2022] EWHC 3275 (TCC)

주목할 만하다. 이 사건에서 Outotec(USA)는 M+W와 주기기인 기화기(gasifier)의 설계, 제작, 공급 및 시운전과 테스트에 대한 자문에 대해 US $39,874,806 규모의 하도 계약을 체결하였다. EWH는 주기기와 관련 여러 하자 관련 비용을 포함한 여러 하자에 대한 비용(£9,943,504)을 M+W에게 청구하였고, M+W는 기화기와 관련하여 클레임 당한 여러 하자비용을 Outotec(USA)에게 백투백(Back to Back) 청구하였다. M+W와 Outotec(USA)간의 하도급 계약조건 제37조[318])는 하자보수와 관련 M+W의 통지의무를 규정하고 있었는데, Pepperall 판사는 M+W가 계약에 따른 통지의무를 이행하지 못한 하자에 대해서는 통지의무를 이행하지 않았음을 이유로 M+W의 청구는 기각하였다.[319])

3. 소결

시공자는 하도사 관련 업무로 인해 시공자가 하도사 대신 수행한 서비스 또는 발생한 비용을 하도사에게 청구할 수 있는바, 이를 백차지라고 부른다.

캐나다 법원은 *Impact* 사건에서 백차지에 대한 주요한 고려 사항과 지침을 제공하고 있다. 이에 따르면 백차지를 위한 비용 지출 사실에 대한 시공자의 하도사에 대한 통지는 백차지를 위한 첫 번째 단계로서 중요한 사항에 해당한다. 즉 통

---

318) Institution of Chemical Engineers,Yellow Book 2013개정판:

"37.2 If at any time before the Subcontract Plant is Taken Over in accordance with Clause 33 (Taking Over) or during the Defects Liability Period, the Contract Manager:

(a) decides that any matter is a Defect; and

(b) as soon as reasonably practicable notifies the Subcontractor of the particulars of the Defect;

the Subcontractor shall as soon as reasonably practicable make good the Defect so notified and the Contractor shall so far as may be necessary place the Subcontract Plant at the Subcontractor's disposal for this purpose. The Subcontractor shall, if so required by the Contract Manager, submit his proposals for making good any Defect to the Contract Manager for his approval which shall not be unreasonably withheld.

37.6 If the Subcontractor does not make good within a reasonable time any Defect which he is liable to make good under Sub-clause 37.2 ⋯ then the Contractor may, in addition to any other remedies or relief available to him under the Subcontract, proceed to do the work in such a manner as the Contract Manager may decide, including the employment of a third party, provided that the Contractor gives at least ten days' notice of his intention."

319) *Energy Works (Hull LTD v MW High Tech Projects UK LTD & Ors* [2022] EWHC 3275 (TCC), at [7.1], [723]−[724], and [726].

지의무의 미준수로 인해 시공자는 백차지의 권리를 상실할 수도 있는데, 이는 하도사가 하자보수를 시정할 수 있는 권리를 보호할 필요가 있기 때문이다.

백차지 금액에 대한 일반적인 산정방식은 하자보수 비용(the cost of curing the defective condition)을 기준으로 하는 것이 원칙이다. 다만, 법원은 비용의 합리성을 검토한 후 가치의 감소(diminution in value)를 기준으로 배상액을 산정할 수도 있다.

백차지 클레임에서 시공자는 백차지의 원인이 된 비용 지출이 하도사의 하자있는 작업에 기인한 것이고, 그러한 비용 지출에 대한 예견가능성이 있었음을 입증할 필요가 있다.

VIII. 계약 해지320)에 따른 정산 클레임

본 장에서는 계약 해지에 따른 정산을 위해 수반되는 클레임에 대해 FIDIC 계약조건과 영국법을 중심으로 살펴보고자 한다. 계약 해지를 구하는 클레임 자체에 대해서는 본 저서에서는 구체적으로 다루지 않기로 한다.

1. 해지의 종류

계약의 해지는 당사자들의 특약, 즉 계약 내용에 의한 해지인 약정해지와 법률에 의한 해지인 법정해지로 구분할 수 있는데, 논의의 편의상 법정해지에 대해 먼저 살펴보기로 한다.

법정해지는 계약위반에 대한 구제수단으로서, 전통적으로 영국 계약법에서 법정해지는 계약조항(terms) 중 조건(condition)의 위반에 대하여 인정되었다.321) 여기서 조건(condition)이란 우리나라 민법상 법률행위의 부관에 해당하는 조건과는 구별되는 점을 유의해야 한다. 즉 영국법상 계약조항(terms)은 크게 조건(condition)과 보장(warranty)으로 구분되는데, 조건(condition)은 계약 목적상 본질적인 의무로서 위반 시 계약 해제 또는 해지의 원인이 되며, 보장(warranty)은 비본질적인 의무, 즉 부수적 의무로서 계약 해제 또는 해지의 대상이 되지 않는다. 322) 다만 양자 모두 위반 시 손해배상의 대상이 된다는 점은 동일하다.

---

320) 우리나라 민법에서는 계약의 해제와 해지를 구별한다(민법 제543조 이하). 계약의 해제는 유효하게 성립하고 있는 계약의 효력을 당사자 일방의 의사표시에 의하여 그 계약이 처음부터 존재하지 아니한 것과 같은 상태로 회복시키는 것을 말하며(주석 민법: 채권각칙 2권 (5판), 298면), 계약의 해지는 계속적 계약의 효력을 장래에 향하여 소멸하게 하는 일방적 행위를 말한다(주석 민법: 채권각칙 제2권 (5판), 299-300면). 그러나 일본 민법은 해제라는 용어만을 사용하고 있으며, 영미법상은 계약의 해제와 해지를 특별히 구분하고 있지 않다. 미국통일상법전(Uniform Commercial Code; 이하 "UCC")은 우리 민법상 합의해제·해지를 rescission, 약정해제·해지를 termination, 계약위반을 이유로 한 법정해제/해지를 cancellation이라고 구분하고 있으며, 영국 법원은 약정해지를 termination, 법정해지를 repudiation이라고 표현하는 경우도 있다. 한편 영미법원과 미국법원은 이를 엄격히 구분하고 있지는 않다고 보는 견해도 있다(김영두, "영미계약법에 있어서 계약의 해제", 법학연구 2004, vol.14, no.3, 통권 24호 126면). 건설도급계약의 경우 계속적 계약에 해당하는 점(대법원 2002. 9. 4. 선고 2001다1386 판결)을 고려해, 본고에서는 '해지'라는 용어를 사용하기로 한다. 참고로 FIDIC 1999년판 계약조건 한글번역본(대한건축학회, 2009)은 'termination'을 '해지'라고 번역하고 있다.

321) *Poussard v Spiers* (1876) 1 QBD 410.

322) *Poussard v Spiers* (1876) 1 QBD 410, *Bettini v Gye* (1876) 1 QBD 183.

어느 계약조항이 조건(condition)과 보장(warranty)에 해당하는지 여부는 당사자의 의사와 계약의 성격에 따라 정해지게 되는데, 법정해지권의 인정 유무에 있어서는 조건(condition)이나 보장(warranty)의 용어 자체보다는 어느 계약조항 위반이 계약을 존속시키는 것이 부당하다고 판단될 정도의 본질적인 위반(fundamental breach)인지 여부가 중요하다. 영국의 중요 판례인 *Hong Kong Fir Shipping Co. v Kawasaki Kisen Kaisha*[323] 사건에서 영국의 항소법원은 계약조건이 'condition'인지 'warranty'인지의 구분이 중요한 것이 아니고, 계약 해제 또는 해지권의 발생 여부는 위반한 계약조항의 중요성, 위반의 심각성, 그리고 계약위반에 따른 결과의 심각성 등을 종합적으로 고려하여 결정되어야 한다고 판시하였다.[324]

상거래에서 체결되는 대다수 계약들은 미리 해제 또는 해지의 내용을 정하고 있다. 건설계약 또한 시공자나 발주자 측 사유가 발생하는 경우 상대방의 해지권을 규정함으로써 약정해지권을 인정하고 있다. 한편, 시공자 측 사유가 없음에도 발주자가 임의로 계약을 해지할 수 있는 경우를 임의해지 또는 편의해지(termination for convenience)라고 하며, 상당수 건설계약들은 이를 규정하고 있다.[325]

약정해지와 법정해지에 따른 배상 범위가 상이할 수 있기 때문에 양자가 병존할 수 있는지도 실무상으로 문제가 될 수 있다. *Stocznia Gdynia v Gearbulk Holdings*[326] 사건에서 영국 법원은 계약조항에 따른 약정해지권이 법정해지권을 배제하지 않으며, 계약조항에 따른 해지통지에 따라 법정해지권도 함께 발생한

---

323) *Hong Kong Fir Shipping Co. v Kawasaki Kisen Kaisha* [1962] 2 QB 26

324) Diplock LJ는 다음과 같이 판시하였다: 'The test whether an event has this effect or not has been stated in a number of metaphors all of which I think amount to the same thing: does the occurrence of the event deprive the party who has further undertakings still to perform of substantially the whole benefit which it was the intention of the parties as expressed in the contract that he should obtain as the consideration for performing those undertakings?' 또한 Upjohn LJ는 다음과 같이 판시하였다. "[D]oes the breach of the stipulation go so much to the root of the contract that it makes further commercial performance of the contract impossible, or in other words is the whole contract frustrated? If yea, the innocent party may treat the contract as at an end. If nay, his claim sounds in damages only. This is a question of fact fit for the determination of a jury." 계약 당사자가 주요 의무를 이행하지 않는 경우, 계약 상대방이 의도한 목적의 전체 실익을 실질적으로 박탈하는 영향을 미칠 경우, 이를 '본질적 또는 근본적 위반(fundamental breach)'이라고 하며, 계약위반이 '계약의 근원까지 간다(breach goes to the root of the contract)'라고 표현하기도 한다.

325) 우리나라 민법 제673조는 건설계약에 해당하는 도급계약에 대해 수급인이 일을 완성하기 전에 도급인은 손해를 배상하고 계약을 해제할 수 있다고 규정하고 있다.

326) *Stocznia Gdynia SA v Gearbulk Holdings Ltd* [2009] EWCA Civ 75 (13 February 2009)

것으로 보았다.327) 참고로 우리나라 대법원도 "계약서에 명문으로 위약시의 법정해제권의 포기 또는 배제를 규정하지 않은 이상 계약당사자 중 어느 일방에 대한 약정해제권의 유보 또는 위약벌에 관한 특약의 유무 등은 채무불이행으로 인한 법정해제권의 성립에 아무런 영향을 미칠 수 없다"고 판시한 바 있다(대법원 1990. 3. 27.자 89다카14110 결정).

영국의 최근 *Energy Works (Hull) LTD v MW High Tech Projects UK LTD & Ors*328) 사건 또한 약정해지와 법정해지의 관계와 관련한 중요한 판례이다. 이 사건 계약조건에 따르면 지체상금이 총 계약금액의 15%에 달하게 되면 발주자인 Energy Works (Hull) LTD(이하 "EWH")는 계약해지를 통보할수 있다고 규정되어 있었다. EWH는 공기지연을 이유로 MW High Tech Projects UK LTD(이하 "M+W")에게 계약조건에 따른 계약해지를 통보하였고, 예비적 청구로 M+W의 이행거절을 이유로 한 법정해지(termination at common law)를 주장하였다.329) EWH는 M+W의 이행거절에 준하는 계약위반(repudiatory breach of contract)의 내용으로 계약해지시의 공기지연 일수, M+W의 부당한 공사중단(suspension), M+W의 계약상 보고의무 불이행을 들었다.330) 이에 대해 M+W는 공기지연은 발주자 측 사유로 인한 것으로 M+W는 공기연장 권리를 갖기 때문에 발주자 측 사유를 원인으로 한 약정해지의 요건을 충족하지 못하였고, 따라서 EWH의 계약해지는 발주자의 임의 해지(termination for convenience)에 해당할 뿐 법정해지권도 인정될 수 없다고 주장하였다.331) Pepperall 판사는 M+W가 제기한 사유 중 EWH의 일부 계약위반은 인정하였으나 이는 공기연장과 무관하다고 보았으며, M+W는 공기연장 권리의 선결조건인 통지 의무를 이행하지 않았다고 판단한 후, M+W는 공기연장 권리가 없으므로 EWH는 계약조항에 따른 약정해지권을 정당

---

327) Moore-Bick LJ는 다음과 같이 판시하였다. "In my view it is wrong to treat the right to terminate in accordance with the terms of the contract as different in substance from the right to treat the contract as discharged by reason of repudiation at common law. In those cases where the contract gives a right of termination, they are in effect one and the same."

328) [2022] EWHC 3275 (TCC)

329) *Energy Works (Hull) LTD v MW High Tech Projects UK LTD & Ors* [2022] EWHC 3275 (TCC), at [3]

330) *Energy Works (Hull) LTD v MW High Tech Projects UK LTD & Ors* [2022] EWHC 3275 (TCC), at [295]

331) *Energy Works (Hull) LTD v MW High Tech Projects UK LTD & Ors* [2022] EWHC 3275 (TCC), at [3], [296]

하게 행사하였다고 판시하였다.332) 또한 법정해지에 대한 예비적 청구와 관련하여 Pepperall 판사는 (i) 법적인 권리를 배제하기 위해서는 계약상 명확한 규정(clear express words)이 필요하고, (ii) 이 사건 계약상 계약조건에 따른 약정해지권은 다른 권리 및 구제수단을 침해하지 않는 권리(without prejudice to its other rights and remedies)라고 계약상 규정되어 있으며, (iii) 이 사건 계약조건 45.2조는 이행거절(repudiation)에 따른 EWH의 법적인 계약 해지권을 보장(preserve)한다고 규정하고 있는 점을 이유로 M+W의 항변을 배척하였다333)

FIDIC Yellow Book 2017년판 계약조건을 포함한 FIDIC 계약조건에서는 (i) 시공자 측 사유에 따른 발주자의 해지(15.2조), (ii) 발주자의 임의해지(15.5조), (iii) 발주자 측 사유에 따른 시공자의 해지(16.2조)의 3가지 해지사유를 규정하고 있다. 각각의 경우에 클레임 항목과 금액이 달라지므로, 계약해지를 고려하는 시공자나 발주자로서는 각 사유별로 클레임 항목 및 관련 금액을 검토할 필요가 있다. 이하에서는 FIDIC Yellow Book 2017년판 계약조건을 중심으로 살펴본다.

2. 시공자 측 사유로 인한 발주자의 해지

FIDIC Yellow Book 2017년판 계약조건 15.2조는 발주자가 시공자 측 사유로 인한 계약을 해지할 수 있는 조건을 규정하고 있다. 그리고 15.3조334)에 따르면 발주자가 시공자 측 사유로 인해 계약을 해지할 경우 계약관리자(Engineer)는 계약 해지 시점의 시공자가 수행한 공사, 물품 및 시공자 제공 문서들에 대한 가액 및 시공자에게 지급되어야 할 여타 금액을 계약조건 3.7조에 따라 합의하거나 결정하여야 한다. 다만 15.4조에 따르면 발주자는 계약 해지 시 시공자의 공사 수행

---

332) *Energy Works (Hull) LTD v MW High Tech Projects UK LTD & Ors* [2022] EWHC 3275 (TCC), at [6.2], [6.3] and [294]

333) *Energy Works (Hull) LTD v MW High Tech Projects UK LTD & Ors* [2022] EWHC 3275 (TCC), at [6.4] and [295−299]

334) FIDIC Yellow Book 2017년판. 원문은 다음과 같다. After termination of the Contract under Sub-Clause 15.2 [Termination for Contractor's Default], the Engineer shall proceed under Sub-Clause 3.7 [Agreement or Determination] to agree or determine the value of the Permanent Works, Goods and Contractor's Documents, and any other sums due to the Contractor for work executed in accordance with the Contract (and, for the purpose of Sub-Clause 3.7.3 [Time limits], the date of termination shall be the date of commencement of the time limit for agreement under Sub-Clause 3.7.3).

분에 상응하는 공사금액을 즉시 지급할 의무는 없다.

계약 해지 시점의 시공자가 수행한 공사, 물품 및 시공자 제공 문서들에 대한 가액 및 시공자에게 지급되어야 할 여타 금액을 확정하기 위해서는, 계약 해지 시점을 기준으로 현장에 남겨진 장비 및 자재를 포함하여 현장의 작업 상태를 상세하게 기록하는 것이 무엇보다 중요하다. 계약 해지 시점의 작업 상황 및 상태를 평가하고 수행된 작업의 가치를 평가하는 일을 수행하기 위해, 자세한 증거 기록, 예를 들어, 사진, 비디오, 검측 기록서, 월간·주간 progress report 등을 작성 및 보관하는 것은 관련 분쟁 방지 및 해결을 위해서도 필수적이다. 시공자, 계약관리자 및 발주자가 공동 검사 보고서(joint inspection report)을 작성하는 것도 실무적으로 추천되는 방법이며, 객관성을 담보하기 위해 제3자 기관에 의뢰하여 작업상태를 평가하는 것도 고려할 수 있다. 계약 해지 당시의 시공자의 작업상황 및 상태에 대한 광범위한 조사 없이는 추후에 시공자의 작업상황 및 상태를 판단하는 것이 사실상 불가능할 수 있기 때문에, 향후 분쟁을 최소화하기 위해서는 실무적으로 공동 조사를 하는 것이 권장된다. 또한, 일반적으로 계약해지 후 발주자는 대체시공자(replacement contractor)를 고용하여 계약 해지 이후의 잔여 공사를 수행하게 되는데, 대체계약(replacement contract)의 적정 비용을 평가하기 위해서는 계약 해지 시점을 기준으로 시공자 공사수행분을 평가하는 것이 바람직하다.

가. 최종 정산 금액

FIDIC Yellow Book 2017년판 계약조건 15.4조[335])는 시공자 측 사유로 인한

---

335) 원문은 다음과 같다. 15.4 Payment after Termination for Contractor's Default

After termination of the Contract under Sub-Clause 15.2 [Termination for Contractor's Default], the Employer shall be entitled subject to Sub-Clause 20.2 [Claims For Payment and/or EOT] to payment by the Contractor of:

(a) the additional costs of execution of the Works, and all other costs reasonably incurred by the Employer (including costs incurred in clearing, cleaning and reinstating the Site as described under Sub-Clause 11.11 [Clearance of Site]), after allowing for any sum due to the Contractor under Sub-Clause 15.3 [Valuation after Termination for Contractor's Default];

(b) any losses and damages suffered by the Employer in completing the Works; and

(c) Delay Damages, if the Works or a Section have not been taken over under Sub-Clause 10.1 [Taking Over the Works and Sections] and if the date of termination under Sub-Clause 15.2 [Termination for Contractor's Default] occurs after the date corresponding to the Time for Completion of the Works or Section (as the case may be). Such Delay Damages shall be paid for every day that has elapsed between these two dates.

계약 해지 시 최종적으로 시공자가 발주자에게 지불해야 하는 항목 또는 발주자가 시공자에게 지불해야 하는 항목을 규정하고 있다. 또한 위에서 설명한 바와 같이 계약조건 15.4조에 따르면 발주자는 계약 해지 시 시공자의 공사수행분에 상응하는 공사금액을 즉시 지불할 의무가 없는데, 이는 공사 완료 후 여러 발생 비용을 종합적으로 검토한 후 최종 지불금액을 결정하고자 하는 발주자의 입장을 고려한 것으로 보인다. FIDIC 15.4조에 언급된 항목을 포함하여 발주자 및 시공자가 검토해야 할 주요 항목은 다음과 같다.

(a) 계약 해지의 결과로 발생한 비용(the additional costs of execution of the Works and all other costs reasonably incurred by the Employer)(15.4.(a)항)

(b) 하자 보수 비용[336](15.4.(a)항)

(c) 계약 해지 후 잔여작업 완료에 소요되는 손해(Any losses and damages suffered by the Employer in completing the Works)(15.4.(b)항)

(d) 공기지연에 따른 손해(Delay damages)(15.4.(c)항)

(e) 15.3조에 의해 결정된 계약 해지 시점의 명목상 금액[337](any sum due to the Contractor under Sub-Clause 15.3[Valuation after Termination for Contractor's Default])(15.4(a)항)

(f) 본드 콜 금액

실무상 발주자는 (a)부터 (d)까지의 합에서 (e)와 (f)의 합을 차감한 금액을 시공자에게 클레임하는 것이 일반적이다.[338] (b)항의 하자 보수 비용에 대한 쟁점은 2.VII.에서, (d)항의 공기지연에 따른 손해에 대해서는 1.VI.에서 각각 확인할 수 있으며, 이하에서는 (c)항의 계약 해지 후 잔여작업 완료에 소요되는 손해에 대해 살펴본다.

---

336) 이는 계약조건에 명시적으로 규정되지는 않으나 계약 해지의 결과로 발생된 비용의 항목으로 청구될 수 있을 것이다. *Energy Works (Hull) LTD v MW High Tech Projects UK LTD & Ors* [2022] EWHC 3275 (TCC), at [4]

337) 시공자 공사수행분에 대한 계약금액, 공사변경에 따른 금액 및 미지급된 클레임 금액이 일반적으로 포함된다.

338) *Energy Works (Hull) LTD v MW High Tech Projects UK LTD & Ors* [2022] EWHC 3275 (TCC), at [6,6]

나. 대체시공자 계약금액

계약 해지 후 발주자는 스스로 잔여 공사를 완료할 수 있더라도 대체시공자 (replacement contractor)를 통해 작업을 마무리하고 원시공자에게 그 금액을 청구하는 경우가 대부분이다. 이때 시공자는 발주자가 대체시공자와 체결한 계약의 계약금액이 지나치게 높다는 주장을 할 수 있고, 이에 발주자는 대체시공자의 계약금액이 합리적이라는 점을 소명[339]해야 할 필요성이 생길 수 있다. 국제 중재 실무상 대체시공자 계약금액의 합리성을 설명하기 위해서는 아래 내용을 확인하는 것이 도움될 수 있다.

- (a) 입찰 초대서(Invitation to Tender)
- (b) 입찰 과정에 참여한 시공자의 수
- (c) 입찰 평가서
- (d) 입찰 초대서의 작업이 원시공자의 당초 역무에 해당하는지 여부[340]
- (e) 계약서 혹은 구매 주문서(purchase order)의 내용
- (f) 송장 및 백업자료
- (g) 지불 증명의 제공, 즉 비용의 실제발생 여부

위의 목록은 참고자료일 뿐 합리성에 대한 판단은 개별 사건의 상황과 사실관계에 따라 평가가 달라질 수 있다. 예컨대 대체시공자로 선정될 수 있는 시공자 수가 제한적일 경우에는 경쟁입찰을 진행하지 않았다는 이유만으로 대체계약이 비합리적이라고 볼 수만은 없을 것이다.[341] 최근 영국의 *Energy Works (Hull) LTD v MW High Tech Projects UK LTD & Ors*[342] 사건에서 발주자인 EWH의 전체 클레임 금액 중 약 10%를 대체 시공자(replacement contractor)인 Black &

---

339) 대체계약 금액이 합리적이지 않다는 주장의 입증책임은 시공자에 있는 것으로 판단한다. 따라서 발주자는 방어하는 입장에서 합리적이었다는 것을 소명하면 족하다고 판단한다(*Energy Works (Hull LTD v MW High Tech Projects UK LTD & Ors* [2022] EWHC 3275 (TCC), at [318])

340) 이와 관련하여서는 1.V.의 개량(betterment)를 참고하기 바란다.

341) *Energy Works (Hull LTD v MW High Tech Projects UK LTD & Ors* [2022] EWHC 3275 (TCC), at para [381]

342) [2022] EWHC 3275 (TCC)

Veatch에게 지급된 비용으로 청구하였다.[343] 이에 대해 원시공자인 M+W는 EWH가 경쟁입찰 대신 수의계약을 체결한 점을 근거로 Black & Veatch에 대한 비용이 비합리적으로 높다(unreasonably high)고 주장하였다.[344] 이에 대해 EWH는 영국 내에서 유사한 프로젝트의 실적을 가진 업체가 제한적이었고, Black & Veatch가 유사한 프로젝트를 수행하였기 때문에 선정할 수밖에 없었다고 반박하였다. 법원은 대체시공자 선정 업체가 제한적인 점 외에도 EWH가 계약해지를 고려하는 시점에 잠재적 대체시공자들과 가능성을 타진하는 대화를 시작한 점, 경쟁입찰이 많은 시간이 소요된다는 점 등을 근거로 EWH이 합리적으로 대응을 하였다고 판시하였다.[345]

일반적으로 대체시공자의 계약금액은 물가상승분, 원시공자의 작업을 이어감에 따른 리스크 금액, 촉박한 잔여공사 일수에 따른 리스크 금액 등 기타 리스크 금액이 반영되기 때문에, 원시공자의 잔여 계약금액 합계보다 상당히 높을 수 있다.

대체시공자의 계약금액 혹은 최종 정산금액이 원시공자의 잔여 계약금액 합계보다 상당히 높은 경우, (i) 시공자는 발주자가 손해경감의무를 불이행 했다거나 (ii) 당초 시공자의 계약보다 "더 나은" 결과물을 얻으려 했다는 이른바 '개량(betterment)' 주장을 통해 발생한 비용의 금액 자체가 합리적이지 않다는 점을 뒷받침하기도 한다.[346]

먼저 손해경감의무 불이행 주장의 경우, 시공자는 발주자의 대체 시공자(replacement contractor) 물색 및 잔여 공사 완료를 위해 투입한 비용(cost to complete the project)이 불합리하게 과다하다는 주장을 하게 된다. 이러한 주장에 대해 *SABIC UK Petrochemicals Ltd v Punj Lloyd Ltd*[347] 사건에서 Stuart-Smith 판사는 EPC

---

343) *Energy Works (Hull) LTD v MW High Tech Projects UK LTD & Ors* [2022] EWHC 3275 (TCC), at [355]–[356]

344) Energy Works (Hull LTD v MW High Tech Projects UK LTD & Ors [2022] EWHC 3275 (TCC), at [375].

345) *Energy Works (Hull) LTD v MW High Tech Projects UK LTD & Ors* [2022] EWHC 3275 (TCC), at para [381] "I accept that the pool of potential alternative contractors was limited and that Black & Veatch's experience at Ince Park will, quite reasonably, have weighed heavily in EWH's thinking. Further, I accept that exploratory talks with alternative contractors prior to termination necessarily had to be conducted in confidence and that EWH was right to appoint its chosen contractor quickly after termination without launching a protracted procurement process."

346) 각각의 주장의 일반적인 사항은 1.V.을 참고하기 바란다.

시공자의 중대한 과실로 인한 계약 해지에서 발주자(SABIC)가 처하게 되는 어려움을 고려할 때, 법원은 손해경감의무에 대해 균형 잡힌 시각으로 접근해야 한다고 설명하면서, 발주자(SABIC)가 불합리하게 행동했다는 시공자의 주장을 받아들이지 않았다.[348]

앞에서 소개한 최근 *Energy Works (Hull) LTD v MW High Tech Projects UK LTD & Ors*[349] 사건에서도 손해경감의 의무가 문제되었다. 시공자인 M+W는 (i) 대체시공자인 Black & Veatch의 계약이 총액계약(a lump sum bsis)이 아닌 실비정산(a time and materials plus basis)계약[350]으로 체결된 점, (ii) Black & Veatch의 계약적으로 합의된 단가가 시장가보다 지나치게 높은 점을 들어, EWH가 손해경감의 의무를 다하지 못하였다고 주장하였다.[351] 이에 대해 Pepperall 판사는 먼저 발주자인 EWH가 손해경감의무를 다하지 못했다는 점에 대한 입증책임은 M+W에게 있다고 하면서,[352] 실비정산 계약이 계약해지 상황에 처한 피해당사자가 고려할 만한 계약이라고 판단하였다.[353] 그러나 Pepperall 판사는 EWH가 다른 여타 시공자와의 협

---

347) [2013] EWHC 2916 (TCC)

348) 원문은 다음과 같다. "A second area of tension arises out of SABIC's submission, based upon well known passages of high authority, that it should not be judged harshly when the Court is assessing its performance after termination because it had been put in a position of embarrassment by SCL's defaults. SABIC submits that its actions after termination should not be "weighed in nice scales"and that it should not "be held disentitled to recover the cost of [its] measures merely because the party in breach can suggestthat other measures less burdensome to him might have been taken." […] In my judgment, a suitable balance is struck by recognising that, although SABIC had significant expertise, much of which it had acquired during the Wilton project, it was primarily a chemical manufacturing company and not a construction business. Although in mid-October 2008 SABIC thought that the termination had been "technically well prepared"the reality, when it came, was a major and unwelcome burden for it. In the event, while I have borne SABIC's submission on this point in mind in my approach to the evidence, it has not been necessary to resort to it to any great extent since I do not consider that SCL has shown SABIC to have behaved unreasonably so as to need to rely upon indulgence from the Court in making its findings."

349) [2022] EWHC 3275 (TCC)

350) 대체계약은 Black & Veatch에서 제공하는 인력의 실제 투입시간에 계약적으로 합의된 단가를 곱하는 산정방식과 기타 경비를 실비용으로 정산하는 방식이 혼재된 방식이었다.

351) *Energy Works (Hull) LTD v MW High Tech Projects UK LTD & Ors* [2022] EWHC 3275 (TCC), at [375]

352) *Energy Works (Hull) LTD v MW High Tech Projects UK LTD & Ors* [2022] EWHC 3275 (TCC), at [318]

353) *Energy Works (Hull) LTD v MW High Tech Projects UK LTD & Ors* [2022] EWHC 3275

상없이 Black & Veatch만을 계약협상의 대상으로 고려하여 EWH의 협상력이 저하되었고 그로 인해 Black & Veatch의 계약단가가 높았다는 M+W의 주장은 받아들여, 양측 감정인(quantum expert)이 동의한 시장가인 £8,321,717[354]을 발주자의 대체시공자 비용으로 인용하였다.[355]

다음으로 개량(betterment)과 관련하여, 원시공자는 당초 계약보다 나은 성능 부분에 대해서는 개량(betterment)에 해당하는 금액의 감액을 주장할 수 있다. 또한 대체시공자는 시간 등 여러 가지 제약으로 인해 당초 계획보다 금액이 많이 소요되는 시공 방법을 선택하는 경우도 종종 있는데, 이러한 경우에도 시공자는 개량(betterment) 사실을 주장해 볼 여지가 있다. 개량(betterment) 주장의 인용 여부는 사실관계에 따라 달라질 것이나, 개량(betterment)으로 인해 발생하는 금액에 대한 입증책임은 시공자에게 있기 때문에 구체적인 금액 제시가 없을 경우 중재판정부나 법원이 개량(betterment) 사실 자체는 인정하더라도 시공자의 개량 항변을 기각할 수 있다. 따라서 시공자로서는 개량에 의해서 차감(abatement)되어야 하는 금액을 구체적으로 제시하고 입증할 필요가 있다.

3. 발주자의 임의해지

FIDIC Yellow Book 2017년판 계약조건 15.5조는[356] 발주자가 시공자 측 사유가 없이도 계약을 해지할 수 있는 이른바, 임의해지 또는 편의해지(termination for

---

(TCC), at [375]−[377]. M+W의 사실증인 및 감정인(quantum expert) 모두 이러한 계약방식이 발주자가 계약해지 상황에서 고려해볼만한 계약형태라는 증언이 판사의 결정에 중대한 영향을 미친 것으로 보인다.

354) Black & Veatch 인력의 계약단가가 시장가보다 높은 것은 EWH와 M+W 측의 감정인(quantum expert) 모두 인정하였으며, 양측의 감정인(quantum expert)은 적절한 시장가를 반영할 경우 Black & Veatch 비용은 £8,321,717(클레임 금액은 £12,119,903)이라고 동의하였다.

355) *Energy Works (Hull) LTD v MW High Tech Projects UK LTD & Ors* [2022] EWHC 3275 (TCC), at [381]

356) 원문은 다음과 같다. The Employer shall be entitled to terminate the Contract, at any time for the Employer's convenience, by giving notice of such termination to the Contractor. The termination shall take effect 28 days after the later of the dates on which the Contractor receives this notice or the Employer returns the Performance Security. The Employer shall not terminate the Contract under this Sub-Clause in order to execute the Works himself or to arrange for the Works to be executed by another contractor.

convenience)를 규정하고 있다. 다만, 계약조건 혹은 준거법에 따라 발주자는 본인
이 직접 잔여 공사를 수행하거나, 타시공자를 고용하여 시공할 목적으로 15.5조
를 활용하지 않을 수도 있다.357) 발주자가 임의해지권을 행사할 경우 시공자는
16.3조358)에 따라 작업을 중단하고, 18.5조359) 및 14.13360)조에 따라 계약관리자

---

357) FIDIC Yellow Book 1999년판 15.5조는 발주자가 스스로 공사를 시공하거나 또는 다른 시공자에
    의해 공사를 시공하도록 하기 위한 목적으로 발주자의 임의해지 조항에 의거하여 계약을 해지할 수
    없다고 규정한다. 영국의 British Steel Corporation사건에서는 발주자의 임의해지 조항이 있었지만
    이러한 조항이 남용되어서는 안 된다는 판결을 내렸다. *British Steel Corporation v. Cleveland
    Bridge and Engineering Co Ltd* [1984] [1984] 1 All ER 504, (1983) BLR 94, [1984] 1 WLR 504
358) 원문은 다음과 같다. "After a notice of termination under Sub-Clause 15.5 [Employer'sEntitlement to
    Termination], Sub-Clause 16.2 [Termination by Contractor] or Sub-Clause 19.6 [Optional
    Termination, Payment and Releas] has taken effect, the Contractor shall promptly:
    (a) cease all further work, except for such work as may have beeninstructed by the Engineer
        for the protection of life or property or for the safety of the Works,
    (b) hand over Contractor's Documents, Plant, Materials and other work, for which the Contractor
        has received payment, and
    (c) remove all other Goods from the Site, except as necessary for safety, and leave the Site."
359) 원문은 다음과 같다. "If the execution of substantially all the Works in progress is prevented
    for a continuous period of 84 days by reason of Force Majeure of which notice has been
    given under Sub-Clause 19.2 [Notice of Force Majeure], or for multiple periods which total
    more than 140 days due to the same notified Force Majeure, then either Party may give to
    the other Party a notice of termination of the Contract. In this event, the termination shall
    take effect 7 days after the notice is given, and the Contractor shall proceed in accordance
    with Sub-Clause 16.3 [Cessation of Work and Removal of Contractor's Equipment].
    Upon such termination, the Engineer shall determine the value of the work done and issue
    a Payment Certificate which shall include:
    (a) the amounts payable for any work carried out for which a price is stated in the Contract;
    (b) the Cost of Plant and Materials ordered for the Works which have been delivered to the
        Contractor, or of which the Contractor is liable to accept delivery: this Plant and
        Materials shall become the property of (and be at the risk of) the Employer when paid
        for by the Employer, and the Contractor shall place the same at the Employer's disposal;
    (c) any other Cost or liability which in the circumstances was reasonably incurred by the
        Contractor in the expectation of completing the Works;
    (d) the Cost of removal of Temporary Works and Contractor's Equipment from the Site and
        the return of these items to the Contractor's works in his country (or to any other
        destination at no greater cost); and
    (e) the Cost of repatriation of the Contractor's staff and labour employed wholly in
        connection with the Works at the date of termination."
360) 원문은 다음과 같다. "Within 28 days after receiving the Final Statement or the Partially Agreed
    Final Statement (as the case may be), and the discharge under Sub-Clause 14.12 [Discharge],
    the Engineer shall issue to the Employer (with a copy to the Contractor), the Final Payment
    Certificate which shall state:
    (a) the amount which the Engineer fairly considers is finally due, including any additions

(Engineer)는 완료된 작업에 대한 가액을 결정한 후 다음의 사항들을 포함한 기성 확인서를 발급하여야 한다.

(a) 가격이 계약에 기재되어 있는, 수행된 모든 작업에 대하여 지급하여야 할 금액

(b) 공사를 위해 주문되어 시공자에 배송되었거나 또는 시공자가 인수하여야 할 책임이 있는 설비와 자재에 대한 비용: 이러한 설비와 자재는 발주자에 의해 지급되는 시점에서 발주자의 재산으로 간주(그리고 발주자가 위험을 부담하는)되며, 시공자는 그것들을 발주자의 처분 하에 두어야 한다

(c) 공사 준공을 예상하여 시공자가 합리적으로 부담한 모든 여타 비용 또는 책임

(d) 가설공사 및 시공자장비를 현장에서 철수하고 그러한 항목들을 시공자의 본국 내에 있는 시공자의 공사장(또는 비싸지 않은 비용으로 다른 목적지)까지 반출하는 비용

(e) 계약 해지 일자 시점에서 오로지 공사와 관련하여 고용된 시공자의 직원과 노무자들에 대한 본국 복귀 비용

---

and/or deductions which have become due under Sub-Clause 3.7 [Agreement or Determination] or under the Contract
or otherwise; and
(b) after giving credit to the Employer for all amounts previously paid by the Employer and for all sums to which the Employer is entitled, and after giving credit to the Contractor for all amounts (if any) previously paid by the Contractor and/or received by the Employer under the Performance Security, the balance (if any) due from the Employer to the Contractor or from the Contractor to the Employer, as the case may be.
If the Contractor has not submitted a draft final Statement within the time specified under Sub-Clause 14.11.1 [Draft Final Statement], the Engineer shall request the Contractor to do so. Thereafter, if the Contractor fails to submit a draft final Statement within a period of 28 days, the Engineer shall issue the FPC for such an amount as the Engineer fairly considers to be due.
If:
(i) the Contractor has submitted a Partially Agreed Final Statement under Sub-Clause 14.11.2 [Agreed Final Statement]; or
(ii) no Partially Agreed Final Statement has been submitted by the Contractorbut, to the extent that a draft final Statement submitted by the Contractor is deemed by the Engineer to be a Partially Agreed Final Statement the Engineer shall proceed in accordance with Sub-Clause 14.6 [Issue of IPC] to issue an IPC."

또한, 4.2.3조에 따라 이행보증서(Performance Security)도 시공자에게 반환해야 한다.

FIDIC Yellow Book 2017년판 계약조건 15.6(b)항에 따르면 발주자의 임의해지시 시공자는 일실이익 또는 기타 손실 및 손해[361]를 추가적으로 청구할 수 있기 때문에, 발주자의 임의해지는 발주자에게 상당한 리스크(Risk)를 야기할 수 있음을 유의할 필요가 있다.

4. 발주자 측 사유에 따른 시공자의 해지

FIDIC Yellow Book 2017년판 계약조건 16.2조는 발주자 측 사유를 이유로 시공자가 계약을 해지할 수 있는 경우를 규정한다. 16.2.1조 (d)항은 "발주자가 계약상의 의무를 실질적으로 이행하지 않았고 그러한 불이행이 중대한 위반일 경우"[362]를 시공자의 해지사유로 규정하고 있는데, 이 조항은 다른 조항에 비해 포괄적이기 때문에 시공자 입장에서 다른 사유로 포섭하기 어려울 경우 활용되는 비율이 높다.

한편 FIDIC Silver Book 1999 개정판 및 FIDIC Yellow Book 1999 개정판 16.2조 (d)항은 "발주자가 계약상의 의무를 실질적으로 이행하지 않은 경우"[363]라고 규정하여, 중대한 위반을 직접적으로 명시하고 있지 않았다.

시공자가 FIDIC Yellow Book 2017년판 16.2.1조 (d)항 또는 이와 유사한 조항을 활용하여 계약을 해지하고자 할 경우, 발주자 측 사유가 중대한 위반(material breach)에 해당하는지 여부가 중요한 쟁점이 된다. 실제 준거법이 터키법이고 FIDIC Silver Book 1998년 개정판이 계약조건인 중재 사건에서 시공자가 발주자의 부지 인도 지연(계약조건 2.1조)과 계약조건 16.2조 (d)항을 근거로 계약해지를 통지하였는데, 중재판정부는 발주자의 부지 인도의 지연 사실 및 그에 따른 공기 연장과 금전보상은 인정하였으나, 전반적인 여건과 계약당사자들의 행위에 비추어 볼 때(the overall circumstances and the conduct of the parties) 발주자의 계약위반이 16.2조 (d)항에 따라 발주자가 계약상의 의무를 실질적으로 이행하지 않은 경우는

---

361) 원문은 다음과 같다. "the amount of any loss of profit or other losses and damages suffered by the Contractor as a result of this termination."

362) 원문은 다음과 같다. "the Employer substantially fails to perform, and such failure constitutes a material breach of, the Employer's obligations under the Contract."

363) 원문은 다음과 같다. "the Employer substantially fails to perform his obligations under the Contract."

아니라고 보고, 시공자의 해지를 부당한 해지(wrongful termination)라고 판단하였다. 따라서 시공자에게 공기연장 청구권이나 보상청구권이 인정되는 경우라고 하더라도 계약해지권은 부정될 수 있음을 주의할 필요가 있다.

발주자 측 사유에 따른 계약 해지 시 시공자는 16.3조에 따라 작업을 중단하고 발주자는 16.4조, 18.5조 및 20.2조에 따라 발주자는 다음의 금액을 지불해야 한다.

(a) 가격이 계약에 기재되어 있는, 수행된 모든 작업에 대하여 지급하여야 할 금액

(b) 공사를 위해 주문되어 시공자에 배송되었거나 또는 시공자가 인수하여야 할 책임이 있는 설비와 자재에 대한 비용: 이러한 설비와 자재는 발주자가 대금을 지급하는 시점에 발주자의 재산으로 간주된다. 즉 발주자의 대금 지급 시점에 발주자가 위험을 부담하게 되며, 시공자는 설비와 자재들을 발주자의 관리 하에 두어야 한다.

(c) 준공을 예상하여 시공자가 합리적으로 부담한 모든 여타 비용 또는 책임

(d) 가설공사 및 시공자 장비를 현장에서 철수하고 그러한 항목들을 시공자의 본국 내에 있는 시공자의 공사장(또는 비싸지 않은 비용으로 다른 목적지)까지 반출하는 비용

(e) 계약 해지 시점에서 오로지 공사와 관련하여 고용된 시공자의 직원과 노무자들에 대한 본국 복귀 비용

(f) 계약의 해지로 인한 시공자의 사용 손실, 이익 손실, 계약 손실 또는 간접적이거나 결과적인 손실 또는 손해[364]

또한, 4.2.3조에 따라 이행보증서(Performance Security)도 시공자에게 반환해야 하는 점도 발주자의 임의해지의 경우와 동일하다.

---

364) FIDIC Yellow Book 2017 년판 계약조건 1.5조에서는 시공자나 발주자가 Works의 사용 손실, 이익 손실, 계약 손실 또는 간접적이거나 결과적인 손실 또는 손해(loss of use of any Works, loss of profit, loss of any contract or for any indirect or consequential loss or damage)에 대한 책임을 지지 않는 면책조항이 있다. 반면, 16.4조는 발주자 측 사유로 인한 계약해지가 있을 경우 시공자가 이에 따라 발생하는 비용 및 손해를 책임질 경우를 규정한다. 1.5조에서 명시된 면책조항에서 16.4조는 예외조항으로 적용된다. 따라서, 시공자나 발주자는 1.5조에서 명시된 손실 및 손해에 대한 면책조항에도 불구하고 16.4조에서 정한 사항에 따라 발생한 손해에 대해 책임을 질 수 있다.

FIDIC Yellow Book 2017년판에서는 발주자의 임의해지와 발주자 측 사유에 따른 계약해지 모두 위 18.5조에 따라 클레임 가능 항목이 결정된다. 따라서 FIDIC Yellow Book 2017년판의 경우 발주자의 임의해지와 발주자 측 사유에 따른 계약해지에 대해 청구 가능 항목이 구체적이라고 볼 수 있지만, 비표준 계약서에서는 발주자 측 사유에 따른 계약해지에 대한 구체적인 청구 가능 항목이 누락되는 경우가 드물지 않다. 구체적인 규정이 없는 경우에는 준거법에 따라 보상 범위가 정해질 것이다.

5. 소결

시공자 측 사유에 따른 발주자의 해지, 발주자의 임의해지 및 발주자 측 사유에 따른 시공자의 해지 모두 시공자가 계약 해지 '이전'에 완료한 작업을 기록하는 것은 매우 중요하다. 구체적으로 발주자와 시공자의 공동 조사 보고서는 향후 정산금액에 대한 분쟁을 줄일 수 있다. 다만 시공자 측 사유로 인한 발주자 해지의 경우, 계약 해지 '이후'의 시점에 발주자에게 발생하는 비용이 주된 관리 대상이 되는 반면, 임의해지 및 발주자 측 사유에 따른 시공자의 해지는 계약 해지 '이전' 시점에 시공자에게 발생한 비용이 더욱 중요한 관리 대상이 된다.

시공자 측 사유로 인한 발주자 해지의 경우, 발주자에게 발생하는 비용이 핵심 쟁점이 될 수 있다. 발주자의 계약 해지의 정당성이 인정되더라도, 시공자는 계약 해지 이후 시점의 비용을 차감하기 위해 발주자 경감의무 미준수, 개량(betterment), 합리성 주장 등을 하는 경우가 있다. 시공자로서는 이러한 주장뿐만 아니라, 더불어 관련된 금액을 제시할 수 있는지 여부가 중요하다.

임의 해지의 경우 계약 해지 이전 시점에 시공자에게 발생한 모든 비용이 시공자의 클레임 대상이 될 수 있다. 계약 조건에 따라 시공자는 간접적 및 결과적 손실("이익 손실 또는 기타 손실 및 손해")을 청구할 수 있기 때문에, 발주자에게 상당한 리스크가 될 수 있다.

한편, 발주자의 계약 해지가 시공자 측 사유로 인한 것이라 주장하는 경우에도, 시공자는 (i) 발주자의 계약 해지가 부당(wrongful termination)함을 주장하며 손해배상을 청구하거나 (ii) 발주자의 임의해지임을 주장하며, (iii) 발주자 측 사유에 따른 계약해지임을 주장하는 경우가 많다. 분쟁 실무상 시공자는 이러한 주장들을 책임(liability) 측면에서는 주위적 청구와 예비적 청구로 모두 제기하는 경향이 있으며,[365] 금액(quantum) 측면에서는 일반적으로 임의해지 조항에 따른 금액으로 청구한다. 이는 법적인 손해배상 클레임(예를 들면 발주자의 계약 해지가 부당 (wrongful termination)함을 주장)에 따른 금액 산정이 난해하고 논쟁의 소지가 많기 때문이다.[366] 그러나 임의해지 주장에 있어서는 FIDIC 조항과 같이 청구 가능 항목이 구체적으로 명시되어 있어, 이를 실무적으로 활용하는 것이 일반적이다.[367]

---

365) *Energy Works (Hull) LTD v MW High Tech Projects UK LTD & Ors* [2022] EWHC 3275 (TCC), at [3]

366) 법적인 손해배상 청구금액 산정에 대한 논쟁은 다음을 참고 바란다. 김영두. (2004). 영미계약법에 있어서 계약의 해제. 법학연구, 14(3), 123–144편.

367) FIDIC 2017년 판의 경우 발주자의 임의해지와 발주자 측 사유에 따른 계약해지에 대해 청구 가능 항목이 구체적인 반면, 계약상 발주자 측 사유에 따른 계약해지에 대한 구체적인 청구 가능 항목이 누락되어 있는 경우가 종종 있다.

색인

(2)

(3)

공저자 소개

김준범

저자는 국제 건설 프로젝트에서의 클레임 및 분쟁 해결 경험을 갖춘 전문가입니다. 그는 영국, 유럽, 중동, 아시아 및 북미 지역에서 다양한 규모의 프로젝트에서 활동하였으며, 공항, 발전소, 해상 석유 및 가스, 조선, 병원, 철도, 도로, 교량, 고층 건물 등 다양한 분야에서 금전 클레임 및 공기연장 관련 작업을 전문적으로 수행해 왔습니다. 특히 삼성건설 근무 당시 싱가포르와 카타르에서 진행된 프로젝트를 포함하여 다수의 클레임 협상에 기여하였으며, 이러한 프로젝트에서는 1,200일에 달하는 공기 연장 및 1억 60만 파운드에 이르는 보상을 성공적으로 이끌어냈습니다.

킹스 칼리지 런던에서 건설법 및 건설 분쟁 관련 석사 학위를 취득하였으며, 그의 석사 논문은 유럽 건설 법학회(European Society of Construction Law)에서 석사 논문상 2위를 수상하였고, 세계적으로 권위 있는 International Construction Law Review(ICLR)에도 게재되었습니다. 또한 국제적인 건설법 전문지에 다양한 논문을 게재하였으며, 현재 런던에 소재한 건설 분쟁 감정평가 전문 회사에서 근무하고 있습니다.

약력
- 현) Yendall Hunter(London)
- 전) Kroll/Black Rock Expert Services(London)
- 전) 삼성건설
- 고려대학교 토목환경공학과
- King's College Lonon Construction Law and Dispute Resolution(MSc)
- 토목시공기술사
- Member of the Chartered Institute of Arbitrators(MCIArb)
- Certified Cost Professional(Association for the Advancement of Cost Engineering International)
- Accredited Contract Manager(Institution of Civil Engineers)

저술

- Practical Questions in Valuing Variations, Construction Law Journal, Vol. 38. No. 1, 58-74, March 2022
- Is It time for English law to consider disruption analysis for site-overhead claims? The Contrast of Costain v Haswell and Walter Lilly v Mackay, International Construction Law Journal, [2021] I.C.L.R. 446, October 2021
- Duty to Warn, Construction Law Journal, Vol. 37. No. 6, 324-329, September 2021
- Recovery of additional time and money arising from Covid-19 by way of variation clauses: a contractor's perspective, Construction Law International, Vol 16 Issue 2, June 2021
- Back charges in construction practice, Construction Law International, Vol 16 Issue 1, March 2021
- Concurrent delay: unliquidated damages by employer and disruption claim by contractor, Construction Law International, Vol. 15. No. 4, December 2020
- Differing site conditions: contrasting the English and US legal systems, Construction Law International, Vol. 15. No. 4, December 2020

윤덕근

저자는 한국변호사(사법연수원 37기)로 군법무관 근무를 거쳐 법무법인 율촌에서 다양한 기업자문과 소송업무를 수행하였으며, 2019년부터는 중동 로펌인 알타미미에서 한국기업들의 중동 법률 이슈에 대해 자문해 오다가, 2022년 4월부터 현재까지 영국계 글로벌 로펌인 Trowers & Hamlins LLP의 두바이 사무소에서 근무하고 있습니다. 특히 소송 및 중재 등 분쟁해결과 건설 및 인프라 분야에서 많은 경험과 전문성을 가지고 있으며, 현재 Society of Construction Law(SCL) Korea 의 학술위원회 위원장으로도 활동하고 있습니다. 최근에는 주 아랍에미리트 대한민국 대사관의 건설 자문변호사, 대한상사중재원의 국제중재인으로 선임되기도 하였습니다.

약력

- 2023 – 2026. 대한상사중재원 국제중재인
- 2022 – 현재. Trowers & Hamlins LLP 두바이 사무소
- 2019 – 2022 알타미미(Al Tamimi & Company) 두바이 사무소(2019 쿠웨이트 사무소 파견근무)
- 2017 Kings' College London MSc Construction Law & Dispute Resolution 졸업
- 2017 – 2018 핀센 메이슨(Pinsent Masons) 건설자문분쟁팀 파견근무
- 2011 – 2019 법무법인 율촌
- 2010 고려대학교 행정법 석사 과정 졸업
- 2008 사법연수원 37기 수료

저술

- 사우디 건설 프로젝트 진행시 고려해야 할 법 제도 검토, K – Build, 2022.10.
- 중동의 에이전트 제도와 법적 문제점, 대외경제정책연구원, 2022.8.8.
- 중동의 ESG 관련 정책 및 규제 동향, K – Build, 2021.12.
- Back Charges in Construction Practice, Construction Law International Vol. 16. Issues 1, March 2021
- 공사정지와 계약해제에 관한 중동의 법적 규율, K – Build, 2019.11.

- 중동 건설현장에서의 하도급계약 관련 법적 쟁점, K-Build, 2019.9.
- 아랍에미리트 내 외국 중재판정의 집행과 관련한 최근 법령 동향, K-Build, 2019.7.
- 민관협력(PPP)사업의 리스크 관리를 위한 제도 개선 연구, 법과정책연구, 2018 Vol. 18. No. 3.
- Different Ways of Preventing and Resolving PPP Disputes in the Republic of Korea - The Comparative Approach(MSc thesis), 2017

국제건설계약 금전 클레임의 이론과 실무

초판발행   2023년 8월 15일

지은이   김준범 · 윤덕근
펴낸이   안종만 · 안상준

편 집   윤혜경
기획/마케팅   박부하
표지디자인   BEN STORY
제 작   고철민 · 조영환

펴낸곳   (주) **박영사**
               서울특별시 금천구 가산디지털2로 53, 210호(가산동, 한라시그마밸리)
               등록 1959. 3. 11. 제300-1959-1호(倫)
전 화   02)733-6771
f a x   02)736-4818
e-mail   pys@pybook.co.kr
homepage   www.pybook.co.kr
ISBN   979-11-303-4478-2   93360

copyright©김준범 · 윤덕근, 2023, Printed in Korea

정 가   23,000원